COLLECTION
DES MÉMOIRES
DES
MARÉCHAUX DE FRANCE
ET
DES GÉNÉRAUX FRANÇAIS.

PREMIÈRE LIVRAISON.

MÉMOIRES
DU GÉNÉRAL HUGO.

TOME II.

IMPRIMERIE DE E. POCHARD,
Rue du Pot-de-Fer-St.-Sulpice, n. 14.

MÉMOIRES

DU

GÉNÉRAL HUGO,

GOUVERNEUR DE PLUSIEURS PROVINCES
ET AIDE-MAJOR-GÉNÉRAL DES ARMÉES
EN ESPAGNE.

TOME SECOND.

A PARIS,

CHEZ LADVOCAT, LIBRAIRE,
ÉDITEUR DES OEUVRES COMPLÈTES DE SHAKSPEARE, SCHILLER, BYRON,
MILLEVOYE, ET DES CHEFS-D'OEUVRE DES THÉATRES ÉTRANGERS,
PALAIS-ROYAL, GALERIE DE BOIS, N° 195.

M. DCCC. XXIII.

PRÉCIS HISTORIQUE
DES ÉVÉNEMENS
QUI ONT CONDUIT
JOSEPH NAPOLÉON
SUR LE TRONE D'ESPAGNE,

POUR SERVIR D'INTRODUCTION
A LA DEUXIÈME PARTIE
DES MÉMOIRES DU GÉNÉRAL HUGO.

PROCLAMATION DU PRINCE DE LA PAIX. — SES SUITES.

L'ARMÉE française venait de triompher à Jéna ; l'empereur Napoléon, sur le champ de bataille, au milieu de ses généraux, donnait des ordres pour rendre profitables les suites de la victoire. L'ennemi dispersé, accélérait sa retraite. On n'entendait déjà plus que le bruit éloigné d'une faible canonnade, dernier effort des fuyards, pour ralentir la poursuite des soldats victorieux. Certain que de nouveaux triomphes, en amenant la dissolution de la ligue ourdie par les manœuvres, et soutenue par les subsides du cabinet britannique, vont bientôt assurer à la France une paix conquérante, le chef de l'empire français voyait déjà en perspective la ruine imminente de l'Angleterre, son implacable ennemie : celle-ci, menacée à Boulogne, avait cru ébranler son trône en armant simultanément les trois puissances du Nord, la Prusse, l'Autriche et la Russie ; ces puissances vaincues, Napoléon devenait à son tour maître de former une vaste coalition continentale contre les dominateurs de la mer, et les usurpateurs du commerce du monde. Il était assuré que l'Europe entière concourrait à sa vaste entreprise ; les états du Nord devant subir cette coopération comme clause du traité de paix, et les états du Midi de l'Europe obéissant à ses ordres, les uns gouvernés par des princes de sa famille, les autres soumis à une alliance onéreuse, mais imposée par la crainte de ses armes terribles.

En ce moment, interrompant les rêves du conquérant, se présente devant lui un courrier qui lui remet une dépêche de son ambassadeur à Madrid; l'empereur l'arrache brusquement des mains du messager, l'ouvre, la lit précipitamment, pâlit un instant; puis, froissant la dépêche entre ses doigts convulsifs, s'écrie avec l'accent d'une colère concentrée : *ils me la paieront.*

Ces mots vulgaires et menaçants sont entendus des généraux, des ministres et des officiers qui l'entourent, qui voient sa colère et qui ne la comprennent point encore. Bientôt tout est expliqué. On apprend que la dépêche renferme une proclamation, que cette proclamation appelle, au nom de leur Roi, les Espagnols aux armes contre un ennemi qui n'y est pas nommé; enfin qu'elle est signée : le *Prince de la Paix* (*).

(*) Voici le texte de cette fameuse proclamation du Prince de la Paix :

« Dans des circonstances moins dangereuses que celles
« où nous nous trouvons aujourd'hui, les bons et loyaux
« sujets se sont empressés d'aider leurs souverains par
« des dons volontaires et des secours proportionnés
« aux besoins de l'État; c'est donc dans la situation ac-
« tuelle qu'il est urgent de se montrer généreux envers
« la patrie. Le royaume d'Andalousie, favorisé par la

Mais quel est ce Prince de la Paix qui a pu faire pâlir l'empereur Napoléon au sein même d'une victoire? c'est un homme par-

« nature dans la reproduction de chevaux propres à la
« cavalerie légère ; la province de l'Estramadure, qui
« rendit, en ce genre, des services si signalés au roi
« Philippe V, verraient-ils avec indifférence la cavalerie
« du roi d'Espagne réduite et incomplète faute de che-
« vaux ? non, je ne le crois pas. J'espère, au contraire,
« qu'à l'exemple des illustres aïeux de la génération pré-
« cédente, les petits enfans de ces braves s'empresse-
« ront aussi de fournir des régimens ou des compagnies
« d'hommes habiles dans le maniement du cheval, pour
« être employés au service et à la défense de la patrie,
« tant que durera le danger actuel; une fois paré, ils
« rentreront pleins de gloire dans leurs familles, chacun
« se disputera l'honneur de la victoire; l'un attribuera
« à son bras le salut de sa famille ; l'autre, celui de son
« chef, de son parent ou de son ami; tous, enfin, s'at-
« tribueront le salut de leur patrie. Venez, chers com-
« patriotes, venez vous ranger sous les bannières du
« meilleur des souverains. Venez, je vous accueillerai
« avec reconnaissance; je vous en offre, dès aujour-
« d'hui, l'hommage, si le Dieu des victoires nous ac-
« corde une paix heureuse et durable, unique objet de
« nos vœux. Non, vous ne céderez ni à la crainte ni à la
« perfidie; vos cœurs se fermeront à toute espèce de sé-
« duction étrangère ; venez, si nous ne sommes pas
« forcés de croiser nos armes avec celles de nos ennemis,

venu au pouvoir, non pas comme Buonaparte, par ses exploits militaires et par son génie, mais par l'intrigue et par la bassesse.

« vous n'encourrez pas le danger d'être notés comme sus-
« pects, et d'avoir donné une fausse idée de votre hon-
« neur, en refusant de répondre à l'appel que je vous
« fais.

« Mais si ma voix ne peut réveiller en vous les senti-
« mens de votre gloire, soyez vos propres instigateurs,
« devenez les pères du peuple au nom duquel je vous
« parle; que ce que vous lui devez vous fasse souvenir
« de ce que vous vous devez à vous-mêmes, à votre
« honneur et à la religion sainte que vous professez.

« *Signé* LE PRINCE DE LA PAIX.

« Au palais royal de Saint-Ildephonse, le 5 octobre 1806. »

Cette pièce, dont les suites furent si importantes, avait été inspirée au favori de Charles IV, par les agens de l'Angleterre. Au commencement de sa fortune, il avait joui de quelque popularité, en se déclarant pour la guerre contre la France. C'était à l'époque funeste de l'attentat du 21 Janvier. Toute l'Espagne indignée du crime de la Convention demandait la guerre; le gouvernement, qui manquait d'argent, hésitait; les citoyens se chargèrent de subvenir aux besoins du trésor; et tel fut alors l'enthousiasme de la nation espagnole, qu'en peu de semaines, chose admirable, la somme de 75 millions de francs fut produite par les dons volontaires. Don Manuel Godoy suivit le mouvement général, et de-

c'est Manuel Godoy, qui, du rang de simple garde-du-corps, est, en peu d'années, arrivé, par un grand scandale public, aux premières dignités du royaume d'Espagne; c'est le favori du souverain; un homme qui, sans les talens de ces fameux favoris espagnols, tels que le connétable Alvaro de Luna, le marquis de Siete-Iglesias et le comte-duc d'Olavidès, a surpassé leur fortune.

Un Godoy oser attaquer un Napoléon! cette idée transportait l'empereur d'une rage qu'il se garda pourtant bien de laisser paraître; car cet homme d'un génie extraordinaire, qui s'emportait si facilement pour la moindre contrariété domestique, savait se contraindre lorsque la manifestation inopportune de sa colère pouvait en arrêter les effets. Il connaissait le proverbe italien : *La*

---

vint, pendant quelques jours, à cause de son opinion sur la guerre, le favori de la nation. Il croyait, par sa proclamation de 1806, retrouver sa popularité perdue; il se trompa. Les temps n'étaient plus les mêmes, son administration désastreuse avait pesé sur l'Espagne, et sa proclamation mystérieuse n'y produisit aucun effet. Le peuple, qui oublie si facilement les bienfaits, conserve un souvenir opiniâtre des persécutions.

vengeance est un fruit qu'il faut laisser mûrir. La paix n'était pas signée avec les puissances ennemies; elles étaient vaincues, mais non pas encore accablées. La guerre avec le Midi eût été impolitique et désastreuse, en ce qu'elle pouvait faire une puissante diversion en faveur des rois coalisés, et jeter l'empire français dans de grands embarras. Napoléon fut obligé de temporiser. Sans laisser paraître qu'il eût été inquiété par la proclamation, il demanda dans quel but elle avait été faite. Le ministre espagnol, connaissant la victoire de Jéna, et effrayé de son imprudente levée de boucliers, répondit qu'il avait craint une tentative armée de l'empereur de Maroc, et quelques mouvemens militaires du Portugal; le monarque français eut l'air de trouver cette réponse satisfaisante.

Cependant la glorieuse paix de Tilsit laissa l'empereur libre de s'occuper des soins de sa vengeance, et contre l'Espagne d'où était partie la proclamation, et contre l'Angleterre qui avait poussé l'Espagne à cette dangereuse attaque. Il comprit que l'alliance avec le Midi ne lui offrait plus la même stabilité que par le passé; l'Espagne ruinée dans son commerce, et privée, par le système continental, des ressources de ses colonies, desirait la rupture du traité qui la liait à la France. Napoléon voulut prévenir cette rupture, recommencer, comme il le disait, l'ouvrage de Louis XIV, et renouer avec solidité la ligue des États du Midi, en plaçant des princes de sa famille à la tête de tous ces états. Il est douteux, quoiqu'on l'ait assuré, que les desseins de son ambition aient été plus étendus : ces mots qui lui sont attribués : *Avant peu ma dynastie sera la plus ancienne*, ne peuvent être appliqués qu'au Midi (*). Sa famille quoique nombreuse, ne l'aurait point été assez pour oc-

---

(*) La formation d'une confédération des États du Midi, sous la protection de la France, paraît avoir été dans tous les temps le projet de Napoléon. A une époque où il n'était encore que le général Buonaparte, un des employés supérieurs de l'armée d'Italie lui a entendu dire : *Il faut qu'un jour la Méditerranée devienne le lac français.* L'affermissement de sa dynastie sur les trônes d'Italie, de Naples et d'Espagne aurait fait réussir son gigantesque dessein, auquel il avait préludé par l'occupation militaire des Iles-Ioniennes, et par son ex-

cuper et conserver tous les trônes, il le savait bien ; mais se considérant comme héritier, par la conquête, de la couronne de Louis XIV, il voulait être le maître de tous les royaumes qui avaient formé l'héritage des descendans du grand roi. Joseph tenant déjà le sceptre de Naples, il ne lui manquait plus que la péninsule hispanique pour achever l'accomplissement de son desir ambitieux. Malheureusement, en n'attaquant pas l'Espagne après la proclamation du Prince de la Paix, et en ne profitant pas de cette cause réelle de guerre pour légitimer son invasion, il avait ôté la justice au succès de son entreprise. Nul doute que s'il eût pu entrer, en

---

pédition en Égypte. Personne, à l'époque où il dévoilait ainsi ses projets sur l'empire de la mer Méditerranée, n'aurait osé prévoir sa grandeur future; mais Buonaparte avait mesuré avec son génie le but élevé qu'il voulait atteindre, il avait compris qu'il avait la puissance d'y arriver; il aurait sans doute pu s'emparer de l'autorité aussitôt après ses conquêtes en Italie, mais il devinait les destinées de la république; il se sentit assez fort pour attendre, et il laissa les partis révolutionnaires se détruire les uns par les autres, s'user, en quelque sorte, d'eux-mêmes, afin de les vaincre ensuite plus facilement, et de les anéantir sans secousse.

ennemi, dans la monarchie de Charles IV, au moment où ce prince semblait lui-même violer une alliance solennellement jurée, il n'eût triomphé d'un roi, que l'administration du favori avait peut-être privé de l'amour de son peuple : il alors aurait pu placer son frère sur le trône conquis ; de bonnes lois, une liberté réglée et sage, une administration paternelle eussent guéri les plaies de l'État. La bonté et l'affabilité naturelles à Joseph eussent fait le reste. La grande masse de la nation, cette masse moutonnière et indifférente au choix du pasteur, n'était pas éloignée de souhaiter un changement de dynastie. Le grand nombre de partisans que trouva Joseph, le prouve suffisamment. Mais nous avons vu plus haut quelle cause politique empêcha Napoléon de se déclarer après la fameuse proclamation du 5 octobre 1806. L'Espagne qui se serait soumise à la victoire, s'arma contre la trahison. Napoléon qui pouvait être conquérant fut usurpateur : et dès lors l'issue de la guerre ne pouvait pas être heureuse.

Voyons quelle fut la conduite du Prince

favori, quand l'empereur eut conquis la paix sur la coalition vaincue.

Traité de Fontainebleau. — Invasion du Portugal.

Godoy s'attendait à la vengeance soudaine de Napoléon; le délai que celui-ci mit à agir lui fit croire que, dupe de la réponse du ministère espagnol, sur les armemens annoncés dans la proclamation, il considérait cet acte, comme indigne de son attention. Bientôt l'empereur lui rendit l'espérance en lui offrant son amitié.

Il y avait alors à Paris un agent reconnu du gouvernement français, et uniquement chargé des intérêts privés du Prince de la Paix; cet homme, dont le nom est devenu fameux à cause du rôle qu'il a joué dans ces événemens, s'appelait Isquierdo. Il jouissait du titre de conseiller d'état honoraire. Sa mission était ignorée du ministère espagnol et de l'ambassadeur d'Espagne à Paris.

L'Europe entière avait adopté le système continental; seul, le prince régent de Portugal que ce système aurait ruiné, voulait conserver la neutralité entre la France et l'Angleterre. Napoléon, jaloux de cette neutralité, et assez fort dans ce temps-là pour ne vouloir que des amis ou des ennemis, exigea du ministère portugais une rupture avec le ministère britannique. Le prince régent crut en vain, sauver ses états par une réponse évasive. Napoléon n'aimait pas les refus : il avait menacé d'appuyer, par les armes, ses dispositions diplomatiques ; une armée rassemblée sur les bords de la Gironde, attendait une destination : aussitôt que la réponse de la cour de Lisbonne arriva au cabinet impérial, qu'elle ne satisfit point, cette armée, commandée par Junot, reçut l'ordre de passer la Bidassoa et d'agir contre le Portugal de concert avec un corps d'armée, qu'aux termes du traité d'alliance, l'Espagne fut obligée de fournir. On connaît la malheureuse issue de cette expédition. Il n'entre pas dans le plan que je me suis proposé d'en raconter les détails.

Cependant, pour couvrir l'entreprise contre le Portugal, d'un but d'utilité publique, aux yeux de Charles IV, et pour obtenir, sans faire naître aucun ombrage à la nation Espagnole, l'introduction et le passage des troupes françaises, Napoléon avait offert à l'Espagne, représentée par le Prince de la Paix, le partage du Portugal qui ne leur appartenait légitimement, ni à l'un ni à l'autre.

Pour éblouir les yeux de Godoy, il lui montra, dans le lointain, le trône indépendant des Algarves, refuge assuré contre la haine du peuple espagnol; et de crainte que cette générosité désintéressée ne donnât quelque soupçon de ses desseins secrets, il consentit à recevoir en échange, du Prince de la Paix, le royaume d'Étrurie, dont celui-ci n'avait pas le droit de disposer.

Le traité, qui consomma cette injustice, fut signé à Fontainebleau, le 27 octobre 1807, par le maréchal du palais Duroc, et par le conseiller Isquierdo, agent du Prince de la Paix. Ce traité est demeuré secret, même pour le ministère espagnol, jusqu'à l'entier accomplissement des événemens qu'il préparait. Charles IV en eut connaissance; mais ce monarque, dont l'esprit était fasciné par la reine son épouse, approuvait avec joie tout ce qui tendait à augmenter la fortune du favori.

La clause importante aux yeux de Napoléon, celle qui était si nécessaire à ses projets, avait été rejetée comme accessoire et indifférente à la fin du traité. Elle stipulait l'introduction en Espagne, de trente mille hommes de troupes impériales françaises, destinées, en apparence, à agir contre le Portugal, et, en réalité, à assurer l'invasion de la Péninsule.

Les troupes françaises entrèrent en Espagne, et il y en entra plus du double de ce qui avait été convenu dans le traité. Elles s'emparèrent, par surprise, des forteresses de Barcelonne, Figuières, Pampelune et Saint-Sébastien, et s'avancèrent lentement dans la Péninsule, en alliés, qui ne demandaient qu'à devenir ennemis.

Il ne faut pas croire, cependant, que les Espagnols les regardassent comme tels. Dans les royaumes où il y a un favori, l'héritier présomptif de la couronne est naturellement son ennemi. Ferdinand, alors prince reconnu des Asturies avait, dans le dessein de se ménager un appui contre le Prince de la Paix, sollicité l'amitié de l'empereur des Français; et Napoléon, tout en traitant avec

Godoy, n'avait point repoussé les ouvertures de Ferdinand; quelques agens secrets correspondaient avec celui-ci, et le peuple, trompé par les bruits qu'ils répandaient, croyait que l'armée impériale ne s'avançait en Espagne que pour les délivrer de la tyrannie du favori et faciliter les réformes desirées dans les lois et l'administration. La surprise des citadelles ne détruisit même pas cette opinion favorable : on n'y vit que le desir de s'assurer d'une garantie, contre les partisans du Prince de la Paix. Les Français furent donc reçus comme des frères et des sauveurs.

Pour bien comprendre cet accueil amical, il faut jeter les yeux sur l'état déplorable où l'Espagne se trouvait réduite par suite de l'administration dirigée par le favori.

La machine du gouvernement était désorganisée, toutes les branches de l'administration étaient livrées au plus effroyable désordre. Les troupes de terre et de mer n'étaient point payées. Il en était de même des employés des administrations et des tribunaux. L'État chargé d'une dette énorme, était sans crédit; une immense quantité de

Valès circulaient avec une perte scandaleuse; les biens des hôpitaux et des fondations pieuses, dont l'État s'était emparé en les destinant à l'extinction de ces billets royaux, avaient été détournés de leur destination, les conditions des emprunts n'avaient pas été remplies. Les grands établissemens ne pouvaient venir au secours de l'État; les uns (la banque) parce que l'État leur devait presque tous ses capitaux; les autres (la compagnie des Philippines et les corporations des cinq gremios) parce que les sommes considérables qu'ils avaient prêtées au trésor public n'étaient pas rentrées dans leurs caisses; d'autres encore (le consulat de Cadix) parce qu'ils avaient épuisé tous leurs moyens pour réaliser les emprunts faits pour le compte du gouvernement. Enfin le désordre de l'administration était tel, que toutes les ressources de l'Espagne et des Indes ne pouvaient suffire aux besoins de chaque jour (*).

(*) La population de l'Espagne, suivant le dernier recensement fait avant 1808, s'élevait à 10,541,221 individus; ce nombre, comparé au résultat de 1789, in-

On conçoit que, dans cet état de choses, le peuple espagnol desirât un changement dans le gouvernement du royaume.

---

diquait une augmentation de population de seulement 273,071 individus, progression bien faible, mais qui ne doit point étonner, à cause du grand nombre d'hommes et de femmes non mariés ou veufs.

Lors du dernier recensement, la population était répartie ainsi qu'il suit :

Castille nouvelle	1,227,293
Castille vieille	2,242,882
Aragon	657,376
Catalogne	858,818
Valence	1,208,285
Iles Baleares	186,979
Navarre	221,728
Guipuscoa	283,450
Andalousie	1,214,254
Grenade	695,168
Galice	1,142,630
Estramadure	428,493
Iles Canaries	173,865
Total	10,541,221

La population des îles Canaries figure dans ce tableau; elle a toujours été comptée avec celle de la Péninsule, l'Espagne ayant dû, par suite de la destruction totale des *Guanches* leurs habitans primitifs, supporter le

Napoléon, qui est aujourd'hui en exécration à toute l'Espagne, était au commencement de 1808, l'admiration du peuple

fardeau de leur repopulation. Il en a été de même pour Saint-Domingue, la Havane, le Pérou et une partie du Chili: ces émigrations successives ont beaucoup contribué, avec l'expulsion des Juifs et des Maures, à la dépopulation de la Péninsule.

En 1808, la population totale du pays soumis à la domination espagnole s'élevait, en Afrique, à un million et demi, et en Amérique, suivant les calculs de M. Humboldt, à treize millions et demi d'habitans.

En 1807, et dans les années antérieures, les revenus de l'Espagne, y compris l'argent reçu d'Amérique, se sont élevés à 174,850,000 francs, tandis que les dépenses n'ont jamais été au-dessous de 261,712,500 francs; le déficit annuel était donc de 106,862,500 francs, (pendant l'année 1799, il s'est même élevé à 332,414,988 f.). Avec une pareille administration, on ne doit pas être étonné de la dette immense et toujours croissante qui dévorait ce malheureux pays.

Le capital de cette dette était, au commencement de 1808, suivant les états officiels, de 1,799,666,972 fr. 75 c., dont les intérêts se montaient à 54,675,368 fr. 25 c. Depuis 1808, sans compter les *cédules hypothécaires* créées par Joseph Napoléon, la dette a été successivement augmentée de trois emprunts considérables.

L'armée espagnole présentait, en janvier 1808, un effectif de 131 régimens (artillerie, infanterie, cavalerie, génie et milices,) formant un total de 141,094 hommes et

espagnol. Son portrait se trouvait dans toutes les maisons, son nom et ses louanges dans toutes les bouches. Les Espagnols ne connaissaient de lui que ses victoires, ses grands actes d'administration, et son code de lois civiles; ils voyaient en lui, le vainqueur de l'anarchie et le restaurateur de la religion en France; ils espéraient que, par amitié pour leur jeune prince, et par intérêt pour sa propre gloire, il viendrait rétablir en Espagne, comme il l'avait fait en France, un gouvernement régulier et stable. Les Espagnols étaient dévoués aux Bourbons; les événemens déplorables qui se passèrent bientôt à l'Escurial et à Aranjuez, en ébranlant leur amour pour cette auguste famille, facilitèrent, dans le principe, la réussite du projet qu'avait formé Napoléon,

---

11,503 chevaux. La garde du roi y était comprise pour environ 6,500 fantassins et 1,600 cavaliers.

La marine royale comptait, à la même époque, 16 vaisseaux, 5 frégates, 62 corvettes, bricks, etc.; total 83 bâtimens armés; et 26 vaisseaux, 25 frégates, 98 corvettes; ensemble, 149 désarmés: en tout 232 navires.

de placer un prince de sa maison sur le trône des Espagnes et des Indes.

AFFAIRE DE L'ESCURIAL.

La haute faveur de don Manuel Godoy, d'une part, et, de l'autre, les intérêts prévoyans qui s'attachent à la fortune de tout prince destiné au trône, avaient créé deux partis dans la cour d'Espagne : celui du prince des Asturies ; connu sous le nom de *Parti de la chambre du prince*, et celui du favori, qu'on appelait le *Parti de la chambre du roi*, et qui aurait été mieux désigné par le titre de *Parti de la chambre de la reine;* car Charles IV était gouverné par son épouse.

Les démarches de Ferdinand étaient surveillées avec rigueur. Cette surveillance n'avait cependant point empêché le jeune prince de prendre secrètement diverses mesures pour le cas où la mort subite du roi l'appellerait au trône. Il avait des serviteurs fidèles ; Godoy n'avait que des créatures intéressées (*).

(*) Le chanoine Escoïquiz était l'âme du conseil du prince, dont faisaient partie les ducs de San Carlos et de l'Infantado, les comtes d'Orgaz et de Bornos, le mar-

La santé de Charles IV, malgré l'excellent tempérament de ce monarque, commençait à éprouver quelques atteintes qui donnaient des inquiétudes au Prince de la Paix; Godoy songea à se ménager un appui dans l'héritier présomptif lui-même. Un mariage lui parut le moyen le plus sûr et le plus facile. Sa belle-sœur la princesse Marie Louise de Bourbon, pouvait, par sa naissance, prétendre à l'alliance d'un souverain; en la faisant épouser au prince des Asturies, il associait, en quelque sorte, le jeune prince à sa fortune du moment, afin d'être à même de partager un jour sa puissance future. Charles IV approuva les projets de son favori, et se chargea de proposer lui-même cette union à Ferdinand, veuf depuis quelque temps. Celui-ci reconnut les manœuvres de Godoy, résista avec respect aux prières et aux ordres du roi son père, et refusa un mariage qui l'aurait fait entrer dans la famille de son ennemi.

---

quis d'Ayerbe et quelques autres partisans du prince. Le conseil ne se réunissait point, mais il communiquait par une correspondance en chiffres.

Échappé avec peine à cette tentative, le prince des Asturies, conseillé par ses amis et sentant bien qu'il ne pourrait pas lutter long-temps contre les desseins de Godoy, appuyés par les volontés du roi, se décida à implorer la protection de Napoléon, en lui demandant la main d'une des princesses de sa famille. L'ambassadeur de France à Madrid fut l'intermédiaire de cette négociation, dont l'heureuse issue pouvait sauver l'Espagne, et suffire à la politique de Napoléon. Quelques secrètes que fussent les démarches du prince, elles n'échappèrent point aux agens de Godoy.

Celui-ci comprit qu'il fallait, pour la sûreté de sa faveur, que le prince des Asturies succombât. Il se croyait certain de l'amitié puissante de l'empereur; il résolut de tout oser.

Tel fut le principe du fameux événement de l'Escurial qui, en mettant au grand jour les divisions intérieures de la famille royale d'Espagne, accéléra la ruine du Prince de la Paix, et le développement des projets de Napoléon.

On avait nourri, dans l'esprit de Charles IV, de funestes préventions contre son fils aîné.

On le lui avait représenté comme capable d'oublier, à la fois, et les sentimens d'un fils et les devoirs d'un sujet. Dans son triste aveuglement, le roi ajoutait foi à toutes ces accusations calomnieuses.

Un soir (la famille royale habitait l'Escurial), c'était entre sept et huit heures (le 27 octobre 1807), Charles IV reçoit une lettre anonyme, qui lui dénonce Ferdinand comme chef d'une conspiration tramée contre son trône et contre sa vie. La frayeur est crédule : saisi d'effroi et de colère, le roi appelle aussitôt les ministres secrétaires d'état, assemble ses gardes, se met à leur tête, s'avance vers les appartemens de Ferdinand, s'en fait ouvrir les portes, reste sourd à toutes les questions de son fils, lui demande son épée pour toute réponse et le fait garder à vue, comme un criminel, dans une chambre subitement transformée en prison (*).

Parmi tous les papiers saisis dans le cabinet du prince des Asturies, il ne s'en trouva, au grand étonnement de Godoy,

---

(*) Les amis connus du prince furent tous arrêtés, dans le même temps, par ordre du roi.

aucun qui justifiât ses accusations. En jugeant le fils de son roi, d'après son propre cœur, il s'était trompé. Il le savait offensé; il l'avait cru altéré de vengeance (*).

A la nouvelle de l'outrage fait à Ferdinand qui, par cela même qu'il était l'ennemi du favori, était aussi l'ami du peuple, un soulèvement eut presque lieu dans Madrid. Le prince arrêté, ses juges rassemblés, son procès devenait inévitable, et la responsa-

---

(*) Les papiers trouvés chez Ferdinand et inventoriés par le magistrat chargé d'instruire le procès, se réduisaient à :

1° Quelques pages écrites de la main du prince, et adressées au roi son père, contre l'administration du Prince de la Paix;

2° Un autre écrit de lui, où il déduisait les motifs qui l'avaient porté à refuser la main de la cousine de son père, et à solliciter celle d'une parente de Napoléon;

3° Une lettre datée de Talaveyra, sans signature, en réponse à diverses demandes du prince;

4° Un alphabet en chiffres servant à son Altesse dans sa correspondance avec ses conseillers;

5° Un autre alphabet en chiffres, qui avait servi à la défunte princesse des Asturies, pour correspondre avec sa mère, la reine de Naples.

6° Et enfin un billet, sans signature et sans intérêt politique, d'un ancien serviteur du prince.

bilité d'une accusation entièrement dénuée de preuves, allait retomber, tout entière, sur la tête de l'audacieux Prince de la Paix. On peut facilement se faire une idée de l'état d'agitation où se trouvaient la cour, l'armée, le peuple, et surtout le favori menacé par le coup qu'il avait dirigé lui-même.

Cependant, dans sa prison, Ferdinand était livré aux réflexions les plus pénibles. L'attentat récent de Godoy lui prouvait assez qu'aucune barrière n'était capable d'arrêter son audace. Le meurtre juridique de l'infant don Carlos, offrait un sanglant précédent dans l'histoire d'Espagne, sur lequel la mémoire du Prince ne devait pas se reporter sans effroi. L'incertitude des crimes dont il était accusé, ajoutait encore à l'indécision de son esprit; enfin, dans cet état de perplexité, il se décida à couper court à toutes les calomnies.

On apprit donc ce que, sans son aveu, on n'aurait jamais su : qu'il avait écrit à Napoléon, pour lui demander la main d'une princesse de la famille impériale ; ensuite, qu'il avait nommé le duc de l'Infantado généralissime, pour le cas où quelqu'un viendrait à lui disputer la succession, si le roi Charles IV venait à mourir.

Malgré l'investigation des papiers et les déclarations du prince, par lesquelles son innocence était si clairement démontrée, le Prince de la Paix voulait se retrancher, contre l'animosité du peuple espagnol, derrière le nom sacré du souverain, et couvrir du manteau royal l'attentat de son ambition. Il osa faire publier, dans la gazette de Madrid, du 31 octobre 1807, un décret rédigé sous le nom de Charles IV, par lequel il dénonçait à l'Espagne et à l'Europe les crimes prétendus dont Ferdinand était accusé. Comme plusieurs secrétaires du roi ont attesté que le Prince de la Paix fut, lui-même, l'auteur et le rédacteur de cet article (*), il ne sera pas inutile de le rapporter ici textuellement.

« Dieu qui veille sur tous ses enfans ne permet pas
« la consommation des faits atroces dirigés contre des
« victimes innocentes. C'est par le secours de sa toute
« puissance que j'ai été sauvé de la plus affreuse catas-

(*) On en trouva la minute, écrite en entier de sa main, parmi les papiers saisis lors des événemens d'Aranjuez.

« trophe. Mes peuples, mes sujets, tout le monde con-
« naît ma religion et la régularité de ma conduite;
« tous me chérissent et me donnent ces marques de
« vénération qu'exigent le respect d'un père et l'amour
« de ses enfans. Je vivais tranquille au sein de ma fa-
« mille, dans la confiance de ce bonheur, lorsqu'une
« main inconnue m'apprend et me dévoile le plus
« énorme plan et le plus inattendu qui se tramait
« dans mon propre palais, et contre ma personne. Ma vie,
« qui a été si souvent en danger, était une charge pour
« mon successeur qui, préoccupé, aveugle et abjurant
« tous les principes de religion qui lui étaient imposés
« avec le soin et l'amour paternel, avait adopté un
« plan pour me détrôner. J'ai voulu m'en imposer sur
« la vérité de ce fait; l'ayant surpris dans mon appar-
« tement, j'ai mis sous ses yeux les chiffres d'intelli-
« gences et circonstances qu'il recevait des malveillans.
« J'ai appelé à l'examen le gouverneur lui-même du
« conseil; je l'ai associé aux autres ministres pour
« qu'ils prissent avec la plus grande diligence des in-
« formations. Tout s'est fait; il en est résulté la con-
« naissance de différens coupables, dont l'arrestation
« a été décrétée. La prison de mon fils est son habitation.
« Cette peine est venue accroître celles qui m'affligent;
« mais comme elle est la plus sensible, elle est aussi
« la plus importante à guérir : en conséquence, j'or-
« donne que le résultat en soit public; je ne veux pas
« cacher à mes sujets l'authenticité d'un chagrin qui
« sera diminué, lorsqu'il sera accompagné de toutes
« les preuves requises avec loyauté; je vous fais con-

« naître mes intentions pour que vous les fassiez cir-
« culer dans les formes convenables.

« Moi, le Roi.

» San Lorenzo, le 30 octobre 1807.

Contresigné :

Le Gouverneur par intérim du Conseil royal de Castille.

En même temps, le prince de Masserano, ambassadeur d'Espagne à Paris, recevait l'ordre de présenter à Napoléon une lettre de Charles IV, par laquelle il faisait connaître à l'empereur, comme à son fidèle allié, que Ferdinand avait conspiré contre la souveraineté de son père, et contre la vie de sa mère; et, qu'ainsi, il était résolu de l'exclure de sa succession à la couronne, pour y appeler un autre de ses fils.

Ce décret publié dans la gazette de Madrid, et, successivement, dans toutes les gazettes de l'Europe, produisit comme un coup de tonnerre au milieu du monde Européen.

Au premier mouvement, mêlé d'horreur et d'étonnement, succéda un cri de pitié, lorsque la trame de cette ténébreuse machination fut entrevue. Une révolte était à craindre en Espagne. Voici l'expédient que son génie infernal suggéra au Prince de la Paix, pour se tirer de cette circonstance difficile.

Le roi avait fait venir à l'Escurial les ministres et le gouverneur du conseil; là, en leur présence, il avait reproché à Ferdinand la lettre que celui-ci avait écrite à Napoléon, et par laquelle il sollicitait l'intervention d'un prince étranger, au milieu de dissentions intérieures. Ferdinand, avec justice, s'était reconnu coupable.

Le jeune prince ignorait l'épouvantable accusation dont le favori l'avait flétri à la face de l'Europe; gardé à vue, dans son appartement, il n'avait aucune connaissance du fatal décret publié dans la gazette de Madrid. Le Prince de la Paix imagina de lui faire signer des lettres, par lesquelles il se reconnaissait coupable, selon son aveu; mais, le crime n'étant pas spécifié, le prince infortuné se trouva avoir avoué le forfait dont son ennemi l'avait accusé.

Tel fut le tissu de cette procédure machiavélique, à laquelle les annales anciennes et modernes n'avaient rien offert de comparable.

Le décret suivant, publié sous le nom du roi Charles IV, mit fin à cette iniquité politique; mais non à l'indignation qu'elle excita en Espagne, et qu'elle excitera un jour chez la postérité.

Décret du roi Charles IV, du 5 novembre 1807.

« La voix de la nature désarme le bras de la ven-
« geance; et, lorsque l'inadvertance réclame la pitié,
« un père tendre ne peut s'y refuser.

« Mon fils a déclaré les auteurs du plan horrible que
« lui avaient fait concevoir les malveillans; il a tout
« démontré en forme de droit, et tout coñste avec
« l'exactitude requise par la loi pour de telles preuves.
« Son repentir et son étonnement lui ont dicté les re-
« montrances qu'il m'a adressées, et dont voici le
« texte. »

« Sire et mon père.

« Je me suis rendu coupable; en manquant à votre
« majesté, j'ai manqué à mon père et à mon roi; mais
« je m'en repens, et je promets à votre majesté la plus
« humble obéissance. Je ne devais rien faire sans le
« consentement de votre majesté; mais j'ai été sur-
« pris: j'ai dévoilé les coupables, et je prie votre ma-
« jesté de me pardonner et de permettre de baiser vos
« pieds à votre fils reconnaissant.

« Ferdinand.

« San Lorenzo, 5 novembre 1807. »

« Madame et mère.

« Je suis profondément repentant de la grande faute
« que j'ai commise contre le roi et la reine, mon père
« et ma mère; aussi, avec la plus grande soumission,
« je vous en demande pardon, ainsi que de mon opi-
« niâtreté à vous céler la vérité l'autre soir; c'est pour-
« quoi je supplie votre majesté, du plus profond de
« mon cœur, de daigner intéresser sa médiation envers
« mon père, afin qu'il veuille bien permettre d'aller
« baiser les pieds de sa majesté à son fils reconnais-
« sant.
                              « Ferdinand.
« San Lorenzo, le 5 novembre 1807. »

« En conséquence de ces lettres, et à la prière de
« mon épouse bien-aimée, je pardonne à mon fils, et
« il rentrera dans ma grâce, dès que sa conduite me
« donnera des preuves d'un véritable amendement dans
« ses procédés.

« J'ordonne aussi que les mêmes juges, qui ont
« entendu dans cette cause dès le commencement, la
« continuent, et je leur permets de s'adjoindre d'autres
« collègues; s'ils en ont besoin, je leur enjoins, dès
« qu'elle sera terminée, de me soumettre le jugement
« qui devra être conforme à la loi, selon la gravité des
« délits et la qualité des personnes qui les auront
« commis.

« Ils devront prendre pour bases, dans la rédaction
« des chefs d'accusation, les réponses données par le

« prince dans l'interrogatoire qu'il a subi ; elles sont
« paraphées et signées de sa main, ainsi que les pa-
« piers écrits aussi de sa main qui ont été saisis dans ses
« bureaux.

« Cette décision sera communiquée à mes conseil-
« lers et à mes tribunaux, et on la fera circuler parmi
« mes peuples, afin qu'ils reconnaissent ma pitié et ma
« justice, et pour soulager l'affliction où ils ont été
« jetés par mon premier décret. Car ils y voyaient le
« danger de leur souverain et de leur père qui les aime
« comme ses propres enfans, et qui est pareillement
« aimé d'eux.

« CHARLES.

» San Lorenzo, le 5 novembre 1807. »

Conformément à ce décret, les diverses personnes arrêtées furent renvoyées devant le conseil de Castille. Don Simon de Viegas, fiscal du conseil, suivit l'accusation au nom du Prince de la Paix. Le conseil déclara l'innocence des prévenus.

Nonobstant cet arrêt, plusieurs des accusés furent éloignés de Madrid, par mesure de sûreté. Le duc de l'Infantado et MM. Escoïquiz, Orgaz et Ayerbe furent exilés.

PREMIER MOUVEMENT D'ARANJUEZ. — CHUTE DU FAVORI.

Cependant, tandis que la seule partie disponible de l'armée espagnole coopérait, sous les ordres du général Junot, à l'invasion du Portugal, les troupes françaises, commandées par Joachim Murat, grand duc de Berg, s'avançaient lentement vers le centre de la Péninsule. Un voile impénétrable couvrait les desseins de Napoléon. Le peuple espagnol commençait à concevoir de vives inquiétudes. Le Prince de la Paix n'osait entrevoir l'abîme où il allait précipiter la famille du roi, son bienfaiteur; et le ministère, épouvanté de l'idée de résister au vainqueur de l'Europe, laissait, sans ordres et sans conseils, les capitaines généraux des provinces occupées par l'armée française, et semblait attendre plutôt que prévoir les événemens.

S'il faut en croire quelque acteurs de ce grand drame politique, le but de Napoléon était d'expulser lentement la famille royale d'Espagne de ses états d'Europe, et de la contraindre, comme la maison de Bragance, à aller chercher un asile dans l'Amérique. Il aurait, alors, donné un souverain de son choix à l'Espagne privée d'un chef; suivant sa maxime favorite, qu'un trône vacant appartient au premier qui a le courage d'y monter, maxime par laquelle il a d'ailleurs essayé d'établir sa légitimité sur le trône de France. Les Espagnols avaient pressenti les projets de Napoléon et craignaient le sort des Portugais : aussi toute proposition d'un voyage qui aurait rapproché les princes des ports de l'Océan, était-elle repoussée avec indignation.

Les événemens se développaient avec trop de lenteur au gré de la politique impatiente du chef de l'empire français. Pour accélérer leur marche, il fit déclarer verbalement à Charles IV, par le conseiller Isquierdo, (envoyé, à cet effet, de Paris à Aranjuez où se trouvait la cour du roi d'Espagne,) que l'intérêt de son empire exigeait l'incorporation à la France des provinces espagnoles situées sur la rive gauche de l'Ebre, et qu'il offrait, en échange, le Portugal que ses armées avaient conquis.

Cette déclaration, à laquelle le roi, frappé

de stupeur, ne répondit pas, dessilla les yeux du Prince de la Paix. Elle renversait toutes ses espérances sur le royaume des Algarves ; il connut bientôt, par son agent Isquierdo, le but supposé des projets de Napoléon ; et, dès lors, il faut l'avouer, voyant ses rêves d'ambition personnelle évanouis, il se montra fidèle sujet du monarque qui lui avait accordé une confiance si aveugle. Cette fidélité dura jusqu'au moment où, emprisonné à Aranjuez, il sentit se ranimer, à l'aspect de la catastrophe qui le menaçait, sa haine pour Ferdinand. Aussitôt que les desseins de l'empereur lui furent dévoilés, il fit proposer à Charles IV, par le prince de Castel-Franco, de se retirer à Séville ; de former un camp à Talaveyra, et de placer ainsi une armée espagnole entre la résidence royale et les armées impériales. De là, il aurait fait demander aux généraux français une explication positive sur leurs intentions et leur conduite. La famille royale en sûreté, les armées espagnoles réunies, on pouvait résister, avec moins de chances défavorables, à la fortune de Napoléon, et, peut-être, arrêter ou modifier convenablement ses projets conquérans. Cette dernière espérance était d'autant plus fondée, que Charles IV, après la mission d'Isquierdo, avait écrit à son allié, pour lui renouveler la demande, faite par Ferdinand, de la main d'une princesse du sang impérial; en lui annonçant, qu'en raison d'une telle union, il abdiquerait en faveur de son fils : il semblait à tout le ministère du vieux roi, que ce mariage devait satisfaire l'ambition de l'empereur. La proposition du Prince de la Paix fut acceptée, et les troupes espagnoles de l'armée de Portugal reçurent l'ordre de se replier sur l'Andalousie.

Malheureusement, ce plan du favori, le seul qu'on pût raisonnablement concevoir dans les intérêts de la famillle royale, donna de l'ombrage au prince des Asturies. Ferdinand, habitué aux trahisons de Godoy, n'y vit qu'un dessein formé pour mieux servir Napoléon, en conduisant le roi et la famille royale à l'extrémité de l'Espagne, afin d'y faire décider, plus facilement l'émigration en Amérique. Il communiqua ses craintes à ses conseillers et à ses amis; elles arrivèrent jusqu'au peuple. Le voyage d'Andalousie paraissait préparer la fuite au-delà des mers; les troupes qui se trouvaient autour du roi, à Aranjuez, annoncèrent hautement qu'elles ne s'y prêteraient pas; les habitans de Madrid et d'Aranjuez effrayés de l'abandon politique où la patrie aurait été réduite, par le départ du souverain, et voyant un commencement d'émigration dans la retraite à Séville, déclarèrent qu'ils s'y opposeraient. Ainsi, l'amour des Espagnols ôtait, plus sûrement encore que la trahison, au monarque et à sa famille, les seuls moyens de salut qui fussent praticables.

Cependant, l'agitation s'étendait dans les provinces voisines de la résidence royale; les citoyens armés veillaient, sans mandat, pour empêcher le départ, dont les préparatifs se continuaient en silence. Pour appaiser les esprits, le roi publia une proclamation destinée à rassurer le peuple sur les desseins de Napoléon (desseins sur lesquels il n'était pas tranquille lui-même), et à annoncer que le rassemblement des troupes, autour de sa cour et en Castille, n'avait pas pour unique objet de protéger son voyage à Séville (on a vu qu'il voulait former un camp à Talaveyra). Cette proclamation calma, momentanément en apparence, les inquiétudes populaires.

Le Prince de la Paix engageait toujours, et avec raison, Charles IV à chercher un asile au milieu de ses troupes, et dans un pays d'une défense facile en cas d'attaque (la route de l'Andalousie est défendue par les défilés de la Sierra-Morena). Comme les troupes espagnoles, rassemblées à Aranjuez, avaient manifesté l'intention de ne pas protéger le voyage du roi, il fit venir de Madrid ses propres gardes, des bataillons de gardes wallones et divers régimens suisses, afin de former une escorte au souverain. Le départ était résolu, mais aucun jour n'avait encore été désigné pour commencer le voyage.

L'arrivée de ces troupes produisit quelque agitation; le bruit de la retraite du roi se répandit de nouveau : on y ajouta foi, malgré la proclamation royale de la veille. Les citoyens recommencèrent leurs patrouilles armées; cependant aucun cri séditieux ne troubla la tranquillité pendant le courant de la journée.

Tel était, le 17 mars, l'état des choses, à la fin du jour : le feu couvait sous la cendre, il ne fallait qu'un léger souffle pour le ranimer.

La nuit était commencée. Le peuple parcourait les rues avec anxiété : on surveillait le palais et les maisons des officiers de la couronne. Celle de Godoy était l'objet d'une attention plus particulière. Tout à coup, à minuit, une patrouille de citoyens armés, rencontre quelques gardes du Prince de la Paix, reconduisant, aux flambeaux, une dame voilée qui venait de passer la soirée avec le favori. Soit malice, soit défiance, la patrouille veut reconnaître la dame ; celle-ci refuse de lever son voile, elle demande protection à son escorte. Les gardes d'honneur font résistance, et, dans le tumulte, tirent en l'air deux coups de fusil.

A ce bruit que l'on prend pour le signal du départ, Aranjuez est en confusion. Les troupes prennent les armes : les unes, prêtes à la révolte, courent se placer sur les routes que peuvent prendre les princes ; les autres, fidèles à leur devoir, vont se ranger sur l'esplanade, devant le palais, où s'étaient rassemblés, autour du roi, les ministres et les capitaines des gardes.

Sur ces entrefaites, les habitans de la ville, et les paysans des environs, s'étaient portés à la maison du Prince de la Paix. Ils forcent, à main armée, la garde du favori, brisent les portes, se répandent dans les appartemens, cherchant à grands cris l'objet de leur haine. Celui-ci avait heureusement disparu. Alors après avoir livré aux flammes les meubles qu'ils considèrent comme souillés, par l'usage que Godoy en a fait, ils s'attroupent devant le palais du roi, en criant : « Point de Godoy, point de voyage, » et en témoignant néanmoins, au milieu de la plus grande effervescence, un profond respect pour le souverain.

Les conseils des ministres s'unissent dans le château, aux clameurs que pousse, en dehors, le peuple révolté. Ils demandent respectueusement au monarque le renvoi du Prince de la Paix. Le roi, avant de se décider à ce pénible sacrifice, fait venir le prince des Asturies, et le prie de paraître sur le balcon royal pour appaiser la sédition par ses discours. Ferdinand refuse, en prétextant, avec raison, que sa présence, au lieu de calmer le tumulte, contribuerait à l'augmenter.

Charles IV jette un regard sur les officiers de ses gardes, pour voir s'il y trouvera le dévouement dont il a besoin; leur morne silence et leur attitude embarrassée lui font assez comprendre qu'il ne doit rien attendre d'eux, dans la cisconstance présente; il se tait, paraît méditer un moment, donne à voix basse quelques ordres à un des officiers de sa maison (*), puis, sans faire aucun reproche à ceux qui l'entourent, il commande qu'on le conduise sur le balcon du palais.

Une foule immense et tumultueuse couvrait la place; lorsqu'elle aperçut les flambeaux briller aux fenêtres du palais, et qu'elle vit son vieux monarque debout sur le balcon, elle fit retentir l'air de vives acclamations. Le roi fit signe qu'il voulait parler; soudain, aux clameurs, succéda un silence respectueux. Alors Charles IV déclara qu'il venait de décharger le Prince de la Paix de la charge de généralissime de terre et de

---

(*) Ces ordres portaient qu'il fallait faire protéger, par un régiment dévoué, la route d'Andalousie. Charles IV pensait que son favori, dont on n'avait pas de nouvelles, avait dirigé sa fuite vers cette province.

mer, de la nomination à tous les emplois, du droit de faire la paix et la guerre, et qu'il venait de l'éloigner de sa personne, voulant veiller, par lui-même, au bonheur de son peuple. Des cris de joie interrompirent le monarque à ces paroles consolantes; les acclamations redoublèrent lorsque sa majesté annonça que le voyage projeté n'aurait pas lieu, et qu'elle voulait, ainsi que sa famille, vivre et mourir au milieu de ses sujets.

Ce discours calma la révolte comme par enchantement, et la foule satisfaite se dispersa en faisant retentir l'air de cris d'allégresse et de bénédiction.

La conduite du peuple et des soldats, pendant ce premier mouvement d'Aranjuez, est susceptible, à la fois, d'excuse et de blâme. La sédition était noble dans son but; mais, comme toute sédition, coupable dans ses moyens. Quelques ministres, hommes d'État, ont improuvé vivement, quoique ennemis personnels du Prince de la Paix, la violence morale exercée sur le souverain; mais l'Espagne dont le renvoi du favori combla les vœux, a, par son approbation unanime, absous la révolte qui en fut la cause.

Après la retraite des séditieux, la garde avait conservé ses rangs et ses armes, les ministres étaient demeurés assemblés dans le palais ; mais aucun mouvement ne troubla la tranquillité, pendant le reste de la nuit. Aranjuez se montra calme encore pendant la journée du 18 et le commencement de la matinée du 19.

DEUXIÈME MOUVEMENT D'ARANJUEZ. — ABDICATION DE CHARLES IV.

On croyait la sédition appaisée. Les ministres, après être restés deux jours entiers auprès du roi, venaient de le quitter. Tout à coup vers neuf heures du matin, le tumulte recommence, les citoyens reprennent les armes et courent dans les rues en criant : *Godoy est retrouvé !* Ce nom ranime la fureur populaire ; et les clameurs des révoltés retentissent jusque sous les voûtes du palais.

Le malheureux favori, au moment où la foule s'était ruée dans sa maison, avait abandonné son lit et s'était caché plein de frayeur dans un des greniers; là, roulé dans une natte de sparterie, il avait échappé au fer des enragés, dont les hurlemens arrivaient jusqu'à lui. Il avait passé trente six heures dans cette terrible situation. Enfin le bruit ayant cessé, il s'était hasardé à sortir de sa retraite; mais, reconnu presque aussitôt, il venait d'être blessé à la tête, malgré le secours de quelques soldats qui l'avaient entouré, pour le conduire en lieu de sûreté. Sa vie était en danger; la foule, toujours croissante, empêchait les soldats d'avancer; et les plus furieux, parmi le peuple, parlaient déjà d'égorger et le favori et les soldats qui le protégeaient.

La reine prévenue du péril du Prince de la Paix, courut aussitôt chez son fils, et le supplia d'arracher l'infortuné Godoy au sort terrible que lui réservait une populace effrénée. Ferdinand accéda aux desirs de sa mère : il consentit à sauver les jours de celui qui avait voulu le faire périr sur l'échafaud. Il sortit du château, se fit jour à travers le peuple que ses exhortations appaisèrent peu à peu, parvint à arracher le favori aux mains de ceux qui le maltraitaient, et, le plaçant sous la protection des gardes du corps, il lui dit ces mots : « Godoy, je te donne la vie. » Le malheureux blessé, sans répondre, saisit avec vivacité la main du prince et la baisa avec transport.

Aussitôt que Godoy fut entré dans le quartier des gardes du corps où sa vie était en sûreté, la foule, après avoir fait retentir l'air d'acclamations en l'honneur de ses souverains, se dispersa entièrement. A midi l'ordre était rétabli dans toute la ville.

Sur les deux heures, et d'après les instances de la reine, le prince des Asturies rendit visite au favori dans sa prison, et lui réitéra l'assurance qu'il lui serait fait grâce de la vie. Depuis le procès de l'Escurial, Godoy était en effet sous le poids d'une accusation capitale.

Le même jour, vers les quatre heures du soir, alors que la tranquillité rétablie continuait à régner dans Aranjuez, le roi Charles IV fit venir don Pedro Cevallos, son secrétaire d'état (*), et, s'enfermant avec

---

(*) D. Pedro Cevallos, dont l'habileté et les talens sont connus dans toute l'Europe, était allié à la famille du Prince de la Paix.

lui dans son cabinet, il lui rappela ce qu'il avait déjà dit plusieurs fois les années précédentes, soit à lui, soit à d'autres personnages, que sa santé lui rendait trop pénibles les fatigues de la royauté et qu'il avait besoin de repos : il lui déclara ensuite que ne pouvant plus se décharger du fardeau du gouvernement sur un sujet de son choix (*), il avait formé le dessein de renoncer à la couronne en faveur de son légitime héritier le prince des Asturies. Don Pedro Cevallos reçut, en outre, du vieux monarque, l'ordre de rédiger, suivant les formes usitées, l'acte d'abdication, et de le lui apporter ensuite à signer.

Cet acte fut ainsi conçu :

« Les infirmités qui m'accablent, depuis si long-
« temps, ne me permettent plus de supporter le far-
« deau du gouvernement de mes peuples, et j'ai be-

(*) Le roi faisait sans doute allusion à don Manuel Godoy, en faveur de qui (ainsi que le représenta judicieusement M. Escoïquiz à Napoléon) il avait abdiqué son autorité, sinon de droit, du moins de fait. La cession de la couronne à Ferdinand ne faisait que transmettre le pouvoir à celui qui en était légitime héritier.

« soin de jouir de la tranquillité de la vie privée,
« dans un climat plus doux, pour réparer ma santé
« affaiblie. Ainsi j'ai résolu, après une mûre délibé-
« ration, d'abdiquer ma couronne en faveur de mon
« héritier et bien-aimé fils, le prince des Asturies.

« Ma royale volonté est donc qu'il soit reconnu
« comme roi et seigneur dans tous mes Etats ; et, afin
« que ce décret de mon abdication libre et spontanée
« reçoive sa pleine exécution, vous le communiquerez
« au suprême conseil et aux autres autorités auxquelles
« il appartiendra.

« Aranjuez, le 19 mars 1808.

« Moi, le Roi. »

A Don Pedro Cevallos,
 Ministre secrétaire-d'état.

Le soir même, en présence de toute la famille royale, et des principaux personnages de la cour, le roi fit part, à son fils, de la résolution qu'il venait de prendre (*). Il se tourna ensuite vers le nonce du pape, mon-

---

(*) Déjà, en 1789, les cortès assemblées avaient prêté serment à Ferdinand, comme successeur reconnu de son père. C'est à cause de cette reconnaissance qu'il avait le titre de *Principe jurado de Asturias, prince juré des Asturies*. Ce mot espagnol *jurado* a bien plus d'expression que le mot français *reconnu*, parce qu'il renferme l'idée du serment.

seigneur Gravina, et le baron de Strogonoff, ministre de Russie (*), et leur dit qu'il n'avait jamais rien fait avec plus de plaisir : pour le prouver, il ajouta que le bonheur qu'il goûtait, en cette circonstance, semblait lui avoir rendu la faculté de signer de sa propre main ; faculté dont il était privé depuis long-temps par des douleurs rhumatismales. Enfin, dans un entretien particulier, il témoigna, avec une égale vivacité, les mêmes sentimens à l'infant don Antonio, son frère.

Le jour suivant, 20 mars, Charles IV donna avis de sa renonciation à l'empereur Napoléon, motivant cet acte sur l'accroissement de ses infirmités qui ne lui permettaient pas de conserver le fardeau du gouvernement, et le rassurant au sujet de la politique de la nouvelle cour, attendu que Ferdinand VII avait, pour la France, les mêmes sentimens que son père.

La joie fut universelle à Aranjuez et à Madrid, à l'avénement du prince des Asturies au trône d'Espagne. Le nouveau roi fut

---

(*) Célèbre aujourd'hui par le généreux intérêt qu'il a montré pour les chrétiens grecs.

proclamé le 20 dans la capitale ; les conseils, les tribunaux, les députés des provinces, tous les corps constitués s'empressèrent de le reconnaître et de lui prêter serment. L'avis de son avénement fut aussitôt envoyé par *quatriplicata* dans les royaumes d'Amérique.

Le grand duc de Berg, général en chef des troupes françaises, attendait, à Aranda de Duero, de nouvelles instructions de Napoléon. Le 17, il apprit les premiers événemens d'Aranjuez ; aussitôt, et sans attendre davantage, il se mit en marche sur Madrid, où il entra, le 23, à la tête de ses troupes. L'attention publique, exclusivement occupée du roi qui était attendu pour le lendemain, ne se laissa pas distraire, par cet événement, de son but favori. L'entrée des Français, cette entrée qui devait être si importante pour le sort de la monarchie espagnole, causa peu de sensation parmi les habitans de Madrid.

Commencement du règne de Ferdinand VII. — Voyage de Bayonne.

Le jour de l'entrée de Ferdinand VII dans

Madrid, fut un jour de fête pour toute la ville. L'enthousiasme était général, les Espagnols concevaient les plus brillantes espérances du gouvernement du jeune souverain; il n'avait pas beaucoup à faire pour donner au peuple une administration meilleure que celle du Prince de la Paix. Aussi, les premiers actes de son pouvoir furent-ils de nature à satisfaire les besoins les plus pressés de la multitude.

Il commença, à son avénement au trône, par donner un grand exemple de reconnaissance. Les conseillers qui, pendant l'adversité, lui avaient été fidèles, furent appelés au maniement des affaires, tandis que, oubliant, comme roi, ce qu'il avait souffert comme prince, il conservait, dans leurs emplois les véritables hommes d'état placés par le favori : il accorda un généreux pardon à tous ses ennemis personnels; mais Godoy, ses parens et ceux qui avaient profité du pouvoir, pour détourner les deniers de l'état à leur profit et pour vexer le peuple espagnol, furent envoyés devant les tribunaux pour rendre compte de leur administration.

Alors, pour la première fois, le ministère

espagnol eut connaissance, par les papiers saisis chez le Prince de la Paix, du traité secret de Fontainebleau. Il commença à pressentir les desseins ambitieux de Napoléon; mais il était trop tard.

L'inquiétude causée par cette découverte, fut encore augmentée par la conduite du chef des troupes françaises, dont la contenance silencieuse contrastait singulièrement avec l'exaltation bruyante des habitans de Madrid.

Le grand duc de Berg s'était dispensé d'aller rendre visite au nouveau roi, afin d'éviter les embarras d'une reconnaissance qui pouvait déplaire à l'empereur. Il n'ignorait pas les négociations de Napoléon et du Prince de la Paix, et il était, sans doute, dans la confidence de ce qui avait été projeté contre l'Espagne. L'abdication de Charles IV et l'avénement de Ferdinand VII, renversait tous les plans conçus. Murat, que l'ambassadeur français dirigeait dans ses démarches et qui montra, dans cette circonstance, une prudence cauteleuse, étrangère à son caractère violent, comprit qu'il fallait détruire l'effet de l'acte solennel et spontané par lequel le vieux roi, devançant l'ordre de la nature, cédait la couronne à son légitime héritier. En conséquence, et dès le jour même de l'entrée des Français dans Madrid, le général Monthyon fut envoyé à Aranjuez, où Charles IV habitait encore avec la reine. On attaqua les deux époux par leur côté faible ; on leur promit, au nom de l'empereur, la liberté du Prince de la Paix : en échange de cette promesse, Charles IV remit, à l'envoyé français, une protestation contre son abdication (*).

Le duc de Berg, maître de cette pièce importante, se garda bien de la faire connaître tout de suite. Les événemens d'Aranjuez étaient trop récens pour être facilement dénaturés. Les témoins de ce grand drame politique étaient encore tous réunis, et Charles IV n'aurait pas voulu, sans doute, démentir hautement devant eux la libre dé-

---

(*) Cet acte reçut, à dessein, une date antérieure à l'arrivée du général Monthyon, celle du 21 mars ; mais plusieurs preuves irrécusables ont démontré, depuis sa publication, qu'il ne pouvait avoir été écrit et signé que le 23, à l'instigation du prince Murat.

marche qu'il avait faite, quatre jours auparavant. Outre ces motifs, une autre, et très forte raison, commandait le silence au général français, c'était la captivité du Prince de la Paix, gardé dans le château de Villa-Viciosa, par des officiers dévoués à Ferdinand VII : un éclat intempestif aurait pu rendre sa délivrance impossible. La protestation fut donc envoyée à Bayonne, où elle resta secrète jusqu'au moment où la résistance opiniâtre du jeune roi obligea Napoléon à mettre de côté toute pudeur et tout ménagement. Murat, afin de ne pas troubler la sécurité de Ferdinand, continua à communiquer avec lui, par le moyen de tierces personnes, évitant ainsi de le reconnaître formellement pour roi d'Espagne.

Cependant, les événemens devenaient de plus en plus graves ; les intrigues se compliquaient. Les habitans lassés des hôtes armés qui avaient envahi leur territoire et surpris leurs citadelles, ne cachaient plus leur mécontentement : l'inquiétude générale s'accroissait encore par l'imprudence de plusieurs employés des administrations françaises, qui, dans leurs discours, laissaient percer quelque chose des projets menaçans de Napoléon : enfin, la conduite des officiers de l'état-major du grand duc de Berg, qui, traitant comme prince celui que les Espagnols reconnaissaient tous pour roi, s'obstinaient à regarder, comme seul souverain, le prince que son abdication volontaire avait fait descendre du trône; cette conduite, dis-je, augmentait, par son inconvenance, la défiance de la nation espagnole.

Les ministres de Ferdinand étaient convaincus que le sort de la monarchie dépendait entièrement de Napoléon, toute résistance à ses volontés eût été plus dangereuse qu'utile. Le roi libre, en apparence, dans sa capitale, se trouvait au pouvoir du duc de Berg; car vingt-cinq mille hommes de l'armée impériale occupaient Madrid et ses environs, tandis que l'artillerie française garnissait les deux hauteurs qui dominent la ville (*). Ferdinand faisait, en vain, demander à Murat des explications positives. Celui-ci évitait de répondre. Il cherchait à occuper l'attention des ministres et à détourner

---

(*) Le *Retiro* et la butte de la *Casa del Campo*.

les soupçons du peuple, tantôt par la demande solennelle de l'épée de François 1er, qui était conservée dans l'arsenal de Madrid, en mémoire de la bataille de Pavie (Ferdinand accéda à cette demande), tantôt par la nouvelle d'un prochain voyage de l'empereur Napoléon à Madrid. Son maître venait, disait-il, dans la capitale des Espagnes, conduit par son amitié pour le jeune prince, afin de l'aider de ses conseils pour la réforme des abus et pour la réédification de la monarchie espagnole.

Bientôt le bruit de ce voyage prit plus de consistance. Quelques équipages arrivèrent à Madrid : Murat annonça qu'ils précédaient l'Empereur. Aussitôt, la ville de Madrid fit meubler un palais somptueux pour le recevoir suivant son rang. Des fêtes furent préparées pour célébrer son arrivée; et cependant, Napoléon n'arrivait point; on ne recevait même aucune nouvelle de son approche. Néanmoins, le langage des agens français en imposa tellement aux ministres de Ferdinand, que le roi se décida à envoyer son propre fils, l'infant don Carlos, au-devant de sa majesté impériale.

Don Carlos s'avança jusqu'à Tolosa en Biscaye, où il s'arrêta, étonné de ne pas avoir encore entendu parler du prince qu'il venait féliciter. Cette circonstance aurait nui considérablement au succès de l'intrigue ourdie par les agens de Napoléon, sans l'arrivée subite (dans la journée du 7 avril) du général Savary, aide-de-camp de l'empereur.

Le général Savary se présenta sur-le-champ devant le roi; il annonça que l'empereur l'avait chargé de complimenter Ferdinand, et de s'assurer si les dispositions du nouveau cabinet, relativement à l'étroite alliance avec la France, étaient les mêmes que celles du règne précédent. Il donna l'assurance positive de la prochaine arrivée de son maître, et il ajouta que, du moment que Sa Majesté impériale serait convaincue que les vues du nouveau monarque étaient les mêmes que celles de son père, rien ne s'opposerait à ce qu'elle le reconnût comme roi d'Espagne et des Indes.

On voit qu'il n'était pas alors question de la protestation de Charles IV.

La réponse de Ferdinand au général Savary dut le satisfaire pleinement. Les promesses et les explications amicales de celui-ci tranquillisèrent les esprits et firent évanouir les soupçons, au moins à la cour. M. Savary n'avait point présenté de lettres de créance, mais qui aurait osé douter de la parole d'un général français parlant au nom de son souverain?

Cependant un jeune Espagnol arrivé avec le général Savary, M. Hervas, qui avait connaissance des projets de Napoléon, communiqua ses craintes à plusieurs des conseillers du roi, lorsque les agens français voulurent engager Ferdinand à aller au-devant de l'empereur. On discuta l'utilité de ce voyage dans le conseil des ministres; et, les paroles de M. Hervas ayant fait impression sur quelques esprits, les avis furent partagés.

Par un hasard singulier, ceux des ministres, qui s'opposèrent au départ funeste du roi, sont les mêmes qui depuis, embrassant la cause de Joseph Napoléon, restèrent fidèles à leur serment; et ceux qui décidèrent Ferdinand à entreprendre le voyage, cause de sa ruine, se trouvent être ceux qui se montrèrent depuis les plus dévoués à son infortune; se considérant, sans doute, comme obligés à une plus grande fidélité envers lui, à cause de l'abîme où ils l'avaient poussé par leurs avis.

Il ne faut cependant pas croire qu'ils le conseillèrent, dans cette circonstance, d'une manière qui a tourné à sa ruine, sans motifs suffisans et spécieux. Il y aurait de l'injustice à vouloir toujours juger les entreprises par les résultats; car il y a bien loin, de la raison humaine qui prévoit, au pouvoir céleste qui dirige les événemens du monde. D'un côté les conseillers de Ferdinand pouvaient, sans être taxés d'imprudence, se défier des avertissemens de M. Hervas : l'amitié de ce jeune homme pour le général Savary et ses liaisons de famille avec le maréchal Duroc, signataire du traité de Fontainebleau, plaçaient les apparences contre lui; il ne pouvait d'ailleurs fournir aucune preuve de la vérité de ses assertions graves. D'un autre côté, la conduite précédente de Napoléon offrait des actes également convaincans et pour le croire faux et perfide, et pour le croire magnanime et généreux. Il y avait de puissans motifs de penser qu'il se bornerait à assurer son influence prépondérante sur la cour d'Espagne en s'attachant le roi par les liens du sang.

Les protestations du général Savary l'emportèrent dans le conseil, et le voyage fut décidé. Cependant le monarque ne considéra point cette démarche comme étant sans danger, puisqu'avant de partir, il investit une junte, présidée par son frère l'infant don Antonio, du gouvernement de l'Espagne.

Le départ eut lieu le 10 avril. Le général Savary avait voulu accompagner le monarque; pour entretenir davantage sa confiance, il assurait que, d'après les nouvelles qu'il recevait de l'approche de l'empereur, le voyage ne se prolongerait pas au-delà de Burgos. Lorsque l'arrivée dans cette ville démontra la fausseté de ses assertions, loin de se décourager, il redoubla hardiment d'efforts et de promesses pour entraîner le roi jusqu'à Vittoria, où S. M. C. arriva le 14.

En approchant de la frontière, les dangers devenaient plus réels et les inquiétudes plus vives. Les craintes des personnes qui accompagnaient le souverain, gagnèrent le peuple de Vittoria. Le général Savary, sentant la difficulté de sa position et l'impossibilité d'amener Ferdinand, avec des paroles, à continuer son voyage, partit seul pour Bayonne, où l'empereur venait d'arriver. Le but apparent de ce départ était de porter à Napoléon une lettre du roi. Il revint trois jours après avec la réponse. Cette réponse était insignifiante et engageait seulement Ferdinand à s'avancer jusqu'à Bayonne.

Le roi hésitait encore : le sort qui l'attendait en France était pressenti par tous ceux qui l'entouraient. Un sujet fidèle, le directeur des douanes de la province d'Alava, lui proposait de venir l'enlever, à la tête de deux mille douaniers, tous gens déterminés, et de le conduire hors des lieux occupés par les Français, à Saragosse, où l'on pouvait arriver facilement en traversant les montagnes de Rioja. Le général Savary vit qu'il allait échouer dans la mission dont il s'était chargé. Le zèle et le dévouement, dont il avait déjà donné tant de preuves à l'empereur, allaient se trouver démentis par un seul événement : Napoléon ne reconnaissait dans ses serviteurs que les efforts justifiés par les succès ; M. Savary pensa qu'il fallait tout hasarder pour vaincre la répugnance de Ferdinand, et il alla jusqu'à lui dire : « Je me laisserai couper la tête, si un

« quart d'heure après l'arrivée de V. M. à
« Bayonne, l'empereur ne vous a pas re-
« connu pour roi d'Espagne et des Indes :
« il commencera peut-être par vous donner
« le titre d'altesse, mais bientôt après il
« vous traitera de majesté, et dans trois jours
« tout sera réglé. » Ferdinand se laissa persuader, continua son voyage malgré les habitans de Vittoria qui coupèrent les traits de sa voiture, et fit répondre au brave directeur des douanes qu'aucun sujet n'avait droit de se mêler des affaires d'état, et qu'il devait restreindre son zèle à l'obéissance aux ordres de la junte suprême qui gouvernait le royaume.

Deux jours après, le 20 avril, S. M. C. toujours accompagnée par le général Savary, entra sur le territoire français.

Événemens de Bayonne. — Cession du trône d'Espagne.

Ferdinand VII, arrivé en France, y fut suivi de Charles IV et de la reine son épouse, ainsi que de tous les princes du sang des Bourbons d'Espagne. Napoléon les fit venir successivement à mesure que les progrès de l'intrigue de Bayonne lui firent sentir le besoin de leur présence. La junte du gouvernement, établie à Madrid, essaya en vain de résister, par des représentations écrites ou verbales, à la logique militaire du grand duc de Berg.

Aussitôt après le départ de Charles IV, les infans furent obligés de quitter la capitale et de prendre la route de France, accompagnés des regrets du peuple et des craintes de leurs amis. Bientôt l'audace du prince Murat ne s'arrêta plus à des négociations menaçantes, il donna des ordres, supposa des instructions de Ferdinand VII, et, bon gré malgré, se fit remettre, par la junte, le Prince de la Paix, dont la présence à Bayonne devenait nécessaire à l'entier accomplissement des projets de Napoléon sur la couronne d'Espagne. La délivrance du favori fit plus d'effet sur le peuple Espagnol que l'enlèvement de son roi. On pouvait croire encore que Ferdinand n'était retenu à Bayonne que par sa propre volonté; mais l'élargissement de Godoy ne laissait plus de doute sur les manœuvres de Napoléon. Dès ce jour, la haine attachée à Godoy s'étendit jusqu'à l'empereur; la conduite du général en chef de l'armée française, lors de l'émeute populaire du 2 mai, augmenta les dispositions séditieuses de la multitude; le mécontentement se propagea peu à peu, fermenta long-temps en silence dans les classes inférieures, et enfin éclata d'une manière terrible, aussitôt que des chefs firent flotter aux yeux des Espagnols l'étendard de l'insurrection. Mais il ne faut pas anticiper sur les événemens.

Ferdinand VII, entra dans Bayonne le 20 avril 1808, à midi. Il était accompagné de l'infant don Carlos, de ses ministres, de ses conseillers et de trois grands d'Espagne qu'il avait envoyés, avec son frère, au devant de Napoléon.

Deux heures après son arrivée, l'empereur accourut, à cheval, dans la maison que le prince occupait. Ferdinand descendit, pour le recevoir, jusqu'à la porte de la rue; les deux monarques s'embrassèrent, et les premières paroles de Napoléon furent: *Prince, ceci n'est point un guet-apens.* Ironie cruelle, ou mensonge audacieux! Après une courte entrevue, l'empereur se retira. Ferdinand l'accompagna jusqu'à la porte où il était descendu pour le recevoir.

Le même jour, les deux souverains dinèrent ensemble, et se donnèrent, devant toute la cour, des marques non équivoques d'amitié.

Ferdinand, fut amené au palais de Napoléon, et reconduit au sien dans les voitures impériales.

A la nuit, S. A. le prince de Neufchatel se présenta, devant lui, pour demander le mot d'ordre de la place de Bayonne. Après quelques cérémonies, le roi accepta cet honneur militaire.

Dans la conversation, l'empereur avait toujours donné, à Ferdinand, le titre de prince; celui-ci, prévenu à Vittoria par le général Savary, n'en avait conçu aucun ombrage. Jusqu'à ce jour, la parole seule d'un officier français valait tous les sermens.

Le lendemain, 21, le général Savary se présenta devant S. M. C. Il est difficile de peindre la surprise et l'émotion de l'infortuné monarque, lorsqu'il entendit ce même général, qui lui avait répondu, sur sa tête, du succès de la négociation et de l'heureuse issue du voyage., lui proposer hardiment, au nom de l'empereur, l'échange du trône d'Espagne et des Indes, contre un apanage en pays étranger.

Ferdinand, indigné, repoussa, sans balancer, cette humiliante proposition : les conseillers don Pedro Cevallos, et don Juan de Escoïquiz entamèrent aussitôt, d'après son ordre, une négociation dans le but de démontrer, au ministère français, que l'échange demandé par le général Savary, était aussi contraire à la véritable gloire de l'empereur, qu'à la justice des nations.

Le 22 mars, M. de Champagny, ministre des relations extérieures, répondit aux représentations des deux conseillers de S. M. C. par de nouvelles propositions : après avoir déclaré que les intérêts nationaux de l'Espagne exigeaient le sacrifice de la dynastie des Bourbons, il offrait, en retour de la renonciation de Ferdinand, à tous ses droits, tant en son nom, qu'au nom des autres princes de sa famille, le petit royaume d'Étrurie. Il ajoutait, que l'intégrité du territoire espagnol serait garantie par le traité de cession, et qu'un frère de l'empereur serait placé sur le trône d'Espagne; que, si Ferdinand acceptait la proposition et desirait épouser une princesse de la famille impériale, S. M. I. et R. ordonnerait la célébration du mariage, aussitôt que le traité serait signé; mais que, dans le cas où Ferdinand refuserait ces offres, il perdrait le royaume d'Espagne, sans obtenir aucune compensation.

Le roi, après avoir pris l'avis de son conseil, répondit négativement aux nouvelles propositions. Quelques jours s'écoulèrent : Napoléon, lui-même, voulut engager les conseillers de Ferdinand à persuader au jeune monarque d'accéder à ce qu'il proposait. Aucun raisonnement, aucune promesse ne purent ébranler leur fidélité; ils essayèrent à leur tour, mais sans plus de succès, d'amener l'empereur à l'abandon de ses projets ambitieux : ils lui montrèrent, en vain, la nation espagnole tout entière en armes pour s'y opposer. Napoléon n'était point un prince que la résistance pût faire reculer.

Le 28 mars Ferdinand annonça, par une lettre adressée à M. Champagny, qu'il voulait retourner en Espagne où il pourrait écouter et peser, plus convenablement qu'à Bayonne, les propositions impériales. Sa lettre resta sans réponse, et n'eut d'autre effet que de faire entourer d'espions le palais qu'il habitait. Deux courriers qu'il envoya à Madrid furent arrêtés, et, lorsqu'il s'en plaignit, les ministres de Napoléon, oubliant les tentatives faites récemment pour engager le jeune roi à renoncer à sa couronne, répondirent que leur maître ne reconnaissait pas d'autre souverain en Espagne, que Charles IV ; que les ministres de Ferdinand n'avaient donc pas le droit de délivrer des passeports à des individus espagnols ; et qu'au reste, les dépêches pouvaient être envoyées par la voie sûre et prompte de l'estafette française : dès ce jour la captivité du roi n'était plus douteuse. Cependant, malgré la gêne étroite où on le tenait, il trouva moyen de faire parvenir à la junte de Madrid, avec la nouvelle de ce qui se passait, l'ordre de gouverner pendant son absence, de commencer les hostilités au moment où il serait entraîné dans l'intérieur de la France, et de convoquer les cortès pour aviser aux moyens de sauver l'Espagne. Ces ordres ne purent pas être mis à exécution, parce qu'ils n'arrivèrent dans la capitale qu'après d'autres ordres contradictoires, d'une date postérieure, signés et envoyés par Ferdinand VII, à la suite de la renonciation de Bayonne.

Cependant, l'empereur étonné de la résistance inattendue de son jeune prisonnier, se décida à faire usage de la protestation écrite à Aranjuez et remise au général Monthyon, par le vieux roi Charles IV.

Cette protestation, dont il a été parlé plus haut, fut alors connue pour la première fois, elle était ainsi conçue :

« Je proteste et je déclare que mon décret du 19 mars,
« par lequel j'abdique la couronne en faveur de mon
« fils, est un acte auquel j'ai été forcé pour prévenir
« de plus grands malheurs et l'effusion du sang de
« mes sujets bien aimés ; il doit en conséquence être
« regardé comme de nulle valeur.

« Moi, le Roi. »

« Aranjuez, le 21 mars 1808 (*).

(*) *Voyez*, page LVI, les réflexions sur cette date et sur les motifs qui engagèrent Charles IV à signer une pareille protestation.

Des instructions avaient été envoyées à Madrid : on vit donc arriver en France Charles IV et la reine son épouse. Ils venaient concourir aux desseins de Napoléon, et déshériter leur fils. Le Prince de la Paix arriva immédiatement après eux et reprit, sur le champ, son rang et son influence. Le favori appartenait alors à l'empereur, par l'intérêt, et par la reconnaissance. Il lui devait la liberté et, sans doute, la vie. Napoléon comptait que l'empire de Godoy sur les deux époux, serait employé à faciliter et à assurer le succès de ses prétentions injustes et ambitieuses : il ne fut pas trompé dans ses espérances.

Arrivé à Bayonne, le premier acte de Charles IV, après un entretien secret avec l'empereur, fut de faire venir son fils seul, dans son palais. Là, en présence de la reine et de Napoléon, il lui signifia que, si le jour suivant (6 mai), à six heures du matin, il ne lui avait pas rendu la couronne, lui, son frère et sa suite seraient, dès ce moment, traités comme émigrés.

Ferdinand obéit : sa résistance eût été inutile. Il signa, le 6 mai, son abdication, après avoir déjà prévenu, par écrit, Napoléon, le 5 au soir, de ce qu'il avait résolu de faire le lendemain.

C'est aussi le 5, que le traité par lequel Charles IV cédait à l'empereur Napoléon la couronne d'Espagne et des Indes, fut rédigé et signé. Le maréchal Duroc représenta l'empereur, le Prince de la Paix signa, avec les pouvoirs de Charles IV. Ce dernier n'attendit pas, pour apposer sa signature, que le vieux roi son maître, fût rentré dans tous ses droits, par la renonciation de Ferdinand VII (*).

Pendant que ces événemens s'accomplissaient, le 6 mai, on reçut, à Bayonne, la nouvelle de l'insurrection qui avait éclaté à Madrid le 2 mai. Le grand duc de Berg, dans son rapport, exagérait, on ignore par quels motifs, la gravité des faits et le nombre des victimes. Napoléon, allarmé et furieux, se rend, aussitôt, auprès de Charles IV : soudain, le prince des Asturies est mandé pour la seconde fois : il arrive, il attend,

---

(*) *Voyez* ce traité, dans les *Pièces justificatives*, N° Ier.

pendant une heure, qu'il plaise à son père de le recevoir, enfin il est introduit. L'empereur et ses parens sont assis, lui seul reste debout. Là, il s'entend reprocher, avec amertume et avec violence, d'être la cause de tous les malheurs qui sont arrivés : il veut se défendre ; la reine, sa mère, lui ferme la bouche, et le roi lui ordonne de faire, sur le champ, une renonciation absolue à la couronne, sous peine d'être puni avec toute sa maison, comme usurpateur du trône et conspirateur contre la vie de ses parens.

Ferdinand se résigna, il abandonna sur l'ordre de son père, les droits qu'il avait reçus de lui. L'infant don Carlos, son frère, et l'infant don Antonio, son oncle, imitèrent son exemple, ils renoncèrent à leurs droits naturels, déterminés à ce sacrifice par l'espérance que l'Espagne trouverait, sous une autre dynastie, le bonheur, qu'il n'était plus au pouvoir de la famille de Charles IV de lui donner.

Napoléon voulut avoir un acte revêtu de la signature des princes, ou de celle de leur fondé de pouvoir ; le conseiller Escoïquiz adhéra, par un traité, signé le 10 mai (*), au traité conclu le 5 par le maréchal Duroc, et par le Prince de la Paix.

Charles IV écrivit au conseil de Castille, et à celui de l'inquisition, pour leur faire part des actes de cession, et pour leur donner ordre de reconnaître le nouveau souverain qu'il plairait à l'empereur des Français de donner à l'Espagne.

Le prince des Asturies et les infants joignirent leurs exhortations aux ordres du roi; afin de prouver leur sincérité dans l'abandon qu'ils venaient de faire de leurs droits, ils adressèrent, de Bordeaux, une proclamation au peuple espagnol, pour l'engager à suivre leur exemple et à se soumettre, sans résistance, à la loi de la nécessité.

Cependant, à la nouvelle des événemens de Bayonne, des séditions éclatèrent dans plusieurs villes de l'Espagne : le peuple se révolta malgré les autorités qui cherchaient à exécuter les derniers ordres de Charles IV, en publiant et en faisant reconnaître l'acte.

(*) Voyez, *Pièces justificatives*, N° II.

de cession. Napoléon s'inquiéta peu de ces soulèvemens populaires, à la tête desquels on ne remarquait encore aucun homme d'un nom connu. Il était en possession des citadelles importantes, et la valeur de son armée semblait devoir lui assurer, pour l'avenir, l'obéissance de l'Espagne.

Aussitôt qu'il s'était vu maître de disposer de la couronne d'Espagne, il avait convoqué, à Bayonne, une junte nationale. Cette junte, régulièrement assemblée, devait se composer de grands d'Espagne, des députés des conseils nationaux, et de presque tout ce que l'Espagne comptait d'hommes éminens dans les ordres ecclésiastiques, militaires et administratifs. Il avait annoncé que son intention était de placer un de ses frères sur le trône d'Espagne. C'est pourquoi, voulant donner au nouveau souverain l'appui de la volonté nationale, et consacrer le résultat des événemens de Bayonne par une sorte d'élection libre, il engagea le conseil de Castille, la junte de gouvernement établie à Madrid, les conseils municipaux des principales villes, et l'assemblée de Bayonne, à choisir un roi parmi les princes de sa famille. Il ne leur cacha pas qu'il verrait, avec plaisir, l'élévation de son frère Joseph au trône d'Espagne; mais il les laissa maîtres de choisir. Aucun autre ne pouvait mieux convenir que ce prince, aux besoins de l'Espagne : on connaissait sa douceur, ses vertus et ses intentions honorables; son administration, dans les états de Naples, faisait concevoir de favorables espérances; il fut solennellement demandé à l'empereur par des adresses des corps de l'état et des villes espagnoles.

Joseph proclamé Roi. — Son entrée en Espagne.

Le 6 juin 1808, un décret impérial proclama roi des Espagnes et des Indes, Joseph Napoléon, alors roi de Naples et de Sicile.

Joseph arriva le lendemain. Invité par l'empereur, son frère, à se rendre à Bayonne, il avait quitté Naples, et était accouru en poste. Le décret de la veille lui fut communiqué. Il accepta le trône qu'on lui offrait, après avoir lu, dans l'acte, cette phrase de Napoléon : « Nous garantissons au roi des « Espagnes *l'indépendance* et *l'intégrité* de

« ses états soit d'Europe, soit d'Asie, soit
« d'Afrique, soit d'Amérique; » et, après
avoir déclaré qu'il ne consentait à régner sur
l'Espagne, que dans l'espérance qu'il aurait
le pouvoir de faire le bonheur de ses nouveaux sujets.

Aussitôt que la nouvelle de l'arrivée du roi
Joseh fut répandue dans la ville, les grands
d'Espagne, et les Espagnols de toutes les
classes, réunis à Bayonne, s'empressèrent
d'aller présenter leur hommage à S. M. La
noblesse de ses manières, son affabilité,
ses paroles gracieuses parurent lui avoir
conquis tous les cœurs.

Une députation de la grandesse lui fut
présentée. On comptait alors parmi les
Grands réunis à Bayonne les hommes les plus
illustres de l'Espagne par leur nom, leur naissance et leur fortune, MM. le prince de Castel-Franco, les ducs de l'Infantado, Frias,
Parque, Hijar et Ossuna; les marquis d'Harizas et de Santa-Cruz, et les comtes de Fernan Nuñez, Orgaz, et Santa-Colona. Dans le
discours de félicitation qui fut adressé au
nom de tous par le duc de l'Infantado, on

remarqua le passage suivant : « Les Espa-
« gnols attendent leur bonheur du règne de
« V. M. On desire ardemment votre présence
« en Espagne pour fixer les idées, concilier
« tous les intérêts, et rétablir l'ordre si né-
« cessaire pour la régénération de la patrie.
« Sire, les Grands d'Espagne se sont tou-
« jours distingués par leur fidélité envers leur
« souverain : Votre Majesté l'éprouvera ainsi
« que notre affection personnelle. »

L'adresse de l'armée présentée par le duc
del Parque, celles du conseil d'état, du
conseil de Castille et du conseil de l'inquisition ne renfermaient pas de moindres protestations de dévouement et de fidélité.

C'était peu que de témoigner ainsi publiquement leur satisfaction, ces Espagnols,
les premiers de la nation, qui, quelques
mois après, abandonnèrent le parti qu'ils
avaient si solennellement embrassé, consi-
gnaient encore dans leur correspondance
l'expression de leur dévouement : on lit dans
une lettre confidentielle d'un des anciens ministres de Ferdinand, de celui qui défendit
avec le plus de ténacité les intérêts légitimes
de son maître contre les prétentions usur-

patrices de Napoléon (*), ces lignes qui sont, sans aucun doute, l'expression libre et volontaire des sentimens de l'écrivain : « J'ai eu « l'honneur d'être présenté au roi qui est « arrivé hier de Naples, et je crois que sa « seule présence, sa bonté et la noblesse de « son cœur *qu'on découvre à la première* « *vue*, suffiront pour pacifier les provinces « sans avoir recours aux armées. »

Dans la ferveur de leur naissant amour pour Joseph, tous les Espagnols qui attendaient à Bayonne l'ouverture des travaux de l'assemblée nationale, voulurent mettre le temps à profit et donner spontanément une marque éclatante de leur zèle pour le nouveau souverain. Ils composèrent et publièrent une proclamation à leurs compatriotes, pour les exhorter à se soumettre tranquillement à la dynastie nouvelle. Afin de mieux lever tous les obstacles, les plus habiles s'étaient chargés de développer, avec

---

(*) Don Pedro Cevallos, celui qui a fait connaître le premier, dans un Exposé publié en 1808, les moyens employés par l'empereur Napoléon pour enlever la couronne d'Espagne à Ferdinand VII.

chaleur et avec logique, les avantages que présentait pour le bonheur de l'Espagne, le changement opéré dans le gouvernement. (*)

Enfin l'assemblée ouvrit sa session le 15 juin. Elle était présidée par M. Azanza, ex-ministre du roi Ferdinand VII : une adresse respectueuse au roi Joseph Napoléon fut son premier acte public. Elle s'occupa ensuite de l'examen de la constitution. Cette constitution, également éloignée de l'anarchie populaire et du despotisme ministériel, consacrait les droits d'une liberté raisonnable. Destiné à remplacer l'édifice antique et irrégulier des pactes constitutifs des royaumes de la Péninsule, ce nouveau pacte national confirmait et conservait leurs dispositions utiles. On vit régner dans l'assemblée la liberté la plus entière pendant la délibération des articles. Le général des cordeliers attaqua la suppression des ordres religieux ; un con-

---

(*) Dans le même temps, la junte de Séville, après avoir déclaré, le 6 juin, la guerre à Napoléon, publiait une *instruction pour apprendre aux citoyens à résister aux armées françaises.* (Voyez, *Pièces justificatives*, N° III.)

seiller d'inquisition demanda que le tribunal de la foi ne fût pas détruit, mais qu'il fût seulement astreint à suivre les formes publiques des tribunaux ecclésiastiques épiscopaux ; l'assemblée considérant que ces mesures étaient du ressort de la législation, les ajourna, déclarant qu'elles ne pouvaient faire partie de l'acte constitutif. La question des majorats et la quotité de leur revenu furent l'objet d'une vive discussion à laquelle prirent part le duc de l'Infantado, le duc d'Ossuna, le marquis de Santa-Cruz et d'autres Grands d'Espagne. Il fut résolu, conformément à la proposition du duc de l'Infantado, que les revenus d'un majorat pourraient s'élever à 20,000 piastres fortes (100,000 francs.)

Enfin après une délibération qui avait duré douze jours, la constitution, modifiée dans quelques articles, fut entièrement terminée. (*)

Le 7 juillet, Joseph prêta le serment de la maintenir, et aussitôt les quatre-vingt-onze membres composant l'assemblée lui

---

(*) Voyez, *Pièces justificatives*, N° IV.

jurèrent fidélité. Deux jours après, le 9, S. M. C. se mit en route pour ses états.

Déjà, à Bayonne, le ministère et la maison du nouveau souverain avaient été formés des anciens ministres de Charles IV., de Ferdinand VII et des grands officiers de la maison de Charles IV. Tous avaient brigué cet honneur avec empressement, tous avaient promis fidélité au frère de Napoléon.

Dès le 24 juin, le marquis de la Romana avait envoyé à S. M. l'acte de prestation de serment par tout son corps d'armée, depuis le général en chef jusqu'au dernier soldat.

Le premier acte de souveraineté, exercé par Joseph, à son entrée sur le territoire espagnol, fut un acte de clémence; il pardonna aux habitans de Saint-Ander qui venaient de se révolter contre les troupes françaises et qui étaient en conséquence menacés d'une exécution militaire.

Il recueillit, pendant son voyage à Madrid, autant de témoignages d'attachement qu'il en avait reçus pendant son séjour à Bayonne. Toutes les villes qui se trouvaient sur son passage, toutes celles qui avoisinoient la route, s'empressèrent de lui prêter serment de fidélité par l'organe de leurs députations.

Un régiment espagnol, le régiment d'Afrique, poussa l'enthousiasme jusqu'à vouloir dételer les chevaux de sa voiture; Joseph s'y refusa, mais il ne put empêcher ces soldats de le suivre pendant trois lieues en l'accompagnant de leurs acclamations.

S. M. arriva à Madrid le 20 juillet, et y fit son entrée au milieu des *vivat* de la multitude. Le spectacle des combats de taureaux, donné gratis à la populace, des secours pécuniaires répandus parmi les classes pauvres, le paiement des pensions échues, firent en peu de jours bénir, dans toute la ville, le nom de Joseph Napoléon.

Aussitôt après son arrivée, il fut proclamé roi des Espagnes, suivant le cérémonial usité en pareille circonstance, et reçut les sermens de tous les corps de l'État. Seul le conseil de Castille, qui avait été le premier à demander Joseph pour souverain, semblait, en tardant à lui présenter l'hommage de son dévouement, vouloir être le dernier à le reconnaître comme roi.

Déjà, cette reconnaissance avait été faite

par toutes les puissances de l'Europe, l'Angleterre exceptée : leurs ambassadeurs, auprès de Joseph, étaient en route pour Madrid, ou même déjà arrivés dans cette capitale.

Toute la noblesse qui n'était pas à Bayonne, les Grands d'Espagne, les comtes, les vicomtes, les barons, les chevaliers des ordres militaires, prêtèrent, sans hésiter, le serment demandé, et le conseil de Castille tardait toujours à donner cette dernière marque de soumission. On connut bientôt la cause de ce retard : le président du conseil savait qu'il s'opérait un mouvement militaire dans l'Andalousie, et il voulait en attendre le résultat pour se décider. Le résultat, défavorable aux Français, fut la capitulation de Baylen.

Dès que cette nouvelle parvint à Madrid, les témoignages de dévouement s'arrêtèrent; la plupart des grands seigneurs qui s'étaient empressés de donner des gages d'attachement à un roi qu'ils croyaient alors devoir régner à jamais sur l'Espagne, quittèrent sa cour sur-le-champ, et sans prendre congé de lui. Ils crurent voir, dans l'avantage remporté par le général Castaños, le renversement de la puissance de Napoléon, et ils ne voulurent pas soutenir un pouvoir qui leur paraissait chanceler.

Néanmoins, lorsqu'à la suite de cet événement, Joseph se retira sur Vittoria, il fut encore suivi par un certain nombre d'Espagnols, connus par leurs talens et par leur naissance, qui ne pensèrent point qu'un serment pût être rompu sans félonie, lorsqu'il avait été prêté sans contrainte.

La retraite du roi à Vittoria fut suivie de l'entrée, dans la Péninsule, de la grande armée, commandée par Napoléon en personne. Il n'entre pas dans mon plan de présenter ici le récit des victoires qui affermirent, pour quelques années, le trône de Joseph 1er, non plus que celui des événemens qui amenèrent l'évacuation de l'Espagne par les Français, et la rentrée de Ferdinand VII dans le royaume paternel.

Je crois devoir terminer par quelques détails sur les motifs qui dirigèrent les partisans de Joseph dans leur soumission, et sur la conduite de ce monarque sur le trône d'Espagne.

*f**

Opinion publique des Espagnols.

Aucun des signataires de la constitution de Bayonne, aucun des Espagnols qui prêtaient serment de fidélité à Joseph ne se faisaient illusion sur les manœuvres odieuses de Napoléon, pour enlever la couronne d'Espagne à son légitime possesseur. Mais l'abandon que la famille royale faisait de ses droits; les décrets que Ferdinand VII, et son père, avaient rendus, pour engager la nation à se soumettre à la dynastie nouvelle, les dédommagemens qu'ils avaient stipulés en leur faveur et dont ils paraissaient satisfaits; tous ces motifs entraînaient les esprits vers le gouvernement nouveau, qui était appelé à guérir les plaies profondes faites au corps national par le favori de Charles IV. Une opinion généralement répandue aidait, en outre, l'établissement de la dynastie napoléonienne. La plupart des Espagnols éclairés croyaient que la nation ne devait pas montrer plus d'attachement et de fidélité envers ses souverains, que ceux-ci n'avaient montré pour elle d'amour et de constance : « le dévouement, disaient-ils, exige du retour. Il faut qu'un citoyen soit toujours prêt à mourir pour défendre les droits d'un monarque ; mais il faut aussi que le monarque sache mourir, au besoin, pour défendre les droits de sa couronne, et l'indépendance de la patrie. »

Cette doctrine avait un grand nombre de partisans. Un peuple, cédé ou vendu, comme un troupeau, prend, quelquefois, les sentimens de sa position; comme un troupeau, il ne reconnaît de pasteur que celui qui le défend et le guide ; à ses yeux, le possesseur du sceptre est roi.

Si, lorsque Napoléon offrit à sa majesté Louis XVIII une pension, en échange des droits imprescriptibles de ses aïeux, ce monarque, vaincu par la fortune, avait signé lâchement sa propre déchéance, croit-on qu'à la restauration il aurait retrouvé ces droits encore debout, au milieu des ruines de notre antique monarchie? Dans son noble refus, S. M., répétant, avec François Ier, *Tout est perdu fors l'honneur,* savait que l'honneur, gardien sacré de la royauté, conserverait la légitimité dans tous les cœurs.

En n'oubliant pas la France, le roi ne pouvait pas être oublié par elle.

Abandonnée par ses rois, l'Espagne fut au moment de les délaisser à son tour; libre dans son obéissance, par la renonciation de Charles IV, et par celle de Ferdinand, elle pouvait, sans honte, céder aux armes toujours victorieuses de Napoléon, et recevoir, du vainqueur de l'Europe, un souverain et des lois. Joseph y fut donc reçu avec des transports unanimes. Les qualités aimables du nouveau souverain, adoucissaient ce que les lois de la nécessité avaient de trop dur. Car, en 1808, aucun Espagnol raisonnable n'aurait osé espérer une résistance heureuse aux armes de Napoléon (*). Avant l'affaire de Baylen, l'opinion était la même chez tous les Espagnols, soit qu'ils fussent attachés à l'ancienne dynastie par des regrets, ou entraînés vers la nouvelle par

---

(*) En 1808, la partie disponible de l'armée espagnole ne s'élevait pas à vingt mille combattans; et Napoléon pouvait réunir sous les drapeaux, comme alliés ou comme sujets, les soldats de toute l'Europe continentale.

des espérances. Tous voyaient, dans Joseph, le seul protecteur futur de la patrie, et tous étaient disposés à le servir avec dévouement: la conduite de ceux même qui se sont rangés contre lui, après la capitulation de Baylen, en offre la preuve. Il faut croire à la sincérité de leurs protestations, pour ne pas être obligé de les accuser d'une perfidie indigne de gens d'honneur.

L'orgueil national fut exalté par la victoire de Castaños; dès lors l'espérance de résister à Napoléon fut conçue : l'Angleterre offrit son appui. On l'accepta : en ce moment la trahison de Bayonne fut dévoilée par le manifeste de D. Pedro Cevallos (*), elle excita au plus haut degré l'indignation populaire, et depuis lors seulement la nation fut divisée en deux partis, celui de la guerre et celui de la paix. Le premier se sépara de Joseph

---

(*) Sans l'affaire de Baylen, qui causa la retraite du roi Joseph à Vittoria, le manifeste de M. Cevallos n'aurait point été publié, la connaissance des événemens de Bayonne ne serait pas devenue populaire, et la masse de la nation, ignorant ce qui s'était passé, aurait imité les grands et les notables, et donné sa foi au frère de Napoléon.

après lui avoir juré fidélité : le second resta fidèle à son serment, convaincu d'ailleurs qu'un triomphe unique ne suffisait pas pour arrêter la marche conquérante de Napoléon.

La victoire de Baylen fit naître l'insurrection espagnole ; néanmoins ce serait une erreur de croire que la résistance populaire ait suffi pour chasser les Français de la Péninsule. Malgré l'aide des soldats de l'Angleterre, malgré les divisions scandaleuses de quelques généraux français, secours inattendu pour l'ennemi, le gouvernement insurrectionnel aurait vu enfin Joseph affermi sur son trône et l'Espagne pacifiée (*) sans les désastres de la campagne de Russie, qui en obligeant Napoléon à rappeler ses vieux soldats, affaiblirent l'armée française à un tel point que l'occupation de la Péninsule devint impossible au petit nombre de braves qui y restaient. Ce fut la chute de Napoléon, et non pas la résistance des

---

(*) Deux divisions de l'armée espagnole insurgée étaient, en 1813, même après l'affaire des Arapyles, en pourparlers pour faire leur soumission au roi Joseph. (*V*. le tome III des *Mémoires du général Hugo*.)

Espagnols qui rendit la liberté à l'Espagne et la couronne à Ferdinand. Cette résistance n'a même pu contribuer que d'une manière très secondaire au grand événement qui a changé la face du monde. Il fallait la conjuration des élémens, les glaces de la Russie et les armes de l'Europe entière pour renverser le colosse impérial. Alors seulement délivrées de son poids, l'Espagne qui avait combattu, la Hollande et l'Italie qui s'étaient soumises sans combat, recouvrèrent leur indépendance.

CONDUITE DE JOSEPH NAPOLÉON SUR LE TRÔNE. — SON CARACTÈRE.

Les Espagnols qui reconnurent la nouvelle dynastie, voulaient épargner à leur patrie les malheurs de la guerre et les ravages de l'invasion ; ils cherchaient à conserver l'intégrité du territoire national. L'attachement qu'ils témoignèrent à Joseph, fut d'ailleurs justifié par la conduite de ce monarque. On a loué, et avec raison, le roi Louis Napoléon, d'avoir, étant souverain de la Hollande, embrassé et défendu contre l'ambition de l'empereur son frère, les intérêts de son royaume. Joseph mérite de pareils éloges.

Roi d'Espagne, il était devenu Espagnol lui-même. Il s'était entouré de ses nouveaux sujets ; sa cour, à l'exception de quelques généraux français, attachés depuis long-temps à sa fortune, ne renfermait que des Espagnols. Les grands officiers de la couronne, les premiers officiers de son palais, sauf les généraux dont j'ai parlé, avaient tous été choisis dans les familles illustres de l'Espagne. Ne voulant rien changer au sort des Espagnols, attachés aux deux rois ses prédécesseurs, il avait admis dans sa maison tous ceux d'entre eux qui lui avaient offert leurs services ; les pages au nombre de quarante, que leurs fonctions particulières attachaient à sa personne, étaient Espagnols, tous, excepté un seul (*).

(*) Parmi ces jeunes gens des premières maisons de l'Espagne, on remarquait même les fils de quelques-uns des généraux insurgés ; Joseph, ne considérant pas ces enfans comme responsables de la conduite de leurs parens, leur accordait la même bienveillance qu'aux fils de ses sujets les plus dévoués ; égaux en faveur et en priviléges à tous leurs camarades, quand leur tour de

La garde du roi Joseph se composait comme celle des rois Charles IV et Ferdinand VII, de régimens espagnols et de régimens étrangers (*).

Pendant son règne, aucun Français ne fut revêtu des importantes fonctions du ministère. Elles furent exclusivement réservées aux Espagnols (**). Tous les tribunaux, toutes les municipalités, tous les établissemens civils, le conseil d'état, les conseils du commerce, n'étaient remplis que d'Espagnols. Les Français n'occupaient que les dignités militaires, où néanmoins l'on remarquait encore un grand nombre d'Espagnols.

---

service arrivait, ils accompagnaient le roi dans ses promenades solitaires à la *Casa del Campo;* et, dans les parties de chasse, avaient, comme les autres, le soin de charger la carabine royale.

(*) Les régimens étrangers étaient suisses ou wallons du temps de Charles IV. Pendant le règne de Joseph, ils se recrutèrent parmi les soldats français. Le capitaine général de sa garde était espagnol.

(**) Les ministres de Joseph avaient tous été ministres ou conseillers d'état sous le règne des Bourbons. Ce furent MM. Cevallos, Azanza, O-Farrill, Urquijo, Cabarrus, Jovellanos, Mazarredo, Almenara, etc.

Le roi Joseph se montra, en toute circonstance, prêt à défendre l'indépendance et l'intégrité de son royaume. A peine monté sur le trône, il reconnut que les intérêts de l'Espagne réclamaient une paix maritime, et il demanda à Napoléon (vainement il est vrai), l'autorisation de garder la neutralité avec la Grande-Bretagne : lorsqu'ensuite on établit, par un décret impérial, des arrondissemens militaires en Espagne, il adressa à son frère les plus vives réclamations : enfin, lorsqu'en 1811, il vit les généraux de Napoléon traiter ses états en pays conquis, et les ministres français imiter leur exemple en s'emparant, par la nomination d'intendans civils, de l'administration des provinces entre l'Ebre et les Pyrénées ; ses représentations devinrent presque menaçantes.

Dans la même année, apprenant qu'au mépris du décret qui l'avait placé sur le trône d'Espagne, la question d'ajouter au territoire français les provinces de Biscaye, de Navarre, d'Aragon et de Catalogne, s'agitait dans le cabinet impérial, Joseph quitta sans hésiter sa capitale, arriva à Paris, sous prétexte d'assister au baptême du roi de Rome, se présenta devant l'empereur, et lui déclara que, ne pouvant pas faire le bonheur de l'Espagne, il renonçait à régner sur ce pays; qu'il voulait être roi et non pas oppresseur. Napoléon, alarmé de cette chaleur généreuse, et redoutant l'effet moral que pouvait produire une telle abdication, se décida, pour calmer son frère, à abandonner ses prétentions sur la Péninsule, et à faire rendre l'administration des provinces aux autorités espagnoles.

Dans cette occasion, et pour fournir au roi les moyens de réprimer les excès des chefs militaires, l'empereur lui donna le titre et les pouvoirs de généralissime des armées françaises en Espagne. C'est alors que S. E. le maréchal Jourdan quitta son titre de major-général des armées françaises, pour prendre celui de chef d'état-major de S. M. C.

Joseph revint à Madrid, et recommença à défendre, avec courage, ses sujets espagnols contre les vexations des généraux français : mais voyant que leur désobéissance rendait nuls tous ses efforts, il envoya, à Paris, son secrétaire intime, avec une lettre pour Napoléon. Cette lettre, interceptée par la prise du convoi dans le défilé de Salinas, a été publiée à Cadix, en 1812, dans la *gazette de la Régence* : le passage suivant fera connaître quels nobles sentimens animaient alors Joseph : « Sire, écrivait-il à l'empereur, les « événemens ont trompé mes espérances ; je « n'ai fait aucun bien, et je n'ai pas l'espoir « d'en faire : je prie donc V. M. de me per- « mettre de déposer, entre ses mains, les « droits qu'elle daigna me transmettre sur « la couronne d'Espagne, il y a quatre ans. « Je n'ai jamais eu d'autre but, en l'accep- « tant, que celui de faire le bonheur de cette « monarchie ; cela n'est point en mon pou- « voir. » Lorsque le roi Joseph signait cette honorable renonciation à la couronne (23 mars 1812), la Péninsule était occupée par une armée nombreuse et triomphante : la campagne de Russie n'avait pas encore ébranlé le trône de Napoléon, et la bataille des Arapyles n'avait pas encore commencé, en Espagne, les désastres des Français.

Il ne m'appartient pas de parler des mœurs privées du roi Joseph. Les rois sont hommes, et les détails de leur vie domestique, quand elle n'a point influé sur l'administration publique, sortent du ressort de l'historien.

Tous ceux qui ont approché de S. M., peuvent rendre témoignage de sa bonté, de sa douceur, de son affabilité et de son égalité de caractère au milieu des événemens les plus divers. On le voyait, dans sa prospérité, cherchant à répandre sa fortune sur tous ceux qui l'entouraient; dans ses désastres, moins occupé de lui-même que de ceux que son malheur entraînait avec lui.

Il était brave dans les combats; le jour de la seconde affaire des Arapyles (novembre 1812), je l'ai vu rester long-temps sous le feu d'une batterie ennemie, donnant des ordres avec calme. A la malheureuse bataille de Vittoria, un officier d'état-major a été frappé d'une balle à ses côtés, tant il s'était avancé au milieu des ennemis.

Sa clémence égalait son humanité (*); on

(*) Napoléon connaissait si bien le caractère clément de son frère, que, voulant (en 1808) faire sentir à l'Espagne la nécessité de se soumettre à Joseph, et craignant que la réputation de bonté de ce prince ne

le vit pendant la bataille d'Ocaña, parcourir les rangs français, et recommander aux soldats de ménager les vaincus. Après la bataille il fit grâce de la vie à un grand nombre de soldats espagnols qui, après lui avoir prêté serment de fidélité avaient été pris les armes à la main combattant contre lui. Lors de la grande famine de 1811 à 1812, ses finances étaient épuisées; cependant il

lui nuisît auprès du peuple de Madrid, il menaça les Espagnols de retirer la couronne à un roi dont ils ne se montraient pas dignes, et de la joindre, sur sa tête, au diadème impérial. Voici le passage de la curieuse proclamation qui contient cette singulière menace :

« . . . . . . Si tous mes efforts sont inutiles, et si
« vous ne répondez pas à ma confiance, il ne me restera
« qu'à vous traiter en provinces conquises, et à placer
« mon frère sur un autre trône; je mettrai alors la cou-
« ronne d'Espagne sur ma tête, et je saurai la faire res-
« pecter des méchans; car Dieu m'a donné la force
« et la volonté nécessaires pour surmonter tous les obs-
« tacles.
            « NAPOLÉON. »

L'effet de cette menace fut tel, qu'en moins de trente jours, plus de vingt-sept mille pères de famille avaient inscrit leur serment de fidélité à Joseph, sur les registres ouverts à cet effet chez les magistrats de Madrid.

trouva moyen de venir au secours des pauvres de Madrid en réduisant au strict nécessaire toutes les dépenses de sa maison. Enfin, tant que dura la famine, il fit servir sur sa table un pain noir et grossier, ne voulant pas, disait-il, manger du pain de pur froment, alors qu'un grand nombre de ses sujets manquaient de nourriture.

Après avoir cherché l'impartialité dans le précis des événemens qui ont conduit Joseph Napoléon sur le trône d'Espagne, j'ai dû montrer la même impartialité dans le tableau de sa conduite sur ce trône. J'ai eu l'honneur d'être attaché à sa personne comme page, et je l'ai servi comme officier d'état-major : je crois avoir été bien placé pour apprécier ses nobles qualités. Les opinions politiques que je professe, et qui sont bien connues, donneront peut-être quelque poids à la justice que je rends aujourd'hui à mon ancien souverain. Nulle crainte, nulle espérance n'a pu guider ma plume.

Attaché par conviction à la monarchie constitutionnelle, profondément pénétré du dogme de la légitimité, dévoué par sentiment à l'auguste famille qui nous a été rendue, j'ai pu écrire avec une entière liberté. Je me trouve heureux de ce qu'ayant eu à parler d'un prince d'une dynastie tombée, il m'a été possible de faire un éloge qui était dans mon cœur, en racontant seulement la vérité.

HUGO (Abel) *fils*.

MÉMOIRES
DU
GÉNÉRAL HUGO,

MEMOIRS

OF

GENERAL HUGO.

MÉMOIRES
DU
GÉNÉRAL HUGO.

DEUXIÈME PARTIE.
GUERRE D'ESPAGNE.

CHAPITRE PREMIER.

Plan général d'une Histoire des Campagnes de 1809 à 1813 en Espagne.

Lancé en Espagne, sur un nouveau théâtre, au milieu d'acteurs nombreux et justement célèbres, mais jouant tous isolément leurs rôles, d'après la nature des lieux et des événemens, je vais n'avoir que ma part à rapporter, soit comme acteur, soit comme témoin, dans les nombreux faits d'armes et les conceptions militaires qui les ont tour à tour plus ou moins signalés, parce que, isolé moi-même immédiatement après notre entrée à Madrid, je n'ai pas une connaissance assez exacte de tous les événemens, ni de matériaux assez sûrs et assez nombreux pour m'en créer l'historien.

Cette noble tâche est d'ailleurs fort au-dessus de mes forces : elle exigerait une compilation immense, un travail et des recherches infinis ; enfin, dans le récit des événemens, une division habile des grandes périodes qui les renferment, et qui s'enchaînent toutes, quoique souvent fort indépendantes en apparence les unes des autres.

Selon moi, ces périodes seraient au nombre de neuf :

La première devrait être purement historique : elle contiendrait la narration des causes qui ont déterminé Napoléon à envahir l'Espagne et le Portugal. Les élémens en seraient fournis par les Mémoires espagnols et français : ceux de MM. O-Faril et Azanza, et les *Annales politiques et diplomatiques*(*), offriraient à cet égard des renseignemens précieux.

La seconde embrasserait toutes les grandes mesures militaires de ces deux invasions, c'est-à-dire :

La surprise et l'enlèvement de toutes les places

(*) Chez Desiras, éditeur, rue de Seine, n° 47, faubourg Saint-Germain.

espagnoles de la frontière des Pyrénées et d'une partie de celles de la Catalogne ;

Les grands mouvemens stratégiques ;

Les rapports politiques du grand duc de Berg avec Charles IV et Ferdinand VII, leurs ministres et les infans.

Les événemens qui ont précédé et suivi les abdications de ces deux monarques, jusqu'à l'arrivée du premier dans le département des Bouches-du-Rhône, et celle du second dans le département de l'Indre.

Enfin, d'une part, les événemens qui ont amené la capitulation du duc d'Abrantès, et de l'autre, celle de Baylen, et par suite, la retraite de toutes les armées impériales sur l'Ebre.

Les élémens de cette période doivent exister dans les mémoires des principaux officiers des armées d'Espagne et de Portugal, mais essentiellement dans les rapports que possèdent ou peuvent posséder M. le comte Auguste Béliard, M. le maréchal duc de Conégliano, ainsi que les héritiers des ducs d'Istrie et d'Abrantès.

La troisième période comprendrait tous les événemens qui se sont succédés depuis la retraite sur l'Ebre, jusqu'à l'arrivée de Napoléon sur ce fleuve ;

Les marches et les batailles de ce grand capitaine, jusqu'à l'entière expulsion de l'armée anglaise de la péninsule, et le départ de ce prince, avec un très fort détachement de sa grande armée, pour l'Allemagne.

La quatrième période réunirait les événemens militaires de la Navarre et de l'Aragon, jusqu'à la prise de Saragosse, et de là, jusqu'à l'ouverture des campagnes de S. E. M. le maréchal Suchet, pour arriver à la conquête du beau royaume de Valence;

Ceux du Portugal, jusqu'à la retraite de S. E. M. le maréchal duc de Dalmatie sur la Galice;

Enfin, ceux de l'armée du centre, jusqu'à l'époque de l'invasion et de l'occupation des quatre royaumes de l'Andalousie.

Je donne à cet égard, des détails sans lesquels des lacunes existeraient toujours dans cette période.

La cinquième présenterait l'état de la Catalogne, à l'époque de la prise de Saragosse, les travaux ingrats et continuels des différens corps et des différens maréchaux qui ont agi sur ce point difficile, depuis son occupation jusqu'à la retraite sur la France.

La sixième donnerait la suite des opérations de S. E. M. le maréchal Suchet, c'est-à-dire, la conquête du Royaume de Valence. Il exposerait et l'état de ce pays délicieux et celui de l'armée qui s'y maintint, jusqu'à l'époque de son évacuation définitive. Mes mémoires s'y rattachent et en font desirer de plus étendus.

La septième comprendrait les glorieuses batailles livrées en Andalousie, par S. E. M. le maréchal duc de Dalmatie, l'état de ce pays, après la conquête, et l'histoire de son administration, jusqu'à l'évacuation des quatre royaumes que contient cette contrée : évacuation qui eut lieu pour opérer la réunion de l'armée qui l'occupait, avec celle venue du centre de l'Espagne à Valence.

La huitième doit, pour arriver à cette époque, tracer rapidement les causes de l'évacuation de Madrid en 1812, et faire ensuite connaître le plan de campagne, conçu par S. E. M. le maréchal Jourdan, pour rejeter l'armée anglaise en Portugal; elle doit donner le détail des marches et des combats qui eurent lieu pour arriver à ce grand événement; exposer les moyens que les Anglais, les Espagnols et les Portugais multiplièrent et réunirent pendant l'hiver de 1812 à 1813, pour rouvrir la campagne de cette dernière année; détailler enfin les opérations de leurs armées et des nôtres, jusqu'à l'évacuation de la péninsule. On n'a rien publié encore, à ce sujet, d'aussi complet que ce que je publie ici moi-même.

Enfin, la neuvième et dernière période doit être la campagne des armées de MM. les maréchaux Soult et Suchet en France, jusqu'à la bataille de Toulouse.

Si dans l'exposé de ce plan, j'avais oublié le classement des opérations de quelque corps d'armée, ou de quelques corps détachés, il serait toujours très facile de les classer dans une des périodes auxquelles ces opérations se rattacheraient

On voit par ce court exposé, que cette tâche est immense et fort au-dessus des moyens d'un seul officier, qu'elle n'a pas même été remplie par les auteurs du plus bel ouvrage élevé à la gloire nationale, les *Victoires et Conquêtes*, parce qu'elle eût infailliblement triplé leurs travaux, ce qu'une de leurs promesses les empêchait de faire. Mais si, à mon exemple, ceux qui ont fait ou bien vu, veulent instruire le public, je ne doute point qu'une très bonne histoire ne sorte de nos matériaux épars, parce qu'ils sont susceptibles d'être bien liés.

Je vais entrer en matière, pour ce qui me regarde.

CHAPITRE II.

Changement de Dynastie en Espagne. — État de ce royaume et de celui de Naples. — Burgos. — Retraite de l'armée française sur l'Ebre.

Joseph Napoléon, reconnu par toutes les puissances continentales, régnait depuis le commencement de 1806 sur le trône de Naples, et s'était concilié l'estime et l'affection des anciens sujets de Ferdinand IV, réfugié en Sicile. Bientôt il allait jouir, par une pacification déjà presque générale, des fruits de son administration paternelle et des succès de l'armée française, lorsqu'un événement inattendu, en surprenant l'Europe entière, vint, en 1808, le placer à la tête de peuples nombreux, mais dont le dévouement était plus douteux que celui des Napolitains.

En effet, l'empereur, après l'abdication de Charles IV, et par suite de l'article II du traité de Bayonne (*voyez :* Pièce N° Ier.) (*) ayant eu à

(*) Cette Pièce et toutes celles qui seront citées ainsi se trouvent placées à la fin de cet ouvrage.

faire un choix pour le trône vacant des Espagnes et des Indes, un des premiers du monde, s'était décidé en faveur de Joseph, son frère aîné, et ce prince avait aussitôt dû se mettre en route pour ses nouveaux États.

Cependant, à peine avait-il quitté Naples qu'une escadre ennemie, portant à bord des troupes de débarquement, se montra dans la mer Tyrrhénienne, et menaça particulièrement les côtes de la principauté citérieure (*). La reine Julie, restée comme régente, en attendant le prince appelé à succéder à son époux, se trouva secondée par un conseil de ministres dévoués, et soutenue par l'expérience et les talens de l'immortel vainqueur de Fleurus. Elle put alors reconnaître jusqu'à quel point les provinces étaient affectionnées au nouvel ordre de choses; aucune comitive (**) ne profita des circonstances pour se rallier, et les gardes civiques

---

(*) Salerne, si célèbre autrefois par son école de médecine, est le chef-lieu de cette province. Avellino, non moins fameux par ses belles noisettes, est celui de la principauté ultérieure.

(**) Jai dit, dans le 1ᵉʳ volume de mes Mémoires, qu'on appelait ainsi les partis armés qui avaient tourmenté le royaume, et qu'on était parvenu à soumettre. Bientôt je parlerai de ceux de l'Espagne, qu'on nomme *guerillas*.

se montrèrent partout disposées à défendre la patrie. Encore alors, gouverneur de la grande et riche province d'Avellino, placé dans le voisinage des lieux favorables aux descentes, soit que l'ennemi en opérât sur les côtes de Salerne ou sur celles de la mer Adriatique, je pus espérer de porter un des premiers secours aux points attaqués, avec la moitié de mon régiment, quelque cavalerie et quarante-deux bataillons bien organisés de ces gardes civiques, toutes animées d'un excellent esprit, et parmi lesquelles on pouvait aisément faire un choix de cinq à six mille tirailleurs, les uns habitués à la chasse, les autres ayant déjà fait avec succès le coup de fusil contre les comitives. Mais heureusement l'attitude pacifique des provinces menacées, et le sage emplacement de l'armée française, détournèrent l'ennemi de ses projets, ou du moins lui en firent ajourner l'exécution.

Pendant que le royaume se présentait dans cet état satisfaisant; que l'on pouvait sans crainte voyager sur les routes purgées de voleurs et de comitives; que l'administration publique réparait des maux passés, et marchait partout au bien sans entraves; que, ralliées de cœur aux sages principes qui gouvernaient l'État, toutes les classes de la nation ne manifestaient d'autre vœu que de les voir servir de base au pacte social; Joseph, suivi par un grand nombre de jeunes Napolitains appartenant aux plus illustres familles, allait recevoir à Bayonne le serment de la junte espagnole; et, après avoir confirmé les nationaux dans leurs emplois, se rendait à Madrid, sa capitale, qui paraissait l'attendre avec impatience.

Cependant des ordres conditionnels donnés par Ferdinand VII, lors de ses craintes et de son irrésolution, et que d'autres ordres ne purent paralyser à temps, faisaient élever, dans les provinces espagnoles, des doutes sur la liberté des abdications qui venaient d'avoir successivement lieu (*voyez :* Pièces N°° I et II); on y réunissait des troupes pour les opposer à celles de la France, et, de toutes les parties de l'Espagne, on appelait aux armes les habitans des villes et des campagnes.

J'appris en route (en juillet et août 1808) que chaque jour l'État de l'Espagne était moins tranquille; que, sans en avoir reçu l'autorisation du ministère, tous les régimens avaient abandonné leurs garnisons pour aller rejoindre les capitaines généraux, et commencer la guerre sous leurs ordres : on ne parlait encore que de mouvemens d'armées régulières; mais il était à craindre que les paysans, partout excités par des moines, ne prissent aussi les armes, et qu'alors il ne devînt très-difficile de les leur faire poser.

J'arrivai le 6 août 1808 à Burgos : la cour et le quartier-général, qui n'avaient pu se soutenir à Madrid après les malheurs de Baylen, y étaient attendus le même jour. Le roi séjourna peu dans cette capitale de la Vieille-Castille, et vint s'établir à Miranda-del-Ebro, qu'il quitta souvent pour suivre les opérations des corps d'armée à ses ordres. Son quartier-général fut ensuite transféré à Vittoria, en attendant la grande armée et son chef ordinaire, qui se rendaient en Espagne.

A l'époque de notre arrivée sur l'Ebre, la difficulté de se procurer des renseignemens sur les mouvemens et les forces de l'ennemi était déjà telle, par l'esprit d'union qui animait les Espagnols, qu'à quelque prix que ce fût, on ne pouvait trouver d'espions parmi eux. Je réussis cependant à faire donner au roi des détails sur l'emplacement et les forces de l'armée aux ordres du général Cuesta, par des paysans auxquels je fis restituer des troupeaux ; la reconnaissance pour ce service fit plus que si j'avais offert une somme égale à leur valeur.

Mes fonctions à la cour ne m'occupant que fort peu, S. M. y réunit le commandement de son quartier-général, où la jeune garde de l'empereur et quelques cavaliers de la vieille, faisaient le service en attendant l'arrivée de la partie de la garde royale de Naples destinée à rester auprès du roi. Je regrettai souvent de ne pas mieux être utilisé au milieu d'une armée qui, quoique presque entièrement composée de conscrits (*), combattait glorieusement tous les jours; mais j'accompagnai le roi dans toutes les opérations en Biscaye et en Navarre, avant et après la bataille de Tudela.

Quoique la guerre eût déjà pris beaucoup d'activité, on voyageait encore sans escorte dans les provinces que je viens de citer, et j'en donnerai bientôt un exemple étonnant. Quelques villages de la Biscaye, sur la route d'Orduña à Bilbao, se trouvaient abandonnés; d'autres, en plus grand nombre, avaient conservé leurs habitans. Ceux de la petite province de Rioja se précipitèrent sur le passage de Joseph; ils firent, en voyant ce prince, retentir leurs *vivat* avec un enthousiasme impossible à décrire, et qu'on ne peut comparer qu'à celui manifesté plus tard par les habitans de l'Andalousie (**).

(*) On conçoit que je n'entends parler que des soldats, et non des officiers et des sous-officiers.

(**) Quand les rois catholiques voyageaient en Espagne, ce qui n'était pas commun, et qu'ils ne logeaient pas dans les édifices publics, la maison particulière qui avait l'honneur de les recevoir obtenait, par cela seul, de nombreux priviléges et la plus singulière distinction : le propriétaire faisait tapisser de grosses chaînes de fer le mur de son principal escalier.

CHAPITRE III.

Arrivée de la grande armée en Espagne.—Marche sur Madrid. — Pillage de Burgos. — Orge. — Son effet sur les chevaux. — Remède sûr.

La grande armée étant venue, en novembre 1808, prêter son formidable appui aux divisions de l'armée d'Espagne, en position sur l'Ebre, le roi Joseph fit préparer son palais de Vittoria pour recevoir son frère ; mais le monarque guerrier avait donné des ordres pour qu'on lui choisît une maison hors de cette ville, sur la route de Madrid ; et, comme il ne s'en trouvait point de convenable, Joseph me fit appeler sur les quatre heures du soir, et me dit : « L'empereur arrive aujourd'hui ; vous savez qu'il veut loger hors de Vittoria, et vous avez reconnu, avec le fourrier de son palais, combien la chose est impossible. Prenez lecture de la lettre que je lui écris, et que vous allez lui porter, afin que, si vous ne le joignez qu'à la nuit, vous puissiez lui en expliquer le contenu. Vous lui direz en outre que le logement que je lui propose ici n'est point un palais, mais une maison selon ses goûts, et dans laquelle il sera convenablement ; ce qui ne serait point partout ailleurs. »

Je partis à l'instant même, et à cinq heures un quart je rencontrai un officier général, marchant absolument seul (le général Bertrand), à qui je demandai si l'empereur était encore loin. « Vous le trouverez au coude que fait la route, me répondit-il. »

En effet, je vis bientôt paraître un petit groupe non escorté, au milieu duquel je reconnus, à son extrême ressemblance avec Joseph, l'empereur Napoléon, que jusqu'alors je n'avais jamais vu, quoique, depuis 1792, je n'eusse cessé de faire la guerre que pendant les jours de paix que nous procura le traité de Campo-Formio. La France avait eu à combattre sur tant de points éloignés les uns des autres, que beaucoup d'anciens militaires étaient dans le même cas que moi. On m'avait souvent entretenu du ton brusque que prenait ce prince en interrogeant, et du laconisme avec lequel il fallait lui répondre ; aussi me le rappelai-je bien, lorsque j'eus l'honneur de l'aborder la première fois.

« Sire, lui dis-je, en m'approchant respectueusement, je vous apporte une lettre du Roi.

— Je doute si je pourrai voir assez pour la lire.

— Si Votre Majesté ne peut la lire, je lui en dirai le contenu.

— Vous l'avez donc lue?

— Oui, Sire; le Roi, craignant que je n'arrivasse pas de jour auprès de Votre Majesté, m'en a fait prendre connaissance.

— Vous avez donc bien sa confiance! A quelle heure êtes-vous parti de Vittoria?

— A quatre heures, Sire.

— Qui êtes-vous?

— L'ancien colonel de Royal-Corse (*).

— Que contient la lettre?

— Qu'il n'y a dans les environs de Vittoria aucun logement qui puisse mieux convenir à Votre Majesté que celui dont le Roi vous fait la proposition. »

Ayant ajouté : « Le logement que le Roi vous a fait préparer est absolument dans les goûts de Votre Majesté, » l'Empereur répliqua brusquement :

« Comment connaissez-vous mes goûts?

(*) Je ne pouvais plus dire : le colonel de Royal-Corse, puisqu'ayant quitté ce régiment le 1ᵉʳ juillet, pour suivre Joseph en Espagne, j'avais été presque immédiatement remplacé.

— Sire, je ne répète que ce que le Roi m'a chargé de dire à Votre Majesté.

— Bien!

— Votre Majesté a-t-elle une réponse à me donner?

— Je verrai le Roi ce soir.

— Veut-elle alors me permettre de reprendre les devans et d'éclairer sa marche?

— Oui. »

A ces mots, je m'éloignai rapidement du groupe, quoiqu'il cheminât au grand trot, et je rejoignis le général Bertrand, auprès de qui je marchai environ une demi-heure.

Le groupe qui accompagnait Napoléon était formé de maréchaux, de grands officiers, de quelques aides-de-camp et d'un très petit nombre d'ordonnances : aucune autre troupe d'escorte ne me parut protéger ce prince, dont l'entourage était au plus de vingt personnes (*)!...

Ayant quitté le général Bertrand après avoir passé Salinas, je m'empressai d'aller rendre compte au roi de ma courte conversation. Je

---

(*) Je rapporte ce que j'ai vu; si l'on y ajoute foi, que vont devenir toutes les versions faites sur l'entrée de Napoléon en Espagne, sur ses prétendues craintes, et sur les déguisemens qu'il dut prendre en conséquence?

rencontrai, à une lieue de Vittoria, ce prince qui se rendait au-devant de son frère ; et, après lui avoir fait mon rapport, je continuai ma route.

Je voulus, le lendemain, mieux voir l'homme extraordinaire qui, depuis si long-temps, fixait l'attention du monde entier ; et, pour cela, je me plaçai dans le grand salon, parmi les officiers généraux et supérieurs de sa jeune garde ; mais la manière brusque dont il les questionna, et l'œil sévère qu'il porta sur mon uniforme étranger (celui de Royal-Corse), me déterminèrent à me retirer peu à peu, et je ne disparus pas sans plaisir à ses yeux, trop souvent reportés sur moi.

L'armée se ressentit de l'arrivée de son chef ; elle s'ébranla de toutes parts vers le centre de l'Espagne. La résistance sans objet d'un corps espagnol, assez mal placé devant Burgos, causa la presque totale destruction des troupes qui le composaient, et fut suivie du pillage de cette malheureuse ville.

La route, depuis Pancorbo jusqu'à Burgos, était jonchée de chevaux français morts et excessivement gonflés, parce que, en entrant en Castille, la cavalerie ne trouvant que de l'orge pour remplacer l'avoine, et ne connaissant pas le danger de faire boire les chevaux immédiatement après qu'ils ont mangé ce graminée, suivait ses usages réglementaires. Les chevaux éprouvaient bientôt après d'horribles tranchées, et périssaient presque subitement et sans secours.

L'éther, donné à la dose d'une trentaine de gouttes, devint un remède infaillible pour cette maladie subite. Plus tard, j'ai fait avec succès employer l'eau-de-vie, à défaut d'éther, dans la cavalerie sous mes ordres. Un verre de cette liqueur donné en trois doses, et en obligeant l'animal à trotter quelques cents pas après chacune, a sauvé tous les chevaux qu'on avait imprudemment fait boire après avoir mangé l'orge.

Ce n'est pas qu'en lui-même ce graminée précieux ait rien de nuisible, mais il est, dans l'eau, susceptible d'un gonflement si considérable, que celle qui vient inonder l'estomac qu'on a rempli d'orge, distend bientôt ce viscère, lui enlève tout ressort, et cause au malheureux animal des tranchées qui l'abattent aussitôt. Ses intestins et sa vessie se boursoufflent, et il périt en faisant d'inutiles efforts pour les dégager.

L'orge ne doit donc être mangé que mêlé avec beaucoup de paille hachée. Les muletiers et les cavaliers espagnols ne le donnent jamais autrement; alors ils peuvent, sans danger, faire boire immédiatement après le repas de l'animal. La cavalerie de la grande armée ne put reconnaître ce dangereux effet de l'orge mangé seul, qu'au delà de l'Ebre, parce que, en Biscaye, on ne l'avait rationnée qu'en avoine ou en maïs.

CHAPITRE IV.

Somosierra. — Prise de Madrid. — Création de Royal-Étranger. — L'Escurial. — Assassinats. — Exemples.

Le centre de l'armée française, resté maître des défilés de la Sierra (*) de Pancorbo, ne devait trouver d'obstacles, en débouchant en forces de sa ligne de l'Ebre, que sur le Duero et la Pisuerga; ces obstacles franchis, on pouvait lui en présenter de plus difficiles, dans la chaîne des Monts Carpentins (**), dont la barrière granitique divise les Castilles, et qui n'offrait alors de passage pour l'artillerie, qu'au Puerto de Guadarama, au pied septentrional duquel viennent se réunir, à la Venta de Saint-Raphael (***), les deux grandes communications de Valladolid avec la capitale; et au Puerto (****) de Somosierra, où passe la grande route de Burgos à Madrid par Aranda de Duero. Un troisième dé-

---

(*) Chaîne de montagnes.
(**) Monts Guadarama, aussi nommés Carpentanos.
(***) Auberge isolée.
(****) Col, passage praticable dans une montagne.

bouché carrossable pouvait s'ouvrir devant une armée : c'est la route qui conduit de Ségovie à la maison royale de Saint-Ildephonse, et de Saint-Ildephonse à Madrid (*).

Les positions de Guadarama et de Somosierra étaient retranchées avec soin dans leur partie la plus élevée ; la première, par de profondes coupures et des redoutes, près du lion qui sert de bornes aux deux grandes provinces de Vieille et de Nouvelle-Castille ; la seconde, par un retranchement transversal, hérissé d'une nombreuse artillerie, qui foudroyait la route de l'étroite vallée. Les tirailleurs pouvaient déborder les flancs de cette dernière, la plonger et la prendre bientôt à revers. Des tirailleurs pouvaient aussi franchir le Guadarama, mais il leur était impossible de plonger dans les redoutes ;

(*) Cette chaîne de montagnes a quelques autres puertos, les uns praticables seulement pour des hommes à pied, les autres où l'on peut passer avec des mulets chargés ; mais, à l'époque dont je parle, on n'y connaissait de communications carrossables que celles de Guadarama et Somosierra. Depuis lors j'ai fait élargir quelques sentiers dans la partie de ces montagnes qui sépare la province d'Avila de celle de Tolède, et quelques généraux français, notamment M. le maréchal duc de Raguse, y ont fait ouvrir des routes pour leur artillerie.

aussi leurs efforts étaient-ils naturellement arrêtés devant ces fortins. Je crois que l'Empereur négligea ce dernier passage, parce qu'il voulait se trouver à jour fixe devant Madrid, où le maréchal Ney avait ordre d'arriver également par la route de Guadalaxara (*), après avoir tourné les Monts Carpentins, à leur sortie des grands plateaux de l'Aragon. Sans la coïncidence prescrite, les deux puertos eussent été abandonnés aussitôt que ce général eût paru sur le Xarama, parce que les prenant à revers, ils n'étaient plus tenables ; alors Ney fût entré le premier dans la capitale des Espagnes, ce que Napoléon ne voulait peut-être pas.

Cet Empereur, arrivé le 30 novembre 1808, sous la mitraille des retranchemens formidables de Somosierra, reconnut aussitôt leur partie faible ; il inonda leurs flancs de voltigeurs aguerris, et, cédant au vœu des intrépides lanciers polonais de sa garde, il vit cette troupe de héros, charger de front la terrible batterie, y pénétrer par les embrâsures, massacrer les canonniers espagnols sur leurs pièces qu'ils servaient encore avec calme; renverser, tuer,

---

(*) Cette route, qui est magnifique, quoiqu'interrompue dans quelques endroits, est celle de Madrid à Perpignan par Saragosse.

prendre ou mettre en fuite les deux lignes d'infanterie, rangées en bataille entre les retranchemens et le village.

Par ce fait d'armes digne de prendre place parmi les plus éclatans, l'Empereur put, dès le même jour, s'avancer à travers la chaîne et déboucher le lendemain sur Alcovendas et Madrid.

Le 2 décembre 1808, il arriva devant cette capitale des Espagnes, et il établit son quartier impérial à Chamartin, village distant de trois quarts de lieue; il fit attaquer la ville le 3, se rendit maître du Retiro le 4 (*), et par cette possession, obligea Madrid à lui ouvrir ses portes le même jour. Pendant cette dernière attaque, je fus chargé par le Roi de plusieurs messages d'aide-de-camp, auprès de l'Empereur. Lors du

---

(*) Napoléon entra dans le Retiro accompagné seulement du prince de Wagram; il marcha droit à un poste de gardes walonnes, et leur fit des questions sur l'emplacement de la statue équestre de Charles III. Un jeune soldat de la garde impériale, qui, blessé et pris sous les murs de Valence, était depuis entré au service espagnol dans les Walons, reconnut ces deux princes, et le dit au poste dès qu'ils s'en furent éloignés. Les Walons voulaient tirer sur eux; mais le jeune soldat les en détourna, en leur persuadant que, puisque Napoléon était dans le Retiro, ils devaient tous se considérer comme prisonniers.

premier, je le trouvai seul, avec le prince Berthier; un vieux sergent d'artillerie décoré, rendait le dernier soupir auprès d'eux. Tous ces messages avaient pour objet de faire épargner Madrid, contre lequel le monarque français faisait réunir les obusiers des parcs. Pendant que je m'acquittais de l'une de ces missions, il se fit dans la ville une explosion considérable.

Parmi les prisonniers faits au Retiro, se trouvaient des Suisses, des Walons, et des Français, de la brave et malheureuse armée de M. le général Dupont. L'Empereur paraissant ne vouloir pas entendre parler de ces derniers, les fit momentanément comprendre parmi les étrangers, et ordonna la formation de tous, en corps d'infanterie, sous le nom de Royal-Étranger. Le décret impérial daté de Chamartin, portait que ce régiment serait composé de cinq bataillons de douze cents hommes chacun, outre le dépôt, qu'un aide-de-camp du Roi en prendrait le commandement; et que tous les officiers généraux et supérieurs de l'armée espagnole, seraient mis à la suite de ce corps, sous les ordres et la surveillance de son chef.

Le général Bigarré s'étant excusé de cette commission, que d'abord le Roi lui avait destinée, S. M. me fit appeler et me la proposa, en me disant qu'on ne pouvait lui rendre de plus grands services, que de lui former des troupes. Je ne refusai point ce témoignage de confiance, et me rendis dès le 4 au Pardo (*), tant pour y disposer le logement du Roi, que pour y attendre les convois de prisonniers étrangers qu'on devait y conduire du Retiro : les premiers qui arrivèrent étaient des gardes-walones ; je les organisai de suite, c'est-à-dire, le 5 décembre (1808), sous la police de quelques officiers suisses, et je partis avec eux, le lendemain, pour l'Escurial.

Le 6 fut donc le jour de la création du régiment, et le même jour un détachement com-

---

(*) Le Pardo est une maison royale bâtie au milieu d'un parc situé à environ deux lieues de Madrid, sur la route de Ségovie. Ce parc est devenu tristement célèbre de nos jours. C'est là que se retirèrent, au commencement de juillet 1822, les fidèles bataillons de la garde du roi Ferdinand VII ; c'est du Pardo qu'ils se mirent en marche sur Madrid, le 7 du même mois, lors de leur tentative glorieuse pour rendre la liberté à leur souverain.

Le Pardo m'avait, en 1808, été désigné comme point de réunion des soldats et des prisonniers qui devaient composer mon nouveau régiment. En approchant du Pardo, j'aperçus une vedette du 19ᵉ dragons, et, autour d'elle, quatre daims qui paissaient jusques sous son cheval immobile comme un terme. J'ai entendu les gens du pays estimer à près d'un demi-million, nombre exagéré

mandé par le lieutenant Buman (*), se battit contre des paysans armés, qui lui disputaient le passage d'un troupeau qu'il avait cru devoir enlever pour notre subsistance, et que je fis rendre le lendemain, les troupes françaises ayant partagé leurs vivres avec nous.

Nous trouvâmes dans l'Escurial, une division de dragons, aux ordres de M. le général Lahoussaye : en y entrant, elle avait eu le bonheur de délivrer plusieurs familles françaises, qui se trouvaient détenues dans les caves du couvent, et qui toutes, devinrent l'objet des soins de ce digne officier. Cette division dont l'excellente discipline avait fait l'admiration des Espagnols tremblans, ayant reçu l'ordre de suivre l'armée, le grand maréchal du palais de l'Empereur, m'écrivit de veiller à la sûreté des communications depuis Las Rosas jusqu'à Villa Castin, et je plaçai, partout où je le pus, des cantonnemens et des postes ; mais leur insuffisance, attendu la faiblesse numérique de Royal-Étranger, ne put empêcher que des paysans, les uns mécontentés par des

---

peut-être, la quantité de têtes de gros gibier qui existait alors dans le parc immense de cette résidence royale.

(*) Aujourd'hui lieutenant-colonel, officier dans les gardes-du-corps ordinaires à pied de S. M. le Roi de France.

vexations, d'autres attirés par l'appât de quelque butin, ne se jetassent sur des traînards, et ne leur arrachassent la vie d'une manière lâche et cruelle. Je fus obligé de faire un exemple pour mettre un terme à ces assassinats; il tomba sur quelques mauvais sujets de la Vega de Matulé, enlevés d'après mes ordres et livrés à une commission militaire pour la part qu'ils avaient prise aux assassinats. On imita dans cette circonstance les usages du pays (*). La tête des suppliciés fut placée au-dessus de la porte d'entrée de l'église de ce village, et leurs corps furent accrochés à un gibet planté sur le point le plus élevé de la route de Valladolid à Madrid. La sentence rendue contre eux, fut affichée dans tous les village des arrondissemens de mes postes, et surtout dans ceux les plus voisins de cette grande communication. Cet exemple indispensable et terrible n'eut pas besoin d'être renouvelé.

(*) Le comte de Chavagnac dit, dans ses Mémoires, page 221, que l'usage en Espagne était de faire couper la tête aux brigands, et de l'exposer sur les remparts.

On a vu, dans mes Mémoires sur l'Italie, que, dans le royaume de Naples, on dépèce en quelque sorte le cadavre d'un condamné, pour en distribuer les jambes, les bras, les pieds et les mains sur les poteaux fixes destinés à cet usage. Ces coutumes, qui prolongent l'exemple, pourraient bien partir de la même source.

CHAPITRE V.

Marche sur Avila. — Faux avis. — Retraite de l'ennemi.

La nécessité de s'étendre pour obtenir plus de ressources me fit donner, au commencement de janvier 1809, l'ordre de marcher sur Avila avec quatre cents hommes de mon nouveau régiment, de chasser l'ennemi de la province dont cette ville est le chef-lieu, et d'en prendre le commandement.

Dans le besoin de disposer les esprits à m'accueillir, je donnai à l'évêque, et à la junte d'administration de la province, avis des ordres que j'avais reçus, en leur faisant connaître que je venais pour les préserver de nouveaux malheurs (*) et les protéger dans les grands mouvemens de l'armée impériale. Je leur demandai

---

(*) Quelques miliciens sans chefs, ayant cru pouvoir attaquer impunément une très forte colonne de l'armée impériale qui se présentait devant Avila, auraient fait totalement piller cette ville sans les généreux efforts des officiers français. Les faubourgs souffrirent cependant;

en retour des marques de confiance et de dévouement au roi Joseph. Les moines et les magistrats de l'Escurial (*), témoins de la vigueur avec laquelle je les avais préservés du pillage (par les traînards) depuis le départ de la brave division La Houssaye, reconnaissans d'une discipline qui les protégeait, et de l'ordre que je faisais régner sur leur territoire, m'avaient plus d'une foie manifesté leur attachement. Je leur en demandai pour preuve de communiquer aux habitans d'Avila leur opinion sur mon compte et sur celui de ma troupe, et ils le firent avec empressement, en leur peignant le regret de me voir quitter leur ville. Le procureur du couvent écrivit au général de son ordre, qui résidait à Avila, et lui fit part de ma conduite envers les moines, des égards et de la sûreté qui en étaient résultés et pour eux et pour les

---

et les miliciens, après avoir compromis les habitans, furent trop heureux de pouvoir gagner précipitamment la montagne.

(*) Je n'entrerai dans aucun détail sur l'Escurial, ni sur le fameux monastère qui s'y trouve; mais je ne laisserai pas ignorer une particularité bien étonnante, c'est que rien ne ressemble autant à la figure de Napoléon que celle du Saint-Laurent, placée au-dessus du portail de la façade septentrionale.

richesses de leur monastère. Ces lettres, écrites avec l'enthousiasme et l'exagération naturelles aux Espagnols, produisirent tout l'effet que je pouvais desirer.

Quoiqu'il m'eût été impossible de prendre, dans mes cantonnemens et à l'Escurial, plus de trois cents hommes, attendu que Napoléon, par son apparente sévérité envers les soldats de l'armée du général Dupont, ayant produit sur ceux de la grande armée l'effet moral qu'il en attendait, avait jugé convenable de me faire reprendre les premiers pour les remettre à leur véritable place, dans les rangs français; quoique, dis-je, cette diminution eût été faite dans mon régiment, je n'en exécutai pas moins l'ordre que j'avais reçu de M. le maréchal Jourdan, major-général du roi, et je me mis en route par le Puerto de Guadarama, celui de Las Navas del Marques n'étant point praticable alors à cause des neiges (*).

(*) Les neiges couvrent souvent en hiver les puertos de cette chaîne, mais y tiennent rarement plus de six semaines consécutives. Le puerto dit de Guadarama étant le plus fréquenté, on a sagement tracé la route de Valladolid, en ligne droite depuis le pied septentrional de la montagne jusqu'au delà de l'Espinar; et, à défaut d'arbres le long de cette route, on y a bâti, de distance

Les environs de Villa Castin, malgré la tranquillité de leurs habitans, étaient témoins d'assassinats fréquens sur des soldats isolés ou trop confians. Je réunis les alcades et les notables à mon passage, et leur intimai l'ordre de prendre des mesures fortes pour mettre un terme à ces crimes. Comme leurs réponses entortillées étaient loin de me satisfaire, je fus obligé de leur dire que, s'ils ne se décidaient à commander eux-mêmes les patrouilles, et à veiller personnellement à la sûreté des Français, je les rendrais, eux et leur commune, responsables de tout ce qui se passerait sur leur territoire. Cette menace, appuyée de l'exemple récent fait à la Vega de Matulé, produisit un si bon effet, que, depuis lors, je n'eus aucun reproche à leur adresser.

Je continuai ma route, et, après avoir couché au petit village d'Albaños, à quelques lieues d'Avila, je me présentai le 16 janvier, à dix heures du matin, sous les murs de cette ville. Aucune réponse à mes lettres, aucune connaissance de réponses faites aux lettres écrites d'après ma demande ne m'était encore par-

---

en distance et vis-à-vis l'un de l'autre, de hauts jalons en pierre, afin que les voyageurs puissent, au besoin, se frayer un chemin entre deux.

venue; alors, dans le doute qu'Avila ne fût occupé, je pris, en arrivant sous ses murs, et à l'aspect d'un front d'attaque majestueux par son élévation et ses nombreuses tours crénelées, position entre deux lignes parallèles de rochers qui forment comme les retranchemens d'un camp sur le chemin de Villa Castin, dans le voisinage du couvent de Saint-François. Je détachai aussitôt le sergent-major Mulot, pour s'emparer d'une maisonnette à la tête d'un bois servant de promenade, et lui recommandai de bien traiter les habitans, s'il en venait qui fissent mine de vouloir s'aboucher avec lui.

Bientôt, en effet, il en parut quelques-uns, et le nombre s'en étant accru, ils s'approchèrent de l'avant-garde. Voyant qu'on ne se mettait point en devoir de les repousser, ils entamèrent la conversation avec ce sous-officier, qui parlait couramment leur langue.

Une grande foule, qui sortit ensuite du faubourg, précédée par beaucoup d'enfans, fut suivie du corps municipal (ayuntamento), de l'intendant (préfet) par intérim et de l'évêque avec son chapitre ; je reçus les députations un peu en avant de mon camp, sans crainte qu'elles en pussent juger la force, puisqu'il était couvert par les rochers, et qu'on ne voyait que quelques bayonnettes.

L'intendant par interim (M. Lahoz) me dit que l'ayuntamento, flatté de ma lettre et de mon arrivée, m'avait répondu par Las Navas del Marques; il ajouta que je ne devais pas me laisser amuser par les discours du chapitre, et qu'il me fallait prendre de suite toutes mes précautions, attendu qu'un corps de deux mille hommes était dans le val d'Amblès, et se disposait à occuper la ville.

Ce magistrat m'ayant paru dans de bonnes intentions, je le priai d'envoyer quelques personnes bien ennemies des Français annoncer au commandant de ces deux mille hommes qu'une division de troupes impériales arrivait également dans la ville, que déjà son avant-garde était sous ses murs, et qu'on voyait défiler le reste par le chemin de Ségovie (*). Pendant que cette commission se remplissait avec zèle, je me portai rapidement jusqu'à un point élevé, et, de ce point, je vis effectivement une colonne faisant halte, et que je jugeai de la force qu'on m'avait dite.

Les commissionnaires arrivèrent successivement; j'entendis aussitôt battre à l'ordre chez

---

(*) On voyait effectivement arriver l'arrière-garde et les équipages par un sentier tortueux qui ne permettait pas de juger s'il y avait beaucoup de monde.

l'ennemi, et, quelques minutes après, je le vis se diviser en deux colonnes, dont l'une prenant le chemin de Peñaranda, et l'autre celui du Puerto de Villatoro, hâtèrent le pas pour disparaître plus vite. Je revins alors causer avec le chapitre, et lui dis que, ne m'attendant pas à amener autant de troupes avec moi, la ville se trouverait trop chargée si je les y faisais loger toutes; qu'en conséquence, je n'y placerais que mon avant-garde, mais que le reste entrerait à mesure que des casernes lui seraient préparées.

Ayant ensuite laissé au camp un détachement, autant pour rallier les traînards que pour empêcher les curieux de venir s'assurer s'il y restait du monde, je me dirigeai sur la ville, en colonne à distance entière et sur deux rangs ouverts, de façon que ma colonne paraissait double de sa force réelle, pour des gens qui n'avaient pas encore acquis l'habitude de former l'état de situation d'une troupe (*).

(*) Depuis lors, j'ai vu, en Espagne, des individus compter si bien les colonnes à leur passage, qu'ils ne se trompaient pas de dix individus sur mille. Domestiques, femmes de troupe, chevaux, mulets, rien n'était oublié.

CHAPITRE VI.

Avila mis à l'abri d'un coup de main. — Description topographique de cette ville. — Observations sur le costume des campagnards.

———⋆———

Aussitôt entré dans Avila, je fis occuper toutes les portes, appeler tous les maçons de la ville et de ma colonne, réunir des matériaux, et, dès le même jour, travailler partout à la fois. Ce n'est qu'en nous fortifiant ainsi dans toutes les positions, que depuis lors mes officiers ou moi avons occupées, et d'après un système nouveau, que nous avons constamment réussi à nous y maintenir. Les onze portes de l'enceinte furent réduites à trois, celle de Saint-Vincent, celle de la Milice et celle du Rastro; les autres, depuis long-temps superflues, demeurèrent fermées pendant toute la durée de mon séjour.

Pendant ces travaux, on s'occupait également du soin de fermer les brèches, ensuite on releva les merlons, et bientôt la place fut mise à l'abri d'un coup de main. Quoique l'hiver soit long et assez rude à Avila, le mauvais temps s'y prolonge rarement plus de trois jours consécutifs, de sorte que nos travaux de maçonnerie se soutinrent très bien.

Avila est situé à l'extrémité nord de l'un des contreforts de la chaîne des Carpentins, depuis la hauteur jusqu'aux rives de l'Adaja, petite rivière qui coule dans le val d'Amblès, et va tomber dans le Ducro. Cette ancienne ville est, à l'exception des faubourgs, entourée de murailles bâties par les Maures en grosses pierres de granit. Ces murailles sont flanquées d'un nombre considérable de tours pleines, rondes et très rapprochées les unes des autres : leur épaisseur est d'environ quatre mètres à la base ; elles sont terminées par un terre-plein et un parapet crénelé, qui règne presque sans interruption autour de la ville proprement dite ; les tours aussi crénelées sont généralement plus élevées de cinq à six mètres que le terre-plein : quelques-unes le sont encore davantage, et dominent les maisons des faubourgs. Une très belle chaussée qui, de tous côtés, fait le pied de cette enceinte, va se réunir au pont de l'Adaja, auprès de filatures bâties sur cette rivière, et qui appartenaient à un riche habitant d'Avila, M. Binz.

L'escarpement de la ville, du côté du val d'Amblès, est considérable; il l'est également, mais beaucoup moins, du côté opposé. La partie qui s'abaisse vers l'Adaja est en pente plus douce, et se trouve fortement plongée par le terrain de la rive gauche de cette rivière. Au sud, la côte s'élève insensiblement et commande les environs.

Avila est particulièrement remarquable par sa cathédrale, dont les tours élevées peuvent servir d'observatoire pour explorer au loin la campagne, par ses nombreux couvens, sa manufacture de toiles peintes et sa belle filature de laine. C'est la patrie de Sainte-Thérèse de Jésus et de don Sanche. On lui a donné le titre d'Avila de Los Cavalleros; et, dans le fait, à en juger par les armoiries qui décorent les portes de toutes les maisons, il semblerait que cette ville n'a jamais été habitée que par des nobles; mais, en 1809, c'était plutôt le séjour de leurs intendans; car, à l'exception des autorités et de quelques propriétaires, il ne s'y trouvait que des agens, et aucune espèce de noblesse : j'en ai même peu connu dans la province.

L'habillement des habitans de la campagne a quelque chose de particulier, mais qu'on trouve néanmoins dans presque tous les villages de la chaîne : c'est une cuirasse de peau corroyée, qui se resserre par une large ceinture de buffle au-dessus des reins.

Le philosophe Sénèque, qui était né à Cordoue, remarqua, pendant son exil en Corse, que les habitans de cette île observaient plusieurs usages et coutumes de son pays. Les paysans se coiffaient, de son temps, et se coiffent encore d'un bonnet d'étoffe appelé *montera* dans leur île, comme dans toute la péninsule, et la *montera* est encore l'unique coiffure de ceux des deux Castilles (*). Ainsi que les paysans espagnols, les paysans corses s'enveloppaient et s'enveloppent encore les pieds jusqu'au dessus de la cheville, avec des linges qui, par leur épaisseur et leurs replis, empêchent l'eau de pénétrer aisément jusqu'à la peau; ils s'habillaient et s'habillent encore, comme eux, de drap brun : celui des Espagnols fait avec la laine de leurs moutons, celui des Corses avec le long poil de leurs chèvres.

En Espagne, la chaussure des habitans de la campagne est une plaque de cuir vert, appelée par eux abarca (**), ou un soulier léger fait de

---

(*) La *montera* des paysans de la Manche a la forme d'un casque.

(**) L'auteur des *Observations dans les Pyrénées* dit aussi, page 81, que cette chaussure était également celle des Romains et des Goths.

sparto, plante de la classe des graminées, très commune dans le midi de la péninsule, et dont on tire le plus grand parti dans toute l'étendue de ses petits et nombreux royaumes (*).

(*) Cette chaussure en sparterie se nomme *alpargata*. L'usage des *abarcas* et des *alpargatas* est fort ancien : mon fils aîné, qui a dirigé ses recherches vers les anciens monumens littéraires et historiques de l'Espagne, a découvert une romance (insérée dans son recueil de *Romances historiques* [*]) qui prouve que ces espèces de chaussures existaient en 923. Le roi Don Sanche prit, à cette époque, le surnom d'*Abarca*, parce que, étant enfant et ayant été élevé dans les montagnes, comme notre Henri IV, il portait la chaussure des paysans de la Navarre.

[*] Chez Pelicier, libraire, place du Palais-Royal.

CHAPITRE VII.

Expédition de Cuellar. — Affaire de Santiago. — Prise de Saragosse.

En ne discontinuant point des travaux, dont le prompt éloignement de l'Empereur et ma position aux avant-postes, me faisaient sentir la sérieuse importance, j'eus, en moins de quinze jours, mis la ville à l'abri d'un vigoureux coup de main. Les deux premiers bataillons de guerre furent organisés, et l'instruction variée des anciens soldats qui les composaient, fut rectifiée et soumise à l'ensemble des réglemens français. Le 5ᵉ bataillon reçut les hommes hors d'état de servir activement, mais par son organisation, il fut mis à même de n'être point inutile.

Déjà l'Empereur, prévenu des projets hostiles de l'Autriche, était de retour à Paris. Il ne lui avait fallu en Espagne que quelques semaines, pour battre et disperser les forces de l'insurrection rassemblées dans l'Aragon, les Asturies et la Vieille-Castille ; forcer le terrible passage de

Somosierra, soumettre la capitale, et présenter ses aigles sur le Tage. De ce point, jusqu'aux côtes des quatre royaumes du midi, il n'allait plus trouver d'obstacles, si la marche de l'armée anglaise ne l'eût obligé à revenir sur le Guadarama, dont il eut le premier à franchir le Puerto encombré de neige; à poursuivre cette armée sur Benavente, et à la forcer à se rembarquer précipitamment en Galice.

Plus Napoléon avait mis de rapidité à s'éloigner de Madrid, plus il importait de couvrir cette capitale aussi rapprochée de la frontière, que l'était autrefois Paris, avant la conquête et la réunion à la France des provinces de la rive gauche du Rhin. Les Espagnols dispersés n'étaient pas détruits; les uns, réorganisaient leurs brigades dans l'Estramadure, les autres sous la protection de Ciudad Rodrigo. Partout aussi, on leur créait des bataillons; partout ils étaient chaudement servis par les partisans de Ferdinand VII qui, ouvertement ou en secret, leur fournissaient toutes sortes de secours.

Le Royal-Étranger n'avait encore obtenu que son décret de formation; quelques fusils, rebuts des arsenaux, ou ramassés sur les champs de bataille et raccommodés à la hâte, lui avaient été envoyés sous l'escorte des recrues faites pour lui, et dont la plupart désertaient en chemin; aucun habillement, aucun objet d'équipement ne lui avait encore été fourni, et son état de pénurie le fatiguait beaucoup, dans une saison toujours rigoureuse dans les hautes montagnes.

Informé par les secrets et nombreux partisans du nouvel ordre de choses, qu'on venait de confectionner à Cuellar un habillement et beaucoup d'effets, pour les volontaires de l'arrondissement de cette petite ville, située en ligne droite à douze lieues de nous, dans la province de Ségovie, je pris des dispositions pour les leur enlever, et bientôt ils furent dans les magasins de mon régiment. Ce secours et quelques autres reçus à la même époque du gouvernement royal, me décidèrent à me rendre maître du Val d'Amblès, par l'occupation du Puerto de Villatoro, afin d'observer, de ce point, les rives du Tormès, de menacer le col de Tornavacas qui s'ouvre sur l'Estramadure, et qui se trouvait, ainsi que celui de Baños, occupé par des troupes insurgées; de pouvoir enfin communiquer avec les détachemens que la province de Salamanque serait dans le cas d'établir sur ma droite, pour éclairer la frontière de Portugal.

Bientôt après, je portai sur Piedrahita même quelques cents hommes aux ordres de mon frère

Louis, ancien capitaine de grenadiers au 55ᵉ de ligne, devenu chef du 1ᵉʳ bataillon du régiment. Cet officier prévenu, pendant la nuit du 22 au 23 février (1809), qu'on devait l'attaquer au point du jour, jugea plus convenable de marcher à l'ennemi, que de l'attendre; il fit en conséquence prendre les armes, se mit en route, et rencontra en avant de Piedrahita, huit cents volontaires d'Avila, qui débouchaient du petit village de Santiago. Mais quel fut son étonnement de se voir, au commencement de l'action, abandonné par la moitié de ses soldats qui, non contens de passer à l'ennemi, firent aussitôt feu sur les braves restés fidèles à ses côtés! Malgré cette épouvantable défection, mon frère tira si bon parti de la valeur et du dévouement de ces derniers, qu'il repoussa les volontaires, et les poursuivit près d'une lieue, après quoi il revint prendre sa position de Piedrahita(*).

Informé de cet événement d'une nature bien

(*) Petite ville de la province d'Avila, au pied de la Sierra, d'une population de mille à douze cents âmes, non compris plusieurs couvens des deux sexes. Elle est entourée par une enceinte à tours carrées, laquelle tombe en ruines. On n'y trouve de remarquable que le joli château de la défunte duchesse d'Alba. Il y a des sources minérales dont on n'a fait encore aucun usage.

peu rassurante pour les officiers, et dont la composition du régiment devait leur faire appréhender la récidive, je fis partir aussitôt un renfort choisi pour Piedrahita, avec ordre à mon frère de s'y maintenir et d'y retrancher sa troupe dans le couvent de Saint-François. J'accordai de l'avancement aux braves qui s'étaient distingués, particulièrement au sergent Husson.

Nous apprîmes dans le courant de février (1809) par un ordre du jour que Saragosse, après une mémorable défense, venait d'être prise, avec une garnison d'environ vingt-quatre mille hommes.

CHAPITRE VIII.

Désertion. — Mesures pour y mettre un frein. — Rayon occupé. Affaire de Tornavacas. — Exemple sur des déserteurs. — Postes perdus. — Bataille de Medellin. — Esprit public.

Cependant les malveillans, témoins de la composition de Royal-Étranger, et alarmés de l'activité de ses entreprises, ne négligeaient aucun moyen pour le dissoudre par la désertion; ils parvinrent à la rendre si considérable, que je fus obligé de prendre, contre les embaucheurs, un arrêté comminatoire des plus terribles. Les mesures qu'il prescrivait produisirent aussitôt un effet merveilleux : le roi, convaincu de leur utilité, les sanctionna par un décret, et nous vîmes alors nos compagnies prendre un complet respectable, par suite duquel le régiment, deux mois après sa formation, s'étendit depuis le village de Las Rosas (*)

(*) Village mal nommé, situé à trois lieues de Madrid.

et l'Escurial, jusqu'au Barco d'Avila (*), c'est-à-dire sur un rayon de trente lieues. Il occupait, outre Piedrahita et le col de Villatoro, dont je viens de parler, la ville d'Arevalo et le bourg de Villa Castin, sur la route de Valladolid par Valdesillas; les officiers eurent ordre de s'y retrancher dans une caserne.

Ces postes, dont l'emplacement gênait beaucoup l'ennemi, l'obligèrent à nous observer à son tour, et, dans ce dessein, il établit, sous les ordres de don Carlos d'Espagne (émigré français), un cantonnement de troupes anglaises, espagnoles et portugaises, au Puerto de Tornavacas, à quelques lieues du barco d'Avila. M. Ratimena, chef du 2ᵉ bataillon, eut ordre de l'y attaquer, parvint à l'y surprendre, et le culbuta le 17 mars 1809. M. d'Ambli, officier de voltigeurs, se distingua dans cette occasion par son sang-froid et son intrépidité.

Des déserteurs du régiment ayant, dans cette affaire, été pris parmi les ennemis, je les fis

---

(*) Petite ville dans la vallée du Haut-Tormès, ayant, sur cette rivière, un beau pont de pierre, lequel est défendu par une tour bâtie sur l'une de ses premières arches. On marine, dans cette ville, beaucoup de truites, qui sont, pour le pays, une branche de commerce. Le château et l'enceinte tombent en ruines.

juger à Piedrahita, où je m'étais porté, par un conseil de guerre spécial, au centre des deux bataillons de guerre formés en quarré. Le jugement fut signé sur des caisses de tambour, et immédiatement exécuté par un détachement des compagnies auxquelles les condamnés avaient appartenu. Je fis ensuite emporter leurs cadavres à Avila, et les y fis enterrer au lieu même de la caserne où la garde se rassemblait et défilait les jours ordinaires. Par cette disposition, le souvenir de ce châtiment indispensable fut continuellement rappelé à la mémoire des soldats.

Pendant que d'un côté j'attaquais sans pitié l'embauchage et la désertion, de l'autre des partis ennemis, depuis connus sous le nom de Guérillas, se formaient et faisaient sur les routes l'apprentissage de la petite guerre. Forts d'une instruction rédigée par le marquis de la Romana, tantôt ils enlevaient les courriers et les soldats isolés ; tantôt, plus audacieux, ils volaient à des entreprises plus importantes. L'un d'eux, encore à son origine, et commandé par un homme devenu célèbre, don Juan Martin, dit l'Empecinado, ayant enlevé sur la route de Valladolid quelques marchands et quelques officiers français, au nombre de quinze personnes, parut dans la province ; je mis le capitaine Riche à ses trousses, et cet officier parvint à lui reprendre une partie des marchands.

Un autre détachement ennemi, sorti de Ciudad-Rodrigo, et beaucoup plus nombreux alors que celui de l'Empecinado, attaqua, au sortir de Santo-Domingo de Las Posadas, un fort convoi de recrues que m'amenaient de Valladolid le capitaine Menestrel et mon beau-frère, M. Martin, sous-lieutenant. Les recrues mirent bas le peu d'armes qu'on leur avait confiées; mais les deux officiers et les sous-officiers se firent tuer plutôt que de se rendre à des individus sans uniforme, qui ne leur paraissaient que des brigands.

De vieux soldats walons de mon 5º bataillon, détachés à Villa-Castin, sous les ordres de quelques officiers suisses, se gardaient mal ; les officiers les avaient logés dans une caserne, et s'étaient placés plus à leur aise dans les meilleures maisons; des guerillas les y enlevèrent tous sans coup férir; un pareil événement arriva aussi, à Arevalo, à un détachement d'une semblable composition, aussi négligemment établi.

Par le facile enlèvement de ces deux postes, l'ennemi me débarrassa plutôt d'inutiles vieillards, qu'il ne me causa de perte réelle; car ces vieillards n'étaient bons qu'à figurer dans mon effectif. Mais la prise du convoi venu de Valladolid, de ses deux chefs et des bons sous-officiers qui le conduisaient me causa beaucoup de peine. Si j'eusse été prévenu de la marche de ce convoi, j'aurais envoyé au-devant jusqu'à Arevalo, et je l'aurais préservé de cette funeste catastrophe.

Chaque jour la difficulté de recruter augmentait : elle venait de s'accroître encore par la création d'un nouveau régiment étranger, sous le nom de premier de la brigade irlandaise, dont M. le colonel de Clermont-Tonnerre (*), aide-de-camp du roi, prit le commandement, et qu'on plaça dans Ségovie. J'avais des dépôts de recrutement sur tous les points où affluaient les prisonniers de guerre faits par l'armée française ; et il me fallait toute l'activité des officiers et des sous-officiers qui les composaient, non seulement pour soutenir mes bataillons à un complet qui les rendît utiles, pour en former d'autres et compléter l'organisation de mon régiment ; mais encore pour couvrir les pertes journalières causées par de petits combats, la désertion et l'insouciance des mauvais officiers, qui, dans tous les détachemens, laissaient en arrière des hommes qu'on ne revoyait plus.

(*) Aujourd'hui Ministre de la Marine, Pair de de France, etc., etc.

Le 28 mars (*), le premier corps d'armée, commandé par M. le maréchal duc de Bellune, battit complétement, à Medellin, l'armée espagnole, commandée par le vieux général Cuesta, officier d'une grande distinction. Dix mille hommes furent sabrés sur le terrain, quatre mille faits prisonniers; et le reste de l'armée, poursuivi par les troupes légères, se sauva dans toutes les directions. Vingt-cinq pièces de canon et six drapeaux tombèrent au pouvoir des Français. Le lieutenant-général don Francisco de Trias, grièvement blessé, fut trouvé parmi les morts.

Ce corps d'armée, dans cette victoire qui assurait la conquête de l'Andalousie, ne perdit qu'environ trois cents hommes, et dut l'avantage d'une aussi faible perte à la vigueur et à l'impétuosité de ses attaques, ainsi qu'aux talens déployés par son général en chef (**).

(*) Ordres généraux de l'armée.

(**) On a remarqué à la guerre, que la perte des hommes est en raison inverse de l'impétuosité des attaques. La dernière campagne d'Espagne en a offert une preuve remarquable à l'attaque brillante du Trocadero, et à la prise de ce poste important, exécutées sous les yeux et sous le commandement de S. A. R. Mgr le duc d'Angoulême.

A cette époque, si voisine encore de la prise de Madrid, l'Empereur était déjà maître de Vienne en Autriche, depuis le 12 mars, et poursuivait le cours étonnant de ses victoires. Les Espagnols connaissaient ses rapides succès, et quoiqu'ils regardassent alors la cause de Ferdinand VII comme perdue, leurs efforts prouvaient qu'ils ne voulaient pas succomber sans gloire. Les habitans des campagnes, las de la guerre, ne soupiraient qu'après la paix; ils considéraient dans plusieurs provinces, et notamment dans celle d'Avila, les efforts de leurs armées comme inutiles, et songeaient à se ranger de bonne foi sous les lois du nouveau gouvernement.

CHAPITRE IX.

Partis. — Succès. — Suisses. — Leur composition. — Royal-Étranger.

La division Lapisse, du corps du maréchal duc de Bellune, s'étant portée sur l'Estramadure par la rive gauche du Tormès, le major-général de S. M. C. m'envoya l'ordre de communiquer avec elle, aussi long-temps que je le pourrais, même au-delà des montagnes et du Tage. Je revins en conséquence m'établir à Piedrahita, et, de ce point, je détachai le capitaine Stoffel, avec deux cents hommes qui joignirent cette division dans sa marche et l'accompagnèrent jusqu'au col de Baños, dans le prolongement des Carpentins, connu sous le nom de Sierra de Francia.

J'employai le temps de mon séjour à Piedrahita en reconnaissances sur la rive droite du Tormès, rivière qui séparait mes postes de ceux occupés par l'ennemi. Déjà maître du passage du Barco d'Avila, je songeai à m'emparer également de celui du pont del Congosto, qui ouvre la communication avec la vallée de Piedrahita : un vieux château tombant en ruine pouvait, avec quelques réparations, recevoir un détachement et lui offrir un abri contre un coup de main.

Ces deux points occupés, l'ennemi ne pouvait conserver de relations avec ses détachemens postés sur l'Alberche, qu'en passant par le Puerto de Tornavacas ; ce qui, l'obligeant à un long détour, protégeait la partie haute de la province contre ses entreprises ; et, lorsqu'à la suite des pluies, fréquentes dans la saison, les gués du Tormès devenaient impraticables, il ne pouvait, en venant de la province de Ségovie ou de celle de Salamanque, passer que par le pont d'Alba.

Des partis sortaient de Piedrahita et parcouraient la province d'Avila, tant en remontant qu'en descendant le Tormès. L'un d'eux commandé par le capitaine Stoffel, de retour de son expédition, battit un détachement ennemi qui conduisait des bœufs à Ciudad-Rodrigo et les lui prit. Comme nous ne manquions de subsistances d'aucune espèce, j'envoyai ce troupeau à Madrid, dont l'hôpital militaire était mal approvisionné. Un autre détachement enleva les instrumens de musique et le drapeau d'un bataillon de nouvelle levée, faisant partie des troupes de Balesteros. Ces enlèvemens, fruits de petits combats, donnaient toujours lieu à quelques traits de valeur, que je m'empressais de récompenser pour en faire naître de plus éclatans.

C'est au moyen de la grande latitude que le Roi m'avait donnée, tant à ce sujet qu'à beaucoup d'autres, que je suppléais au silence des ordonnances espagnoles, ou plutôt à leur défaut de remise en vigueur. Sans cette latitude, le régiment n'aurait pu se soutenir. Composé d'hommes de toutes les nations, d'hommes accoutumés à un service mou, à des chefs la plupart sans énergie et sans habitudes militaires, il fallait un ciment plus qu'ordinaire, pour lier entre elles des parties aussi hétérogènes, pour assujétir de pareils soldats à une bonne discipline. Dans le principe de la création, aucun soldat ne pouvait rien conserver dans son havresac; c'étaient des vols continuels. La prison, le piquet, les retenues n'y mettaient aucun frein. Il y en fallait un cependant, et je le trouvai dans l'ordre du jour le plus absolu. Son excuse fut dans son motif et son heureux succès, car depuis sa publication, nous n'entendîmes plus qu'une seule fois parler de vol. Cet ordre était ainsi conçu :

« Tout individu surpris en volant dans le
« havresac d'un de ses camarades, sera par eux
« jeté par la fenêtre. »

Le malheureux qui faillit en être victime, était un sergent né en Suisse; il crut bien qu'il était perdu. Pris sur le fait et conduit chez moi, je ne voulus publiquement et devant lui, écouter aucune prière, mais je recommandai aux deux sous-officiers qui me l'avaient amené et qui, par l'effet du hasard, se trouvaient être des hommes très forts, de se réserver l'opération, de la simuler de manière à frapper fortement l'ame du coupable, attendu que je serais sur leurs pas pour les arrêter à temps. La chose fut commencée ainsi que je l'avais prescrite, l'homme fut sauvé, l'habitude détruite et la sûreté enfin rétablie dans les chambrées.

Les Suisses au service de l'Espagne, pour ménager la population de leur pays, ou pour avoir des soldats à bon compte, se recrutaient de tous les étrangers qu'ils trouvaient. Pendant les campagnes de Bonaparte en Italie, beaucoup de prisonniers furent dirigés sur la Toscane; les recruteurs suisses obtinrent du général qui commandait les troupes françaises dans ce beau pays, la permission d'enrôler pour les régimens au service d'Espagne: celle d'embarquer ces recrues leur fut ensuite accordée. Aussi les Suisses au service de Charles IV, étaient-ils composés de soldats de toutes les parties de la vaste monarchie autrichienne: les officiers et sous-officiers, et un petit nombre de soldats seulement, étaient nés dans les treize cantons.

Au mélange apporté par les suisses dans le régiment, il fallait ajouter celui causé par les autres corps, wallons et irlandais, ainsi que par les prisonniers anglais, à peu près composés comme les Suisses. On trouvait donc dans Royal-Étranger, des Hongrois, des Bohémiens, des Polonais, quelques Russes, quelques Danois, deux ou trois Égyptiens, et autant d'hommes nés en Angleterre. Il y avait dans le principe, beaucoup de Français de l'armée du général Dupont, que l'Empereur, lors de la prise du Retiro, avait, ainsi que je l'ai dit, cru devoir repousser de la sienne, mais que depuis il avait fait réclamer; sa politique ne les avait ostensiblement repoussés que pour les faire reprendre en cachette, car il estimait tellement leurs qualités morales et guerrières, qu'il assurait aimer mieux donner une province, qu'aucun d'eux. Il ne voulait plus enfin qu'un seul Français servît ailleurs que sous ses aigles. J'eus conséquemment beaucoup de peine à en conserver quelques-uns, dont l'administration ne pouvait se passer, et qui jamais n'avaient appartenu à l'armée impériale.

Un lieutenant italien, nommé Supius, qu'après la mort du capitaine Menestrel, j'avais envoyé à Valladolid, pour recruter les étrangers qui pouvaient se trouver dans les prisonniers qu'on faisait de toutes parts, faillit me compromettre beaucoup. Il avait mes instructions écrites, qui toutes portaient la défense expresse d'enrôler aucun individu faisant partie des armées impériales ou alliées. Ne consultant qu'un zèle très indiscret, il alla roder dans les hôpitaux, abusa de sa commission, et m'envoya quelques hommes isolés dont les corps se trouvaient en Allemagne, et qui, ne demandant pas mieux que de ne point aller si loin, avaient consenti à se donner pour étrangers.

Une lettre foudroyante du général Kellermann fils, m'annonça la conduite de Supius, bien avant que le premier convoi de cette espèce fût arrivé dans Avila. Supius avait été arrêté, le deuxième convoi était rentré à Valladolid, et le général s'était empressé d'en rendre compte au ministre, avant de s'assurer si j'avais quelques torts dans cette affaire. S. E. le duc de Feltre m'écrivit, au nom de l'Empereur, en me menaçant de toute la colère de ce chef suprême de l'armée. Le général Kellermann ne tarda pas, il est vrai, à reconnaître, par l'examen des instructions de Supius et de ma correspondance avec cet officier, que je ne méritais aucun reproche; mais sa lettre était partie, les mesures s'étaient exécutées, et n'avaient servi qu'à me faire enlever quelques bons sujets, qui, sans avoir appartenu à l'armée impériale, ni à la conscription, étaient venus s'enrôler volontairement dans un régiment où la fortune pouvait les combler de faveurs.

CHAPITRE X.

État de Royal-Étranger. — Expédition du général Godinot. — Embauchage. — Moine exécuté. — Ses Aveux.

Malgré ces tracasseries, le régiment était devenu, je ne dirai pas beau, car son habillement n'était point uniforme, et son armement était très mauvais, mais il était devenu respectable. L'habillement provenait de différens dépôts; le 1er bataillon l'avait reçu jaune, à collet brodé; le 2e blanc, le 3e bleu, et le 5e, composé d'ouvriers et de vieillards, brun; c'est-à-dire celui que j'avais fait enlever aux volontaires de Cuellar.

L'état-major général, inquiet du grand nombre de guerillas qui se levaient de toutes parts et parcouraient les provinces, autant que des rassemblemens qui s'opéraient dans les environs de Ciudad-Rodrigo, crut devoir faire, sur le Tormès, des démonstrations qui en imposassent à Balesteros et à don Carlos d'Espagne, chefs de ces rassemblemens. Il fit, en conséquence, partir de Madrid pour Avila, une colonne aux ordres du général Godinot, avec qui je dus me concerter.

Ce général, ayant pris la moitié disponible de Royal-Étranger, me laissa l'autre, à laquelle il ajouta un bataillon du 12ᵉ léger; il marcha ensuite directement vers Piedrahita, par les montagnes formant la droite du val d'Amblès. Je me dirigeai sur Fontiveros (*) par la plaine, où je rencontrai quelques cavaliers ennemis que je fis vainement poursuivre. Le lendemain, après avoir traversé, le long du Zapardial, beaucoup de villages déserts depuis la maladie contagieuse de 1800 (fièvre jaune), je rejoignis le général Godinot, et nous descendîmes ensemble, le surlendemain, par la belle vallée du Merderos sur Piedrahita. Le général s'arrêta dans cette ville, et je me portai sur le Barco d'Avila, où le capitaine Huzard commandait une de mes compagnies de voltigeurs, et s'était mis à l'abri d'un coup de main de la part des troupes établies à Bejar (**).

(*) Bourg de la province d'Avila, situé au milieu d'une vaste plaine très fertile en grains. Il a été autrefois beaucoup plus considérable qu'il ne l'est maintenant.

(**) Petite ville manufacturière à quelques lieues de la rive droite du Tormès : on y fabrique beaucoup de draps.

Après avoir passé la nuit au Barco, je me disposais à en partir pour retourner à Piedrahita, lorsque deux sergens de carabiniers du 12ᵉ léger, tous deux membres de la Légion-d'Honneur, déclarèrent à leur commandant que leur hôte avait voulu les embaucher pour Ciudad-Rodrigo. Cet officier m'en ayant fait le rapport, et m'ayant donné le meilleur témoignage de la moralité des deux sergens, je fis arrêter l'hôte, qui se trouva être un ancien moine d'un couvent de Salamanque. C'était un homme d'une corpulence énorme; il nous fallut chercher un très fort mulet pour l'amener au général Godinot.

Ce général ayant, à notre arrivée à Piedrahita, nommé une commission spéciale, le moine avoua son délit devant elle, et fut, à l'unanimité, condamné à la peine de mort. Il demanda ensuite un prêtre pour se confesser, ce qu'on ne lui refusa point.

Quoique la confession soit un objet sacré, et dont la révélation est interdite, le prêtre vint néanmoins trouver le général, et lui dire, devant beaucoup de monde, « que le moine re-
« connaissait comme une punition du ciel la
« mort qu'il allait recevoir, pour avoir, étant
« gardien de son couvent, violé une jeune fille,
« pour l'avoir tuée parce qu'elle voulait se

« plaindre, et l'avoir ensuite jetée par morceaux
« dans les latrines. »

Avant de sortir pour être exécuté, le moine fit appeler les deux sous-officiers, leur demanda pardon, les embrassa et leur offrit sa montre et sa tabatière d'or, que l'un et l'autre refusèrent : on le conduisit peu après sur le chemin du Puerto de Villatoro, où l'on voulut l'accrocher à un arbre, mais il était si pesant, que toutes les cordes se rompirent ; alors, par pitié, on lui fit donner la mort militairement. Il fallut apporter d'autres cordes pour suspendre le cadavre à une branche.

Après une sorte de promenade militaire qui ne fut pas de longue durée, la colonne du général Godinot(*) rentra dans la Nouvelle-Cas-

---

(*) Le général Godinot était attaché au corps d'armée du maréchal duc de Bellune, qui faisait partie de l'armée d'Andalousie aux ordres du maréchal duc de Dalmatie, et qui fut chargé du blocus de Cadix et de l'île de Léon. Ce général jouissait alors d'une réputation méritée, mais qui décrut dans la campagne de 1811. Il s'était distingué à la malheureuse bataille d'Albuhera, où cependant, s'il faut en croire quelques Mémoires publiés sur la campagne d'Andalousie, le mouvement de sa brigade n'avait pas rempli les desseins du général en chef. Plus tard, dans la campagne de 1811, on l'accusa d'avoir mis une grande lenteur dans ses opérations, lenteur qui pouvait

tille. L'ennemi ne tarda point à savoir que de nouvelles forces avaient paru dans la province, mais qu'elles étaient déjà retournées à Madrid. Il

---

compromettre le succès de la campagne. Quelque temps après l'expédition contre Balesteros, dans le camp de Saint-Roch, sous les murs de Gibraltar, il fut remplacé dans le commandement de sa division, et rappelé à Séville par le général en chef.

Arrivé dans cette capitale de l'Andalousie, le général Godinot reçut de M. le maréchal duc de Dalmatie quelques reproches, faits sans doute avec tous les ménagemens dus à sa réputation et à une vieille amitié. Il s'en montra néanmoins profondément affecté. Quelques jours après, il emprunta, sous un prétexte vague, le fusil d'un des soldats de garde à sa porte, et, s'étant enfermé dans sa chambre, il s'étendit sur son lit, plaça l'arme meurtrière sur sa poitrine, et, pressant la détente avec son pied, il se donna la mort.

Les causes de son déplorable suicide furent diversement interprétées; plusieurs l'ont attribué aux reproches que M. le maréchal avait cru devoir lui faire sur le non-succès de son expédition : il est certain que le général Godinot était doué d'une grande susceptibilité; mais tous les officiers que j'ai consultés sur ce malheureux événement, m'ont assuré que M. le maréchal, connaissant son caractère, ne lui avait rien dit de trop désobligeant, et encore moins rien qui pût le porter à attenter à ses jours. On prétend que des affections de famille fatiguaient depuis long-temps son esprit; il faut croire, et cette opinion paraît la mieux fondée, que les nou-

apprit aussi la punition infligée au moine embaucheur, et le blâma hautement de s'être adressé à des Français décorés, quand c'était sur Royal-Étranger seul que ses agens devaient diriger leurs manœuvres.

---

velles que cet infortuné général avait reçues de France à son arrivée à Séville, jointes à la vive contrariété d'avoir échoué dans ses opérations, lui auront occasionné une maladie soudaine, qui, dérangeant totalement ses facultés morales, l'aura conduit à l'acte de désespoir qui termina ses jours.

Le général Godinot avait été colonel du 25º régiment d'infanterie légère, et venait d'obtenir, depuis quelques jours seulement, le grade de général de division.

CHAPITRE XI.

Esprit public. — Affaire de Mengamuñoz. — Circonstances critiques. — Dispositions secrètes.

En juin 1809, l'esprit public avait déjà fait, dans la province d'Avila, de tels progrès en faveur du nouveau gouvernement, que les paysans arrêtaient et me livraient mes déserteurs. On fusilla les nommés Landi et Polimann, tous deux sergens-majors, désertés avec armes et bagages, et arrêtés par eux. Il est vrai qu'à cette époque l'Espagne n'ignorait pas que l'empereur était maître du Tyrol, du Vorarlberg, de la Carniole, de la Styrie, de la Carinthie, du pays de Salzbourg et de toute la haute et basse Autriche; on y savait que la ville et le port de Trieste étaient au pouvoir de l'armée d'Italie, dont la jonction s'était opérée avec la grande armée; il était enfin à la connaissance des Espagnols, que l'armée de Dalmatie avait même dû, le 5 juin, se réunir à ces deux armées.

Nous apprîmes bientôt, et je fis publier dans la province, la nouvelle de la bataille de Wagram, gagnée par l'empereur Napoléon sur les forces réunies de la monarchie autrichienne : quatre cent mille hommes et quinze cents pièces de canon avaient été réunis sur ce champ de bataille.

Jusqu'alors je n'avais pas osé, avec mon seul régiment, montrer de détachemens au-delà des Carpentins, sur le Tictar et l'Alberche, mais je faisais observer les forces ennemies qui s'y trouvaient cantonnées, par un fort détachement à Meugamuñoz, village situé au débouché du Puerto del Pico, sur la partie septentrionale des monts. Ces forces épiaient le moment d'enlever par surprise le détachement qui les observait, de pénétrer avec avantage dans le val d'Amblès et, par un mouvement rapide, d'obliger mes fortins, sur le haut Tormès à capituler, ou leurs garnisons à se replier promptement sur moi.

Le 29 juin fut le jour choisi par elles pour cette entreprise. Mengamuñoz fut attaqué par 1,500 hommes d'infanterie de ligne et cent hommes de cavalerie : avant le jour, le village avait été complétement cerné. Le commandant Louis Hugo, peu intimidé de la disproportion des forces, répondit vigoureusement à l'attaque, sortit du village au pas de charge et délogea successivement l'ennemi des hauteurs dont il s'était emparé ; puis, l'ayant obligé à la retraite, il le poursuivit pendant deux heures dans les défilés du Puerto, tua le chef ennemi, fit des prisonniers et enleva des chevaux. M. Riche, capitaine, Kaufmann, adjudant-major, Husson, adjudant, et beaucoup de sous-officiers et soldats se distinguèrent particulièrement, dans ce combat où plus de 15,000 coups de fusils furent tirés de part et d'autre. Cette affaire était d'autant plus brillante que, outre la disproportion des forces, la position du village dans une gorge, ne pouvait qu'être infiniment désavantageuse à la défense. J'accordai sur-le-champ des récompenses aux braves qui me furent signalés.

Le moment approchait chaque jour où la valeur et la fidélité du régiment allaient être soumises aux plus sérieuses épreuves. Informé depuis quelque temps, par des marchands d'oranges qui venaient du Portugal, des revers essuyés, dans ce royaume, par l'armée française, j'en avais donné avis à l'état-major-général de S. M. C. Je savais que M. le maréchal duc de Dalmatie avait lui-même, par une de ces grandes résolutions dignes de son caractère, fait détruire son artillerie et ses bagages, en se retirant glorieusement devant des forces ennemies, devenues très supérieures aux siennes par le concours des habitans; cette retraite s'était effectuée à travers un pays montueux, coupé, difficile et surtout entièrement soulevé ; je présumai qu'il chercherait à s'appuyer du voisinage du maréchal Ney qui occupait la Galice, et que dès lors son mouvement laisserait forcément les deux Castilles à découvert. Je pensai enfin qu'Avila, par sa situation dans le val d'Amblès, sur l'une des communications carrossables de Madrid et sur la plus courte avec les puertos de Guadarama et de Somosierra, pourrait jouer un rôle important, si, en marchant à l'armée française en position sur la partie méridionale de la Sierra, l'ennemi cherchait, par une manœuvre habile, à tourner sa droite et à venir inquiéter la ville capitale sur ses derrières. Je me préparai donc à tous les événemens que je prévoyais et je me décidai à augmenter les fortifications d'Avila, mais en évitant de faire soupçonner mes intentions dans un pays où toutes nos actions, observées et commentées, auraient servi de bases aux opérations de l'ennemi.

La boulangerie de mon régiment était à Avila dans une grande maison où l'on pouvait loger encore à l'aise et séparément une forte compagnie. J'y plaçai les vieillards du régiment et je réussis, avec la promesse de leur faire donner du vin matin et soir s'ils n'en sortaient pas, à les employer activement à la confection des gabions et des fascines. Là, sous le spécieux prétexte de l'approvisionnement des fours, je leur faisais conduire beaucoup de bois propre à mon objet; un sous-officier (M. Chanville) sortant de l'artillerie de la garde, dirigeait les travaux avec une intelligence et une habileté qui surpassaient mes espérances. Tout ce dont j'eus besoin fut ainsi promptement confectionné.

La partie basse de la ville étant fortement plongée et d'une défense impossible, je la fis séparer de la partie haute, par un retranchement palissadé, qui fut flanqué de bonnes redoutes au centre et aux extrémités. On disposa même, en arrière, une seconde ligne retranchée, en cas que la première vînt à être forcée. Les habitans, qui depuis mon arrivée au milieu d'eux ne m'avaient pas vu ralentir mes travaux, considérèrent cette coupure et ses accessoires, ainsi que la grande activité que j'y faisais mettre, comme une suite du système de défense que j'avais adopté. Il ne fallait que quelques heures pour découvrir, à portée de fusil, les approches de mes retranchemens, attendu qu'elles n'étaient couvertes que par des murs en pisé (*).

(*) On construit, en Castille, beaucoup de murailles en terre battue ou pisé, et la durée de quelques-unes, extrêmement mêlées de cailloutage, atteste beaucoup en faveur de leur solidité. L'enceinte de Medina del

J'avais bien l'intention d'évacuer les postes que je conservais sur le Tormès et dans le val d'Amblès ou d'Adaja, mais je tenais à ne l'exécuter qu'à la dernière extrémité, parce que j'avais la presque certitude que l'ennemi s'y jetterait immédiatement. C'était dans le dessein de me faire précipiter cette résolution, qu'il vint, dans le courant de juillet, inutilement tirailler devant le Barco, et former une nouvelle attaque contre Piedrahita, dont tout récemment je venais de former un arrondissement aux ordres de mon frère.

Je voulais tenir cette ligne de défense jusqu'au dernier moment, parce que l'abandonner, c'eût été me resserrer à la fois sous le rapport des fonds et des subsistances, en ce que mes postes retirés, il eût fallu que la troupe se passât de solde, ou que le trésor public la lui fît de Madrid même, enfin qu'elle vécût sur les magasins d'Avila, dont l'approvisionnement de siége n'était pas encore assez considérable. D'ailleurs je pouvais, dans une marche forcée, me porter à Las Casas del Puerto de Villatoro, y rassembler mes détachemens, sans crainte

---

Campo (Ville du Champ) est en pisé, d'une élévation considérable; ce qu'il en reste, quoiqu'en ruine, est d'une étonnante dureté.

d'être tourné, et me retirer par l'un ou l'autre flanc du val d'Amblès, quelles que pussent être les forces de l'ennemi. Ce motif suffisait seul pour me tranquilliser; il est souvent un des avantages de la guerre de montagnes.

CHAPITRE XII.

Position d'Avila.— Poudre.— Heureuse découverte.— Grades honoraires. — Leurs effets. — Approche de l'armée anglo-portugaise.

PENDANT que, dans Avila, tout se disposait pour une vigoureuse résistance, l'armée anglo-portugaise renforcée par quelques troupes de l'insurrection, laissait l'armée du maréchal Soult bien loin sur sa gauche et marchait sur la capitale des Espagnes.

Le roi Joseph, commandant en chef des armées françaises restées dans ses états, mal informé sur les mouvemens de l'ennemi, m'envoya un courrier extraordinaire pour me recommander d'être de plus en plus sur mes gardes et me prévenir que dix mille hommes marchaient sur moi par le puerto del Pico.

J'avais régulièrement tenu l'état-major de l'armée au courant de ce que j'apprenais; ma correspondance était réglée, et, malgré les partis ennemis, arrivait de justice en justice (*) avec exactitude et célérité : dans les circonstances difficiles, je l'expédiais chiffrée et par duplicata, triplicata ; quelque fois même, j'adressai au major-général un plus grand nombre de copies ; j'étais, par des relations secrètes avec quelques dames espagnoles, mieux informé, que par l'espionnage, de ce qui se passait chez l'ennemi, de sa marche, de ses forces, de ses espérances ; mais telles étaient, dans le principe, la confiance à Madrid et les fausses nouvelles qu'on y fabriquait, que mes rapports paraissaient souvent exagérés. Cependant je n'eus pas plutôt reçu le courrier du Roi, que je le réexpédiai à S. M., avec une réponse portant : « que ce n'étaient « pas dix mille hommes qui marchaient sur « moi, mais soixante et dix mille qui mar-

---

(*) C'est-à-dire, d'un village à l'autre sur une même communication. L'alcade du village le plus rapproché du point de départ donnait un reçu de la dépêche, et désignait aussitôt un paysan de corvée pour la porter à l'alcade voisin. Celui-ci donnait également son reçu, et faisait relever le porteur de la dépêche par un autre paysan. Il en était ainsi jusqu'à destination. De cette manière, l'alcade, à peu près toujours informé de ce qui se passait sur le territoire de sa commune, trouvait, quand il était loyal, le moyen d'éviter tous les partis de guerillas.

« chaient sur Madrid; que leur avant-garde,
« composée de quinze mille hommes comman-
« dés par le duc d'Albuquerque, était déjà ar-
« rivée à Oropesa. »

Cette réponse et le retour si prompt du courrier fit d'autant plus d'impression à la Cour, que l'on commençait à y croire aux nouvelles sérieuses que j'avais données, et qui toutes se confirmaient successivement; d'ailleurs les événemens arrivés à Oporto ne pouvaient plus être mis en doute : mais on ne croyait pas l'armée anglo-portugaise aussi près. Comme ma lettre était positive, on en donna de suite communication à M. le maréchal duc de Bellune, qui se trouvait alors à Escalona sur l'Alberche, et qui, sur le champ, envoya dans Cebreros, communiquer avec un détachement que j'y portai, aux ordres du capitaine Hagard. Nos détachemens, en se séparant, se battirent avec une découverte anglaise.

L'armée impériale, bientôt occupée sur son front par celle de Wellington, menacée sur sa gauche et ses derrières par Toledo, ne put songer à m'envoyer de secours ni en hommes, ni en munitions. Ses chefs durent considérer Avila, comme un point à évacuer, puisqu'ils ne le pouvaient faire soutenir.

Je ne commandais qu'à des soldats étrangers,

la plupart sortis récemment des bataillons ennemis; mais au milieu d'eux, se trouvaient déjà quelques cents hommes dont j'étais sûr, et c'est sur ce petit nombre de braves, assez grand cependant pour donner l'impulsion au reste, sous l'influence des Hugo, des Rutiman, des Bossu, des Moutard, des Kaufmann, et de beaucoup d'autres intrépides officiers (*), que je comptai particulièrement pour défendre la place, ou pour m'ensevelir glorieusement sous ses ruines. Jamais leurs camarades ne furent dans le cas de s'apercevoir de ma prédilection pour ceux qui possédaient mon entière confiance; je ne pensais qu'à soutenir leur courage, qu'à élever leur âme au-dessus des dangers qui nous menaçaient et dont les mal intentionnés s'empressaient trop de rembrunir le tableau; je ne songeais enfin

---

(*) Tous ces noms sont Français, me dira-t-on; cela est vrai. Plusieurs de nos officiers et sous-officiers sortaient de la garde venue de Naples; d'autres étaient des émigrés, que nous accueillions comme des compatriotes malheureux, et, dans ce nombre, les d'Ambli, les d'Antejac ne se montrèrent ni moins braves, ni moins dévoués que nous. Le reste des officiers se composait de Vallaisans, tels que les Yost, les Roh, les Gard, dont l'âme, le cœur et le langage furent toujours français.

qu'à les attacher à la cause du Roi, par les plus nobles espérances.

J'avais très peu de cartouches; je fis faire de la poudre sous la direction de M. Henry, major du régiment, tout récemment rentré de congé; j'eus outre cela le bonheur d'en découvrir quatre tonneaux, ainsi qu'un baril de pierres à feu, dans des démolitions indispensables à la sûreté de la place (*). Je n'avais pas de canons, je songeai à en faire fondre avec le métal des cloches, par le procédé usité avant l'invention du foret; et en outre je promis le grade de sous-lieutenant aux trois braves, qui les premiers, enlèveraient à l'ennemi une pièce dont je resterais maître; je donnai à propos des grades honoraires de sous-officiers aux plus zélés dans les travaux et à ceux qui avaient le plus d'influence sur l'esprit de leurs camarades.

(*) Ce fait pourrait paraître incroyable, si je ne l'expliquais. Un bas-officier des milices d'Avila était, avant l'arrivée des Français, chargé du soin de la poudre destinée aux exercices; il en avait établi le dépôt, très à l'écart, dans un local attenant aux glacières de la ville, lesquelles étaient adossées contre les courtines de l'enceinte et favorisaient une escalade. Ce bas-officier ayant disparu lors du passage de M. le maréchal Lefebvre, personne n'avait la clef du cabinet, et l'on ne trouva les poudres qu'en faisant abattre ces bâtimens.

Dans le régiment de Royal-Corse, un grade de caporal ou de sergent honoraire, était une récompense flatteuse que chacun s'attachait à obtenir. J'en fis autant dans le Royal-Étranger, je donnai de ces grades sur le champ de bataille, je les admis à concourir avec les autres, et bientôt il s'établit dans le régiment, un tel esprit d'émulation et de valeur, que, depuis lors, l'ennemi n'obtint que de très rares succès sur mes détachemens.

M. le maréchal Jourdan, craignant que, par ma position isolée dans les montagnes et sur les derrières du flanc gauche de l'armée ennemie, je ne fusse dans le cas d'être enlevé, trouva moyen, à travers les difficultés de toute nature, de me faire parvenir l'autorisation de me replier sur Ségovie. Mais je répondis à ce grand capitaine, que j'avais mis Avila en état de résister assez, pour y rendre d'importans services dans la circonstance, et qu'il fallait que je m'y maintinsse ou qu'on m'ensevelît sous ses ruines. Cette réponse ne pouvait manquer d'être agréable au vainqueur de Fleurus et de Watignies.

Aussitôt après le départ de la lettre qui la contenait, je me portai sur le puerto de Villatoro, j'y ralliai les garnisons du Barco et de Piedrahita, que je fis évacuer pendant la nuit, et je me repliai lentement sur Avila.

L'ennemi, s'étant approché à trois lieues de cette ville, envoya de nuit des reconnaissances jusque dans le faubourg de Saint-François, dont je n'occupais les avancées que de jour. Je contins alors la population par ma fermeté autant que par l'estime que j'étais parvenu à lui inspirer ; les moines et les prêtres, par des louanges sur leur conduite passée et des espérances pour l'avenir ; enfin les habitans de la campagne, par le souvenir de la justice que je leur avais constamment rendue.

Tous les officiers voyaient mes efforts pour la conservation d'un point jugé par eux comme insoutenable sans artillerie, et ils ne les blâmaient pas, quoiqu'ils n'en espérassent aucun succès. Mais l'amour de mon pays, ma réputation militaire, l'idée d'être utile à l'armée française, tout me faisait voir bien autrement. Je sentais à mesure qu'on m'isolait davantage, par l'évacuation de tous les postes de mon voisinage, combien la position d'Avila devenait intéressante, pour couvrir les grandes communications avec Valladolid et Burgos.

CHAPITRE XIII.

Retranchemens magiques. — Bataille de Talaveyra de la Reina. — Importance d'Avila. — Destruction complète d'une guerilla de bandits.

Les gabions et les fascines, fabriqués à l'insu des Espagnols et de la garnison, allaient enfin sortir d'un arsenal ignoré. Les habitans, livrés au sommeil, ne pouvaient, dans de malignes espérances, critiquer nos moyens ni gêner nos travaux. Dès onze heures du soir, un grand nombre de soldats exécutèrent en gabions et surmontèrent de fascines tous les ouvrages que j'avais projetés pour masquer les postes et flanquer la place; ils les remplirent de la terre qu'ils enlevaient en creusant les fossés, et des sentinelles furent placées à quelque distance, pour retenir les curieux qui auraient voulu s'approcher de trop près.

Bientôt toute la ville et les environs, émerveillés de tant de travaux élevés pendant la courte durée d'une nuit de juillet, accoururent pour y croire; et plutôt que de les attribuer à notre activité et à notre esprit de prévoyance, choses également incompréhensibles à la plupart, ils jugèrent plus simple de dire que nous nous étions entendus avec le diable.

Ces retranchemens prenaient d'un jour à l'autre plus de solidité, lorsque l'on apprit qu'une grande action venait d'avoir lieu. En effet, le roi Joseph, avec les 1er et 4e corps (Bellune et Sebastiani) ainsi qu'avec la réserve de sa garde, avait, le 28 juillet (1809), attaqué, devant Talaveyra de la Reyna, les armées anglaise, espagnole et portugaise. La victoire étant restée indécise, et n'ayant causé d'avantage réel d'aucun côté, les armées conservèrent l'une et l'autre les positions qu'elles tenaient avant la bataille; les alliés, parce qu'ils attendaient l'armée du général espagnol Venegas, qui était en marche sur Tolède; les Français, parce qu'ils espéraient, d'un instant à l'autre, voir arriver les 2e, 3e et 6e corps d'armée, aux ordres de M. le maréchal duc de Dalmatie, lesquels s'avançaient de Salamanque par Placenzia, sur les derrières de Wellington, afin de l'enfermer entre le Tage, les montagnes et le Portugal. Mais n'anticipons point sur ce mouvement habile, fruit des vastes conceptions de M. le maréchal Jourdan, avant d'avoir exposé en quoi Avila put être utile dans les opérations combinées.

C'est après la bataille de Talaveyra, que l'on reconnut que je ne m'étais pas trompé dans l'opinion que je m'étais faite de l'importance d'Avila : tous les postes français de mes environs, même ceux de la communication avec Valladolid par Valdesillas, étaient évacués, et cette retraite nous avait complétement isolés au pied septentrional de la Sierra. Mais, du point que nous occupions, nous pouvions rendre plus de services que nous ne l'eussions fait sur un champ de bataille; et c'est par ce point obscur que l'armée française, en position devant Talaveyra, après la bataille, et celle en marche par la rive gauche du Tormès, purent espérer de communiquer entre elles : c'est par notre maintien dans cette position difficile, que cette dernière armée eut l'avantage d'apprendre à temps les grands événemens qui venaient de se passer sur le Tage, et dont l'exposé lui fit accélérer sa marche, aussi savante que hardie; c'est par l'effet de cette rapidité qu'elle sauva la capitale des Espagnes, en arrivant avant l'apparition de Venegas, et qu'elle força Wellington à une retraite précipitée.

Effectivement, aussitôt que le roi Joseph eut acquis, par ma réponse à sa lettre et quelques autres rapports, la certitude de la direction que prenait l'armée anglo-portugaise, il expédia l'ordre à M. le maréchal duc de Trévise de se rapprocher de Madrid pour renforcer l'armée du centre ; et à M. le maréchal duc de Dalmatie, qui avait fait sa jonction avec M. le maréchal Ney, et qui se trouvait sur le Duero, celui de marcher avec les corps d'armée à ses ordres, et d'arriver sur les derrières de Wellington par la Sierra de Francia.

Les communications entre Madrid et les 5° et 6° corps, postés dans le royaume de Léon, étant devenues extrêmement inquiétantes pour des détachemens, même considérables ; et M. le maréchal Mortier ayant, le lendemain de mon entrevue, quitté Villa-Castin pour se diriger vers ces corps, ce mouvement eut pour objet de faire arriver sûrement, à M. le duc de Dalmatie, les ordres du roi pour la conduite à tenir par ces trois corps d'armée réunis.

On était donc certain à Madrid que le duc de Dalmatie avait reçu l'ordre de son mouvement, puisqu'un corps d'armée le lui avait été porter ; mais on ignorait s'il l'avait, ou de quel jour il l'avait commencé ; et chaque jour on m'en demandait des nouvelles avec d'autant plus d'inquiétude, qu'on savait Venegas en marche à travers la Manche, et que son apparition sous Tolède, avant l'arrivée du maréchal duc de Dalmatie, devait obliger infailliblement l'armée, en position près de Talaveyra, à se replier sur Madrid, et sans doute au-delà du Guadarama; tandis qu'au contraire, l'arrivée de cet illustre capitaine sur les derrières de l'armée anglo-portugaise, avant que Venegas fût en mesure d'obliger à la retraite l'armée aux ordres directs de Joseph, dégagerait promptement le front de celle-ci, en forçant le général anglais à chercher un abri en Portugal, ou sur la rive gauche du Tage, par le pont de l'Arzobispo. La victoire devait donc avoir de grands résultats pour le premier, de Venegas ou de Soult, qui achèverait une manœuvre pareille de part et d'autre : c'est-à-dire pour le premier qui paraîtrait sur les derrières de l'armée opposée à son parti.

M. le maréchal Jourdan m'adressa sans perdre de temps une relation de la bataille de Talaveyra, pour que je la fisse passer à M. le maréchal Soult. Elle était rédigée de manière à pouvoir être aventurée dans un pays couvert d'ennemis, parce que l'essentiel était qu'il en parvînt une copie à M. le maréchal Soult, afin de lui faire voir, par l'exposé des faits, toute l'importance d'une prompte apparition.

Le roi chargea le courrier qui me portait cette relation, d'une lettre pour moi, dans laquelle, voulant me pénétrer plus encore de l'urgence de faire parvenir cette relation, par tous les moyens imaginables, il me disait ces mots : « Si elle (la relation) ne passe pas, ou « si elle arrive trop tard, je serai peut-être dans « l'obligation d'abandonner une seconde fois « Madrid, et je ne puis prévoir les suites d'un « pareil événement. »

Une petite guerilla s'était portée au village même de Villatoro, et rien ne pouvait plus passer par le puerto, d'où j'attendais tout. Je la fis surprendre et détruire pendant la nuit, par le capitaine Kauffmann. On m'en amena trois individus ; et, comme c'étaient des vagabonds allemands, sans uniforme, et sans commission pour courir en partis ; comme ils ne parlaient pas même l'espagnol, je leur fis adresser, dans leur langue, quelques questions pour savoir d'eux en vertu de quel droit ils faisaient la guerre. Leur réponse n'ayant point été satisfaisante, je fis écarter la foule, qui, dans cette circonstance, s'était portée au-devant d'eux, je désignai, parmi les officiers présens, une commission spéciale, laquelle, après une courte délibération, les fit fusiller à l'entrée même de la ville. Dans toute autre occasion, j'aurais sans doute traité ces bandits un peu moins brusquement : dans celle où je me trouvais, je voulus convaincre les spectateurs que je n'attendais de salut que de mon épée et de la valeur de ma garnison; j'eus en outre l'intention de faire savoir aux guerillas que c'était pour elles choisir un poste extrêmement périlleux, que celui qui coupait mes communications avec les rives du Tormès : aussi, depuis lors, aucune n'osa-t-elle le réoccuper, même passagèrement.

CHAPITRE XIV.

Moine Concha. — Son caractère. — Sa mission. — Sa présence d'esprit. — Il est conduit à la junte de Séville.

M. le capitaine Hagard, dans une expédition sur Medina del Campo, avait délivré un moine que les religieux de son couvent tenaient prisonnier, sous prétexte d'aliénation d'esprit; il me l'amena et m'en fit un éloge pompeux. Je reconnus bientôt que la prétendue aliénation n'était que de l'exaltation contre les abus et l'oppression. Ce moine se nommait Concha : c'était un jeune homme généralement plus instruit que la majorité de ses confrères, et je l'attachai à mes bureaux, pour la correspondance espagnole avec les autorités civiles de mon gouvernement, mais toutefois sans lui confier encore rien qui pût en compromettre aucune.

Concha était trop fin pour ne s'apercevoir pas de ma sage défiance. Il ne cessait de me donner des preuves de zèle et de dévouement, et m'excitait ainsi progressivement à lui accorder plus de confiance. A la faveur de son état, il s'était introduit partout, en se donnant pour otage de son couvent. Dès ce moment (l'instant où on l'avait cru), on lui avait fait des confidences, on lui avait précisé l'époque à laquelle les Espagnes seraient délivrées du poids des armées françaises ; on lui avait confié, et l'on continuait à lui donner toutes les nouvelles qu'on recevait, et je me convainquis par ses rapports, lesquels se trouvaient d'accord avec les notes qui m'étaient fournies de bonne part, et de sa franchise et du parti que je pourrais tirer de lui. Chaque jour il m'offrait de passer chez l'ennemi, à l'aide de son costume, de tout voir par lui-même, et de revenir ensuite m'en rapporter le détail exact; mais le temps n'était pas venu de mettre son zèle à l'épreuve.

On a vu plus haut que la relation des événemens de Talaveyra était rédigée de manière à pouvoir être hasardée, sans qu'il pût en résulter rien de nuisible aux intérêts de l'armée française. Déjà des copies sur papier de soie, et d'un caractère extrêmement fin, avaient été expédiées par toutes sortes de moyens ingénieux ; mais je n'avais aucune nouvelle de mes agens. Le bruit courait même que plusieurs d'entre eux avaient péri victimes de leur démarche, et je n'en pouvais plus trouver, à quelque prix que ce fût. Mon moine me revint alors à la pensée;

je le sondai, je le trouvai ferme et si bien disposé, que je n'hésitai point à l'employer. Je lui donnai une de mes mules. La dépêche fut cousue dans la selle (c'était la lettre même de M. le maréchal Jourdan), et il partit pour traverser les armées ennemies.

Cependant le parti *Ferdinandiste* avait dans Avila, les yeux ouverts sur toutes mes actions, sur tout ce qui entrait chez moi, ou en sortait ; il donnait aux guérillas chargées de m'observer, un prompt avis de tout ce qu'il remarquait de suspect, et c'est à la manière exacte dont il avait signalé quelques-uns de mes malheureux agens, que je devais attribuer leur perte.

Quoique le moine fût parti de nuit, on s'aperçut dans la journée qu'il n'était point à Avila : on prit des informations près des paysans qui venaient de différens côtés, et bientôt on apprit qu'on l'avait vu se dirigeant sur l'Alberche. Nul doute alors qu'il ne fût chargé d'une mission secrète de la plus haute importance ; on expédie aussitôt sur ses pas, on le rejoint, sans lui rien dire, on le devance, on l'attend ; et bientôt, pendant qu'il dîne, qu'on l'entoure par curiosité, que les plus rusés du parti contraire cherchent à l'embarrasser par mille questions insidieuses, on examine à l'écurie le harnachement de sa mule, on en presse les parties molles, on croit s'apercevoir d'un endroit fraîchement recousu, on découd à la hâte; et la dépêche est trouvée : mais comme on ne peut avoir qu'un objet avec une pareille mission, l'on juge inutile de pénétrer le contenu de la lettre : on la laisse à la place où elle est cachée, et l'ouverture faite au bât est grossièrement refermée.

Un détachement de troupes espagnoles venu à la découverte, allait repartir pour rejoindre l'armée : on donne le mot au chef qui le commande et l'on engage le moine à marcher avec lui, pour être plus en sûreté. Concha, afin de n'être pas suspect, n'hésite point à y consentir.

Son dîner fini, notre moine se rend à l'écurie pour y seller lui-même sa monture, et s'aperçoit aisément qu'on a recousu l'endroit qui conduit à la dépêche. Il tâte à son tour, et reconnaît qu'on ne l'a point ôtée, mais il ne doute plus que l'objet de sa mission ne soit soupçonné ; il se rappelle fort à propos m'avoir entendu lui dire qu'il était indifférent qu'une ou plusieurs copies fussent prises, pourvu qu'il en parvînt une. Ce souvenir est pour lui l'arche du salut; il bâtit son plan en conséquence, et, tout en cheminant, il fait à voix basse, confidence à l'officier, que le gouverneur d'Avila qui le tenait prisonnier, lui a promis la liberté, un canonicat et une grosse somme, s'il voulait se charger d'une lettre pour le général en chef d'une forte armée française, en marche de Salamanque sur les derrières des Anglo-Espagnols ; il ajoute qu'il n'a point hésité à prendre une commission qui le met à même de servir utilement la cause de son pays, et qu'il porte la dépêche au général Cuesta, pour l'avertir des dangers qui se présentent.

L'officier qui, jusque-là, croyait escorter un traître, change aussitôt d'opinion après cette confidence. Mais l'alcade de Saint-Bonaventure lui a remis un rapport contre le moine, et il avoue à celui-ci, que faute de s'être ouvert plutôt on l'a mal jugé ; il lui fait ensuite part, que d'après des avis partis d'Avila même, on l'attendait à Saint-Bonaventure, et lui confesse que s'il n'eût eu l'intention de se rendre auprès du général en chef de l'armée espagnole, on l'y eût conduit par force ; mais que, puisqu'il s'y rendait de sa propre volonté, il l'y accompagnerait par rapport à la lettre de l'alcade, et qu'il serait enchanté d'être utile à un homme qui allait rendre un si éclatant service à la cause de Ferdinand VII.

Concha suivit donc le plan formé pour son salut. Le vieux général Cuesta, tout en le félicitant sur son patriotisme, parut n'être pas dupe de sa conduite, car il ne lui permit pas de traverser l'armée une seconde fois ; et, sous prétexte d'assurer Concha contre les coureurs français, il le fit conduire sous bonne escorte, à la junte de Séville.

La maligne joie de quelques personnes attira mon attention : je fis jaser leurs femmes, et j'appris par elles que le moine était pris. Un chirurgien que, pour le charger d'un duplicata, j'avais tiré des prisons où il était détenu depuis assez long-temps, sur le soupçon d'avoir acheté des bestiaux volés, avait été arrêté à Piedrahita par les guerillas de Lopez et de Moralès, mais il avait avalé sa petite depêche. Donc, à ma connaissance, et dans les circonstances les plus critiques, aucune n'était encore passée. Il ne me restait plus qu'un seul parti à prendre pour réussir ; c'était de tromper le plus honnête homme de la province, et je le fis, parce qu'il n'y avait aucun moyen de faire différemment, et qu'il valait mieux l'employer, que d'exposer notre armée et le roi à courir les chances les plus désastreuses.

CHAPITRE XV.

Un honnête homme trompé et les armées communiquent. — Surcroît de moyens. — Arrestation du chirurgien Lozada. — Ses dangers. — Sa délivrance.

Don Pedro de la Espina, propriétaire, chrétien selon l'Évangile, c'est-à-dire véritable homme de bien, faisait un grand commerce, et ses relations étendues n'avaient pas encore été troublées. Je me portai, comme en me promenant, sur son passage, à l'heure où il revenait de ses usines ; et, selon sa coutume, il s'empressa de m'aborder. Me voyant un air triste, il crut devoir m'en demander la cause. « Hélas ! mon cher
« don Pedro, lui dis-je, le roi Joseph a été pré-
« venu que l'armée française, dans sa marche
« de l'autre côté du Tormès, pille toutes les
« subsistances, et n'en laisse point aux habi-
« tans. — Cela est vrai, répondit en souriant
« M. Espina, elle leur fait beaucoup de mal. »
(Cette réponse me confirma de suite que le mouvement était commencé.) « Le roi aime
« mieux ne pas être roi, ajoutai-je, que de

« voir ainsi maltraiter ses sujets ; il m'a adressé
« une dépêche pour le maréchal Soult, qu'il
« rend responsable de tous les désordres qui
« auront lieu après la réception de sa lettre,
« et lui ordonne de faire, sans pitié, fusiller le
« premier qui commettra des excès. — Ah! le
« digne homme, reprit Espina, j'en ai toujours
« pensé du bien. Mais pourquoi cette dépêche
« vous afflige-t-elle? — Ce n'est pas le contenu
« de cette dépêche qui me donne du chagrin,
« car vous connaissez mon amour pour l'ordre
« et la discipline, mais c'est que j'ai vainement
« employé tous les moyens de la faire passer au
« maréchal : personne ne veut s'en charger, à
« quelque prix que ce puisse être, et le mal
« va toujours croissant. — Oh! puisqu'il en
« est ainsi, je me charge, moi, de la lettre,
« et je vous réponds que M. le maréchal l'aura
« sous trois jours. » On conçoit combien j'adressai de remerciemens au vertueux Espina, et que je pouvais, sans remords, le jeter dans une erreur si utile à notre cause. Cet honnête Espagnol prit donc ma lettre, que je tenais toute prête, et la fit immédiatement partir sans que personne pût le soupçonner.

A peine ma dépêche, bien enveloppée dans une vessie, laquelle était placée au centre d'une outre de vinaigre, avait-elle fait quelques lieues, que le chirurgien dont je viens de parler arriva chez moi. L'entrée des Français à Bejar, me rapporta-t-il, avait causé aux guerillas, postées à Piedrahita, une terreur si grande, qu'il en avait profité pour s'échapper de prison. Ce surcroît de moyens me parut un coup du ciel, et je déclarai à ce fidèle émissaire qu'il repartirait à cheval dans peu d'heures, sous l'escorte de cent chevaux du 21° de chasseurs, aux ordres du capitaine Leclerc, lesquels cherchaient à rejoindre leur régiment, et qui, s'ils ne pouvaient aller plus loin, le conduiraient au moins de l'autre côté du puerto del Congosto. Je lui promis de faire anéantir son procès, et de lui faire avoir une place dans un corps espagnol, s'il réussissait dans son entreprise. Ce chirurgien repartit alors avec les chasseurs, en se berçant des plus douces espérances pour l'avenir.

On concevra sans doute l'empressement que je mis à rendre compte au major-général de ma conversation avec M. Espina ; j'expédiai un second courrier, pour annoncer l'arrivée positive des troupes françaises à la hauteur de Bejar : les détails que je donnais étaient impatiemment attendus.

Enfin donc je pouvais espérer que les vœux du roi allaient être remplis. Je comptais sur une réussite infaillible de la part d'Espina ; mais malgré mes doutes, que le détachement osât se compromettre au-delà du puerto del Congosto, j'avais la presque certitude que mon chirurgien, bien au fait du pays, arrivé au-delà du Tormès, parviendrait à ses fins. En effet, l'un et l'autre remirent leurs dépêches, le premier, au maréchal Soult, le second, au maréchal Ney. Le chirurgien revint même avec ce généra sur la Sierra de Francia, lui servit de guide pour surprendre un camp ennemi qui gardait un passage important (le col de Baños), et dont les troupes, qui étaient, je crois, sous les ordres de sir Robert Wilson, furent extrêmement maltraitées, si elles ne furent pas complétement détruites.

M. le maréchal Ney, satisfait de l'intelligence de cet officier de santé, le garda quelque temps à Salamanque, et ne céda qu'avec regret aux sollicitations pressantes qu'il lui fit d'une permission de peu de jours, pour aller aux environs d'Alba de Tormès, embrasser sa femme et ses enfans, qui ne le savaient point en liberté. Ce chirurgien ne fut pas long-temps chez lui sans y être soupçonné d'avoir servi le gouverneur d'Avila, et son élargissement donnait de la consistance à ces soupçons; ce qui fut cause qu'une guerilla l'arrêta et le jeta dans un cachot, en attendant des renseignemens sur son compte. Ces renseignemens arrivèrent bientôt d'Avila : tous étaient de nature à le perdre, et cet infortuné s'attendait à périr, lorsque, la veille du jour fixé pour son exécution, les portes de sa prison sont ouvertes au milieu de la nuit. Une jeune femme est introduite par le concierge, qui se retire respectueusement : « Je « suis, lui dit-elle, l'épouse du chef qui vous « a fait arrêter, et la fille d'un propriétaire que « le gouverneur d'Avila vient de faire enle- « ver comme otage pour la sûreté de votre « personne. Mon père doit périr si vous péris- « sez, et vous êtes condamné à la mort. Je vais « vous sauver la vie, sous condition que vous « l'emploierez à me faire rendre mon père. »

Le chirurgien, trop adroit pour laisser échapper cette occasion, vanta beaucoup son crédit auprès de moi, et promit à la jeune femme de faire, à son retour dans Avila, remettre en liberté le vénérable objet de ses affections. Aussitôt un soldat de la guerilla, domestique de cette dame, prend le prisonnier sous son escorte, et le conduit aux portes de mon quartier-général.

Les espérances de la libératrice du chirurgien ne furent point trompées. Un quart d'heure après son arrivée, aussitôt qu'il m'eut fait connaître la conduite tenue envers lui, le vieux père de cette

TOM. II. 7

jeune dame, après avoir vu rompre ses fers, et m'avoir remercié d'un événement auquel il ne s'attendait point, prit le chemin d'Alba, où son retour était impatiemment desiré.

L'officier de santé, devenu libre, ressentit l'effet des promesses que je lui avais faites; son procès fut annulé, et le grade de chirurgien aide-major dans un régiment espagnol lui fut accordé presque aussitôt.

CHAPITRE XVI.

Singulière déroute. — Convoi pris et repris. — Récompenses.

On croira peut-être avec peine que, menacés d'aussi près que nous l'étions, loin de nous renfermer tout à fait dans nos remparts, nous ayons osé porter des découvertes jusque sur les colonnes de la grande armée ennemie : c'est cependant ce que nous fîmes. Le capitaine Moutard (*), jeune officier d'une grande valeur et de la plus belle espérance, fut poussé sur la chaîne des Carpentins, à la tête de deux cents hommes d'élite, dans le double objet d'avoir des nouvelles certaines des Anglo-Portugais et de tenter l'enlèvement de quelques bouches à feu. Ce brave officier, qui ne marchait que de nuit, aperçut un peu avant le jour de nombreux bivouacs

---

(*) Cet officier distingué, devenu lieutenant-colonel d'un régiment de ligne, a péri, en 1815, dans la mémorable bataille de Waterloo, parmi les braves qui moururent plutôt que de se rendre.

dans le val de Mijarès et résolut aussitôt d'envelopper et d'enlever la grand-garde la plus rapprochée de sa direction. Ayant pris ses mesures, recommandé le silence et défendu surtout de tirer sans ordre, il descendit la montagne. Mais arrivé près de l'ennemi, celui-ci fit feu, les soldats de Royal-Étranger se précipitèrent sur la grand-garde, en prirent tous les chevaux au nombre de trente, et répondirent aux coups de fusils des fuyards.

Déjà quelques avis de la marche de M. le duc de Dalmatie, étaient parvenus à l'armée anglo-portugaise. Ne pouvant donc présumer que l'attaque de la forte colonne qui remontait l'Alberche, fût une simple escarmouche avec un parti de la faible garnison d'Avila (ville distante de sept lieues du village de Mijarès), l'ennemi crut voir fondre sur lui toute l'armée du maréchal; ses corps, placés par échelons dans la vallée, prirent l'alarme à l'aspect des fuyards, et se culbutèrent les uns sur les autres dans le plus grand désordre jusqu'aux positions occupées par l'armée anglo-portugaise.

Si M. Moutard eût osé s'aventurer jusque dans Mijarès, il eût trouvé ce village abandonné par ses habitans et par l'ennemi; il eût ramassé les bagages des généraux, les selles de la cavalerie et la caisse militaire; et si les chemins de la montagne le lui eussent permis, il m'eût ramené le parc d'artillerie avec ses caissons, dont les attelages seuls s'étaient échappés sans harnois; enfin il eût fait un butin immense et brûlé tout ce qu'il n'aurait pas pu emporter, bien avant que revenu de sa terreur panique, l'ennemi, mieux informé des forces qui avaient paru devant lui, fût honteusement venu reprendre ce que nous ne pouvions deviner qu'il eût laissé à notre merci.

Sans ce singulier événement, la colonne ennemie continuait sa marche sur Madrid, que le général Béliard maintenait pour ainsi dire par sa seule présence; sur Madrid où cette colonne était attendue par le parti de Ferdinand VII, et où elle serait entrée pendant que le roi Joseph eût été encore devant Talaveyra avec l'armée française.

Après cet événement, et lorsque j'eus acquis la certitude que lord Wellington ne pouvait plus faire de détachemens, mais qu'il attendrait en présence du roi l'arrivée de l'armée de Venegas, je portai mes grenadiers, au nombre de deux cents, sur le sommet du Guadarama, près du lion qui sépare les Castilles, avec injonction de garder ce point de retraite qu'on pouvait facilement couper à l'armée impériale. Je ne les fis rentrer que lorsque la proximité du maréchal duc de Dalmatie eut à la fois déterminé le retraite des Anglo-Portugais et celle de l'armée espagnole de la Manche.

L'approche du maréchal duc de Dalmatie, avant que Venegas pût agir contre l'armée du centre, ayant donc décidé Wellington à la retraite, améliora beaucoup aussi l'état des choses autour de moi; quoique les guerillas se soutinssent toujours en nombre et en forces; les communes obéissaient aux réquisitions de l'autorité, et beaucoup de grains se réunissaient dans nos murs pour l'approvisionnement de Madrid.

Ayant cru pouvoir en faire partir un premier convoi le 12 août (1809), j'en donnai le commandement au capitaine Moutard dont j'ai déjà eu l'occasion de parler avantageusement. Mais arrivés dans les environs de Las Navas del Marquès, sur le chemin de traverse de l'Escurial, l'escorte fut attaquée par une forte guerilla qui s'empara du convoi.

Cette escorte s'était généralement bien battue; mais deux officiers suisses s'étant mal conduits, je les suspendis de leurs fonctions, puis les ayant ensuite mis dans les rangs comme soldats, je déclarai à l'ordre qu'ils ne reprendraient leur grade qu'après avoir réparé leur faute.

Cette sévérité produisit un excellent effet. L'officier jugeant qu'il avait tout à perdre et rien à espérer en se conduisant mal ; tout à gagner au contraire en se comportant bien et avec valeur, s'attacha dès lors à mériter les grâces du souverain ; grâces qu'il ne voyait solliciter qu'en faveur des braves signalés à l'ordre du régiment pour des actions dont les témoins étaient nommés et que personne ne pouvait conséquemment révoquer en doute.

Un détachement commandé par mon frère Louis fut immédiatement envoyé sur les traces de la guérilla, la battit à San-Martin de Val d'Eglesias, lui reprit le convoi et nous le ramena.

Comme M. le maréchal Soult était resté sur le Tage avec son armée, après la retraite des Anglais, le roi revint à Madrid donner ses soins aux affaires de l'Espagne ; il y décréta des récompenses pour les services et la fidélité ; j'eus l'honneur d'être compris dans ses ordonnances : un million de réaux en cédules hypothécaires et le grade de maréchal-de-camp, sans passer par celui de brigadier-général, me furent accordés le 20 août 1809, à la demande de M. le maréchal Jourdan, et sans pour cela me priver de l'emploi de majordôme du palais, qui m'avait été conféré dans le mois de janvier, et me classait parmi les premiers officiers de la couronne.

S. M. m'ayant chargé de lui désigner un

officier supérieur pour me succéder dans le commandement de Royal-Étranger, je signalai à sa bienveillance M. le major Maurin que, sans le savoir, j'avais, à la création et par une proposition préférée, écarté du régiment et qui m'aurait infailliblement succédé dans cette occasion.

Pour ne point mécontenter M. Henry, mon major, je le proposai pour colonel et j'obtins cette faveur. Mon frère Louis le remplaça, et M. Bossut, capitaine de grenadiers, remplaça mon frère : M. Bossut était à la fois l'homme le plus doux et le plus intrépide.

CHAPITRE XVII.

Premier régiment de chasseurs espagnols. — Ligne de postes réoccupée, fortifiée et approvisionnée. — Affaire de Belayos. — Cotons. — Moralès.

Après la retraite des alliés, le 1ᵉʳ régiment des chasseurs espagnols m'ayant été envoyé, je le gardai pour la garnison d'Avila et repris tous mes postes dans la province. Le Barco et Piedrahita furent réoccupés, et le capitaine Yost fut établi dans les ruines du château de Puente del Congosto, où il se mit en état de soutenir un siége. Arevalo reçut une nouvelle garnison, et le commandant instruit par l'expérience, fut bientôt à l'abri d'un coup de main, tant sous le rapport des retranchemens que sous celui des approvisionnemens en munitions de guerre et de bouche.

Le détachement d'Arevalo ayant avec Avila, des rapports moins fréquens que mes autres postes, se trouvant aussi plus isolé, avait à craindre que toutes ses correspondances ne fussent attaquées dans le Pinar (bois de pins), situé entre cette ville et le village de Belayos.

Ces motifs me déterminèrent à faire occuper ce dernier endroit par la belle compagnie de grenadiers aux ordres du capitaine Jacquot. Mais à peine cet officier eut-il passé vingt-quatre heures dans ce nouveau poste, qu'il s'y vit attaqué par plus de quatre cents chevaux. Le village étant grand, en plaine, et ouvert de toutes parts, permettait difficilement une bonne défense. Malgré ce désavantage, les grenadiers, à l'exemple de leurs intrépides officiers, tinrent bon, tuèrent beaucoup de monde à la guérilla, et l'obligèrent à la retraite après six heures d'un combat acharné, auquel un secours parti d'Avila mit fin par son approche. Le sous-lieutenant Varèche (*) et le sergent-major Ingani se distinguèrent particulièrement dans cette occasion.

Cette cavalerie ayant, quelques jours après, trouvé sur la route de France, un gros convoi de coton qui n'était point escorté, s'en empara. J'en reçus l'avis presque aussitôt et je résolus de le lui reprendre. Il fallait, pour y réussir, l'obliger à quitter les belles plaines de la province, et à se jeter dans la montagne, afin de l'embarrasser par les grosses voitures de roulier.

(*) Ce brave officier fut tué, plus tard, dans la province de Guadalaxara, par la guerilla de Manco; il ne rendit le dernier soupir qu'en se faisant accompagner chez les morts.

Je fis occuper, en conséquence, avec la plus grande célérité, par différens détachemens tirés de Piedrahita, d'Arevalo et de Puente del Congosto, tous les passages du Tormès, auxquels les chemins de la plaine aboutissaient, et je parus oublier l'occupation de ceux qui communiquaient directement avec les chemins de la montagne. L'ennemi ayant appris ces dispositions par ses coureurs, résolut d'échapper aux détachemens sortis d'Avila contre lui, par les points qu'il croyait négligés. Mais, arrivé dans les défilés, il fut dans l'obligation de décharger les guimbardes, de requérir des charettes à bœufs : il perdit du temps, fut rejoint et obligé de nous abandonner son riche convoi. Je fus pendant près de deux mois à demander partout à qui il appartenait, sans que je pusse le découvrir. Enfin, M. Ketzinberger, parent de M. Oberkampf, propriétaire de la fameuse manufacture de Jouy, près Versailles, vint le réclamer au nom de sa maison et de quelques négocians français. Enchanté de pouvoir obliger des compatriotes, je remis, sur-le-champ, ce jeune homme en possession de tout, à l'exception d'une partie que le Roi, ne sachant à qui ces cotons appartenaient, avait cru devoir accorder, comme gratification, aux troupes qui les avaient repris.

Avila, par les services qu'il avait rendus à l'armée de M. le duc de Dalmatie, lors de son séjour aux environs de Plazencia, par le rôle que sa position lui avait fait prendre à l'époque de la bataille de Talaveyra, par considération pour celui qu'il pourrait jouer encore, en cas de siége à Ciudad-Rodrigo ou d'une nouvelle campagne en Portugal ; Avila, dis-je, fixa sous tous ces rapports, l'attention particulière de M. le maréchal Soult, devenu major-général des armées françaises en Espagne. S. E. y envoya des munitions et de l'artillerie, ainsi qu'un officier du génie, pour en perfectionner les travaux. Un officier supérieur, M. l'adjudant-commandant Rémond, fut également chargé de voir notre ligne du Tormès, afin d'augmenter, s'il en était besoin, les ouvrages qui la défendaient. Il fut étonné de les trouver dans un état aussi respectable.

Pendant l'exercice de ses fonctions de major-général de S. M. C., M. le maréchal Jourdan m'avait engagé à tenter la voie des négociations pour diminuer le nombre de guerillas qui tourmentaient ma province, mais l'approche de plusieurs armées sur lesquelles les Espagnols insoumis fondaient de brillantes espérances, avaient fait repousser toutes mes tentatives. Il en devait être tout autrement après la tournure que les affaires avaient reprise sur le Tage ; et bientôt, M. le maréchal Soult m'écrivit de faire de nouvelles ouvertures.

La guerilla de Moralès, l'un des plus braves chefs de partisans, avait tenu Piedrahita pendant tout le temps que j'en étais resté dehors. Comme cet officier aimait passionnément une jeune dame, dont la famille, en partie résidante à Avila, était venue chez moi, je chargeai quelqu'un de faire sonder Moralès, par l'intermédiaire des sœurs de cette dame, et il ne parut point éloigné d'abandonner son parti, pour en embrasser un qui lui paraissait d'autant moins condamnable, qu'à Bayonne, les cortès de la nation avaient reconnu le roi Joseph (*). Mais cet offi-

---

(*) Le cardinal archevêque de Tolède, don Louis de Bourbon, qui, depuis, fut président de l'assemblée des cortès réunie à Cadix, donna le premier l'exemple de la soumission au gouvernement qu'il plaisait à l'empereur Napoléon de donner à l'Espagne. Son adhésion au traité de Bayonne est datée de Tolède, 22 mai 1808, vingt jours après la première tentative faite par le peuple espagnol pour se débarrasser de l'armée française.

La junte suprême de gouvernement établie à Madrid, ne tarda pas à suivre cet exemple. Elle publia, le 3 juin 1808, une proclamation annonçant comme un bienfait le changement de dynastie et de gouvernement.

On ignorait encore en Espagne quel souverain siégerait sur le trône de Philippe V.

Napoléon proclama, le 6 juin 1808, le nom du nouveau monarque, et désigna au respect des Espagnols Joseph son frère, alors roi de Naples et de Sicile.

Aussitôt les membres de l'assemblée de Bayonne s'empres-

cier servait avec Lopez, autre chef de guerilla, homme beaucoup moins raisonnable, et il fallait déterminer celui-ci à la même démarche, afin qu'il ne fît point tourner celle de son camarade à son avantage, en la faisant considérer comme une défection.

Un capitaine suisse, d'une distinction rare sous beaucoup d'excellens rapports, se trouvant employé près de moi, prit aussi part à ces négociations, et les voyant marcher trop lentement au gré de mes desirs, me demanda et obtint l'autorisation de se rendre comme parlementaire auprès des deux chefs. Je le vis rentrer le soir même, accompagné de Lopez et de Moralès avec qui j'eus un long entretien, dans lequel je confirmai non seulement tout ce que je leur avais fait promettre, mais encore où j'accordai beaucoup plus que n'avait avancé M. le capitaine Rol.

---

sèrent d'adresser à leurs compatriotes une proclamation pour les *féliciter sur la bienveillance que Napoléon montrait pour l'Espagne, en lui donnant pour souverain son auguste frère Joseph, dont les vertus faisaient l'admiration de ses sujets* (*).

On remarque parmi les signataires de cette proclamation, le nom de M. le duc de l'Infantado, qui, en 1823, a été président de la régence de Madrid.

Enfin, le 7 juillet 1808, la reconnaissance de la souveraineté de Joseph fut solennellement achevée, par l'acceptation de la nouvelle constitution qu'il donnait au peuple espagnol.

(*) Adresse de Bayonne, 8 juin 1808.

CHAPITRE XVIII.

Batailles d'Uclès, d'Almonacid, d'Ocaña et de Medina del Campo. — Second isolement d'Avila.

La soumission de ces deux guerillas montant ensemble à près de trois cents chevaux, pouvait me donner les moyens de poursuivre activement les autres partis, qui, de temps à autre, se jetaient sur ma province. Mais un nommé Guerido, l'un des domestiques de Moralès, lui débaucha une très grande partie de sa troupe; et Lopez, après avoir séjourné quelque temps parmi nous, jugea convenable de retourner à la sienne, dont une trop petite partie l'avait suivi.

Avant la soumission de Moralès, homme honnête et bien élevé, toute ma cavalerie consistait dans le 1ᵉʳ de chasseurs espagnols, qui avait peu d'hommes sûrs (car ils sortaient presque tous des rangs ennemis), et moins encore de chevaux. Néanmoins, en m'occupant de monter ce régiment, je donnai à Moralès les moyens de se former une compagnie franche avec tous les déserteurs montés des autres guerillas; mais ces moyens ne lui servirent pas beaucoup.

Au grade de maréchal-de-camp de ses armées, le roi jugea convenable de joindre en ma faveur l'inspection générale de tous les corps formés et à former. Des inspecteurs furent nommés plus tard à chacune des armes; mais cette disposition ne changea rien à mon titre, et je le conservai jusqu'à mon retour au service de ma patrie.

Presque à l'époque de ma nomination d'inspecteur, je fus nommé commandeur de l'ordre royal d'Espagne, dignité qui valait 30,000 réaux de rente.

La fin de l'année 1809 fut signalée en Espagne par le gain de plusieurs batailles, notamment par celles d'Uclès et d'Almonacid; mais la plus importante, comme la plus complète, fut celle d'Ocaña (*), livrée en novembre.

Les 4ᵉ et 5ᵉ corps avec leur cavalerie, la 3ᵉ division de dragons, la garde du roi d'Espagne, et *quelques régimens nationaux de nouvelle formation*, battirent près de cette ville l'armée

---

(*) La fontaine d'Ocaña est très curieuse à voir, tant à cause du grand volume de ses eaux qu'à cause de sa construction particulière et de ses magnifiques bassins, dont aucun géographe n'a fait encore mention.

espagnole de la Manche, forte de cinquante-cinq mille hommes, y compris les renforts détachés de l'armée d'Estramadure, et la détruisirent si complétement, que tous ses bagages, son artillerie, trente drapeaux, trois généraux, six colonels, sept cents officiers et vingt-cinq mille hommes, furent pris ; qu'enfin quarante mille fusils restèrent sur le champ de bataille, partout jonché de morts. A la même époque, le 1er corps, qui avait peu d'ennemis devant lui, passait le Tage à Villa-Manrique, prenait un millier d'hommes et une énorme quantité de bagages. Le roi Joseph commandait à Ocaña, ayant pour major-général M. le maréchal duc de Dalmatie. On retrouva parmi les prisonniers beaucoup d'individus qui avaient déjà plusieurs fois prêté serment de fidélité au roi, et qui l'avaient servi quelque temps avant de déserter (*). Un décret porta qu'ils seraient jugés par des commissions militaires ; et, malgré cela, telle était la clémence de Joseph, qu'il leur accorda ensuite un pardon général. On avait vu ce prince parcourir le champ de bataille à travers la mitraille et les boulets ; on l'avait entendu dire partout aux soldats français : *Mes bons amis, épargnez ces pauvres Espagnols, un jour ils*

(*) Ordres généraux de l'armée.

seront vos compagnons d'armes. Sans ces paroles touchantes, l'armée française eût fait comme à Medellin, elle eût couvert le terrain des nombreux ennemis qu'elle se contenta de désarmer.

Le Royal-Étranger enrichit son effectif de tous les individus nés hors des domaines de l'Espagne, et pris dans les trois batailles dont je viens de parler ; il compléta ses bataillons de guerre, et je portai l'organisation du 3ᵉ à quatre compagnies.

Une autre armée espagnole, sous le commandement du duc del Parque, combinait, à l'époque de la bataille d'Ocaña, ses opérations avec la grande armée de la Manche, et devait, pendant que celle-ci s'avancerait sur Madrid, s'attacher à couper la retraite de l'armée française, en s'emparant des puertos de Guadarama et de Somosierra, comme si la grande route d'Aragon par Guadalaxara n'eût pas existé ; comme si le pays entre la Xarama et l'Henarès n'eût pas offert les plus belles communications pour arriver à Siguenza ; enfin, comme si le cours de l'Henarès n'eût pas couvert la position la plus escarpée, la moins appuyée, la plus sûre pour une armée en retraite, la plus inabordable pour un ennemi vainqueur. Depuis les malheurs du général Dupont, les Espagnols semblaient ne rêver que de pareils succès ; ils avaient oublié que l'armée de cet habile et malheureux officier, quoique toute composée de jeunes conscrits, s'était néanmoins précipitée à trois différentes reprises sur les lignes ennemies, et que chaque fois, après avoir renversé les deux premières, elle n'avait vu échouer ses efforts que devant une troisième plus formidable que les deux autres.

L'emplacement d'Avila, sur le chemin le plus court pour arriver aux puertos dont j'ai parlé, avait donc fait donner à Balesteros l'ordre de marcher sur cette ville avec quinze bataillons, pendant que le reste de l'armée déboucherait sur ma province par Alba de Tormès.

J'observais cette armée depuis sa formation, et, la voyant se grossir autant, je pensai qu'elle ne tarderait point à prendre l'offensive : dès lors je jugeai convenable de ne rien compromettre devant elle. Les postes de ma ligne du Tormès n'étaient plus tenables. Dans cette circonstance, je me portai au col de Villatoro, pour les faire replier sur moi ; et, lorsque leur réunion fut complète, je me retirai sur Avila, afin d'y attendre l'ennemi.

M. le général Kellermann, également informé des préparatifs du duc del Parque, concentra ses forces et marcha sur Medina del Campo. Il y rencontra l'ennemi (le 28 novembre 1809), très affaibli par le détachement de quinze bataillons fait inutilement sur moi. Je dis inutilement, parce que le duc del Parque avait cru mal à propos que la présence d'un pareil corps me déterminerait à évacuer la place. J'y fus effectivement autorisé, mais j'en avais d'autant moins l'intention, qu'à cette époque Avila était beaucoup plus en état de se soutenir qu'en juillet, où il avait fallu créer tous les moyens de défense. En juillet, je n'avais pour ainsi dire rien ; en novembre, j'avais de l'artillerie et des canonniers français, des munitions et des vivres pour quelque temps, en les ménageant à propos. Les retranchemens étaient perfectionnés, et je possédais tout ce qu'il me fallait pour les bien défendre. Ainsi mon devoir était de tenir, et je fis bien, car, pendant que je le remplissais, les affaires changeaient de face. Le maréchal Soult détruisit la grande armée à Ocaña; le général Kellermann, à la tête de sa belle cavalerie, écrasait, entre Alba et Medina del Campo, les corps qui avaient passé le Tormès; et Balesteros, retournant sur ses pas, n'arrivait pas assez tôt au secours de son général, et se voyait contraint de se replier avec lui sous le canon de Ciudad-Rodrigo.

Tous les généraux de l'armée française avaient

jugé ma position insoutenable dans de pareilles circonstances, surtout encore en voyant le brave général Ferey se retirer d'Arevalo avec sa division. Aussi ma résolution leur fit-elle plaisir, et redoubla-t-elle la confiance que le roi et son major-général avaient en moi.

CHAPITRE XIX.

Conduite des habitans de la province envers les soldats. — Cruauté des guerillas. — Représailles. — Leur bon effet.

Instruit de la défaite du duc del Parque et de la prompte retraite de Balesteros, je m'empressai de reprendre ma ligne de postes et de couvrir la province de colonnes mobiles; ces mesures étaient nécessaires pour éloigner les partis ennemis, pour opérer le recouvrement des impositions et pour contribuer à la subsistance de Madrid ainsi que des armées impériales. (*)

Les habitans des campagnes, n'ayant qu'à se louer de la discipline des troupes françaises et de la conduite de celles au service du roi, ne déser-

---

(*) Le 1ᵉʳ de ligne espagnol, fort de quatorze à quinze cents hommes, aux ordres du colonel Corbalan, venait de m'être envoyé après la bataille d'Ocaña, où il s'était trouvé; le 1ᵉʳ de chasseurs à cheval, et la compagnie de Moralès, prenaient aussi de la force.

taient jamais leurs maisons, et donnaient aux détachemens de passage tous les rafraîchissemens qui leur étaient légalement demandés. Ils étaient accueillis dans nos murs par les soldats des deux nations ; et ces soldats ne craignaient plus de traverser isolément la province, d'une extrémité à l'autre : si même, par hasard, quelque guerilla, franchissant la frontière, leur faisait courir des dangers, chaque habitant s'empressait de leur offrir un asile.

Jusqu'alors, quand les guerillas faisaient des prisonniers, ou quand les Français en faisaient sur les guerillas, la mort était de part et d'autre l'unique espérance de ces infortunés. Mais ce qu'il y avait d'inconséquent de la part des Français dans cette cruelle réciprocité, c'est que, quoique les armées espagnoles fussent peu redoutables pour les armées impériales, les prisonniers que celles-ci leur faisaient étaient respectés et traités selon le droit des gens; tandis que les guerillas, la seule portion à craindre dans la partie soulevée de la nation, puisqu'elles étaient partout à l'affût des hommes isolés et des petits détachemens, étaient traitées comme des bandits, et par représailles fusillaient aussi tous les malheureux prisonniers qui ne voulaient point s'enrôler avec elles. C'était pour tous une guerre assassine autorisée par l'exemple ; et peu d'officiers songeaient à lui faire changer de caractère.

J'avais déjà réuni une douzaine de pareils prisonniers et je leur avais annoncé mon projet de leur sauver la vie si, à mon exemple, les guerillas voulaient épargner les jours des soldats de notre armée qui tomberaient entre leurs mains ; mais en les prévenant de mes intentions, je leur avais dit que je ne pourrais les remplir, si leurs camarades continuaient à frapper de mort tous leurs prisonniers. Je ne négligeai rien pour donner de la publicité à cette déclaration.

Une guerilla qui avait le projet de m'enlever dans un domaine que je me proposais d'acheter avec le million en cédules hypothécaires que le roi m'avait donné pour récompense, fut informée par l'administrateur des biens nationaux de l'heure à laquelle je devais m'y trouver. Déjà deux de mes domestiques y étaient allés pour m'en ouvrir les portes, et je leur avais recommandé surtout de s'y rendre à pied, puisque cette propriété (le couvent de Santo-Tomaso) est située à l'une des extrémités du faubourg de Saint-François à Avila même; déjà, dis-je, ces domestiques y étaient arrivés, quand on m'annonça un courrier extraordinaire du roi. La dépêche de S. M. m'ayant été remise, je m'occupais d'y faire réponse, et le courrier repartait, lorsqu'un canonnier vint tout essoufflé me prévenir qu'une guérilla avait entouré le couvent de Saint-Thomas, m'y avait demandé, y avait pris mes domestiques et avait enlevé aux environs un convalescent français auquel les médecins avaient ordonné la promenade (*).

Je fis marcher de suite contre ces brigands le piquet de service commandé par le capitaine Kauffmann. Cet officier aussi brave qu'intelligent, poursuivit l'ennemi pendant plus de deux heures, et ne pouvant le joindre, me fit rapporter dans une charrette les cadavres sanglans et dépouillés des trois infortunés qui avaient été pris. C'est en vain que ces malheureux avaient demandé qu'avant de les faire mourir on leur accordât les secours de la religion (**),

---

(*) Il y a dans la guerre des actes naturellement lâches ; le massacre des malades et des blessés particulièrement : c'est aussi le seul qui ne puisse être permis en représailles. En 1797, on massacra dans Vérone quatre cents Français malades, sans autre motif que le ressentiment contre leur nation, et cette action atroce causa la ruine du gouvernement vénitien.

(**) Cette demande était principalement faite par mon valet-de-chambre, homme fort religieux, et qui, outre le desir de mourir en chrétien, avait l'espérance bien fondée qu'aucun curé des villages de mon gouverne-

loin d'avoir égard à leur prière, on les fusilla sans pitié à la vue de mon détachement, et on les jeta à moitié morts dans le ruisseau de la Dehesa pour achever de les faire périr.

Cette action atroce, commise de sang-froid sur un malade et des non combattans, pénétra tout le monde de la plus vive indignation. Elle exigeait de vigoureuses représailles pour produire un effet utile à la cause de l'humanité, et je fis prendre dans mes douze prisonniers les trois qui appartenaient à la bande assassine, je les fis conduire au bord de l'Adaja et les y fis fusiller, aussi sans confession, malgré leurs prières et celles que le chapitre, ayant à sa tête l'évêque d'Avila, homme respectable et mon ami, vint m'adresser solennellement sur le lieu même de l'exécution.

En donnant au peuple ce spectacle terrible, qui répugnait à mes principes, mais qui me paraissait nécessaire et susceptible d'empêcher à l'avenir le massacre des prisonniers; je ne négligeai pas de proclamer encore mes motifs et de déclarer hautement que, si les guerillas vou-

---

ment ne permettrait qu'on lui donnât la mort dès qu'il se serait fait connaître. Cette déclaration l'aurait effectivement sauvé, ainsi que ses deux infortunés compagnons.

laient mieux traiter les individus qui tomberaient entre leurs mains, ces représailles ne se renouvelleraient plus. Je pouvais d'autant mieux parler de la sorte que tous mes discours étaient mot pour mot rapportés à l'ennemi.

Déjà quelques jours s'étaient écoulés depuis cet événement tragique, lorsqu'une guerilla traversa la province, conduisant vers Alba de Tormès des soldats français isolés, sortant des hôpitaux et pris sans défense sur la route de Burgos à Madrid. Las de les traîner après soi, le chef, arrivé à Blasco Sancho, village de mon gouvernement, prit la détermination de les y faire fusiller et donna ses ordres en conséquence. Mais à peine ses ordres furent-ils connus des habitans, que tous, le curé à leur tête, déclarèrent avec fermeté qu'ils ne souffriraient pas qu'on les exécutât au milieu d'eux; ils représentèrent que le gouverneur d'Avila faisait des prisonniers et n'en livrait à la mort que par esprit de représailles; que dernièrement encore il en avait renouvelé la déclaration, devant une population consternée; ils ajoutèrent que si ces soldats français périssaient, il était indubitable qu'ils seraient aussitôt vengés à Avila, sur des prisonniers qu'on y détenait et qui désormais n'espéraient de salut que dans l'humanité de leurs camarades.

Le chef voulut mépriser ces remontrances, mais elles avaient fait tant d'effet sur ses subordonnés, encore assez peu soumis à la discipline pour avoir une volonté, que d'eux-mêmes ils prirent les soldats français sous leur sauve-garde, en protestant qu'il ne leur serait fait aucun mal, et qu'ils les remettraient au gouverneur de Ciudad-Rodrigo.

Je ne tardai point à être informé de cette heureuse détermination, et j'entrevis alors l'instant où, de part et d'autre, on respecterait enfin la vie du guerrier désarmé. Bientôt je fus dans le cas de prouver que la manifestation de mes sentimens à cet égard était la suite d'un plan de conduite, et non de l'inspiration d'un moment d'humanité.

CHAPITRE XX.

Coup de main manqué sur Avila. — Vie des prisonniers respectée.

—◦—

Un jour de l'hiver de 1810 (28 février) qu'il neigeait avec force, un parti de plus de quatre cents chevaux arriva sur mes avant-postes, par la route de Villa Castin, pendant que presque toute ma garnison était en campagne pour des recouvremens d'une grande urgence. A l'exception de quelques vieillards, de mes gardes et des ouvriers de Royal-Étranger, il me restait à peine trente soldats disponibles. Le premier poste avancé, confié, ce jour-là, forcément au 1ᵉʳ de ligne espagnol, était accroupi autour du feu, dans une maisonnette qui lui servait de corps-de-garde, et fut entouré de suite; il n'aperçut l'ennemi que pour se déclarer compatriote, déposer lâchement ses armes, et donner tous les renseignemens nécessaires à la surprise de la place. La sentinelle placée à la tour de la cathédrale, voyant à peine les toits, ne put donner le signal d'alarme ; ainsi, favorisé par ces renseignemens autant que par la neige qui continuait à tomber, l'ennemi déboucha sur la place du faubourg, où se tenait ordinairement le marché, répondit *France* au cri du factionnaire, et, pendant qu'une partie se dirigeait vers la porte du Rastro, il allait pénétrer dans la demi-lune qui couvrait la porte de la Milice, si un sergent de l'artillerie française, nommé Grosot, n'eût, de son chef, fermé aussitôt la barrière, arraché le fusil de l'indolente sentinelle, et fait voler la mort dans la colonne ennemie, qui répondit à l'instant par le feu de ses carabines.

La garde étant accourue, défendit l'ouvrage avancé, pendant que l'alarme se répandait et faisait accourir de toutes parts les officiers, les employés et tous les braves restés dans la place. En même temps que je faisais sortir le capitaine Forster avec ses ouvriers, j'attaquai l'ennemi en flanc, à la faveur de la neige, avec ma garde seulement. Les grenadiers espagnols qui la composaient allaient tirer en l'air, lorsque, saisissant moi-même le fusil de l'un d'eux, je blessai le cheval de Garrido, l'un des chefs (*).

―――――

(*) Ce Garrido était le domestique de Moralès dont il a été parlé plus haut (chapitre xviii).

Le feu des retranchemens et des tours crénelées, contre lesquels la cavalerie était impuissante ; le son de la charge, battue par les deux sorties, ne tarda point à obliger l'ennemi à la retraite ; et cette retraite ne se fit pas sans perte de sa part, car il laissa autour de nous ses morts et un de ses officiers si grièvement blessé, que, ne pouvant l'emporter, il le déposa dans la maison d'un particulier.

Ce blessé, s'attendant à la mort s'il était découvert avant que ses chefs ne l'envoyassent chercher pendant la nuit, comme ils lui en avaient fait la promesse, pria ses hôtes de le cacher de leur mieux ; mais, ayant appris cet événement presque aussitôt après l'éloignement de l'ennemi, je chargeai la famille qui avait reçu cet officier de le faire apporter chez moi, ce qu'elle n'hésita point à faire, persuadée que je tiendrais mes promesses, et qu'il n'en résulterait rien que d'avantageux pour lui. Elle fut en effet témoin des soins que je lui fis prodiguer, tant par les personnes de ma maison que par M. le docteur Gard, chirurgien-major de Royal-Étranger. L'ennemi sut, quelques heures après, que cet officier, auquel ses camarades portaient un très vif intérêt, était à l'hôpital de ce régiment, dans une chambre séparée, bien soigné, bien traité, et sans aucune espèce de crainte de notre part.

Déjà les paysans avaient rassuré les chefs sur le sort de cet officier, et leur avaient même persuadé que je ne lui laisserais faire aucun mal si je le découvrais : la nouvelle qu'on leur apporta pendant la nuit de notre conduite humaine et politique, leur fit un plaisir infini, et les détermina aussitôt à m'écrire une lettre de remerciemens, qu'ils terminèrent par la promesse d'imiter à l'avenir l'exemple que je venais de leur donner, et d'accorder quartier à tous les individus qui tomberaient entre leurs mains ; ils desiraient, disaient-ils, pour le bonheur de l'humanité, que cet exemple s'étendît sur toute la Péninsule. Nous remarquâmes effectivement que, depuis cette époque, la guerre commença dans la Vieille-Castille à se faire selon les lois reconnues par les nations policées.

CHAPITRE XXI.

Conquête de l'Andalousie. — Tentatives sur le Barco et le Puente del Congosto. — Tranquillité de la province d'Avila. Parallèle entre les moines et les curés.

Enfin la bataille d'Ocaña permit au roi de s'occuper de la conquête de l'Andalousie. Il y marcha avec son état-major général, et la plus grande partie des corps qui avaient combattu dans cette mémorable journée. Reconnu par toutes les puissances de l'Europe, à l'exception de l'Angleterre, ce prince voyait leurs agens diplomatiques résider la plupart à Madrid ; et la présence seule de la junte centrale empêchait les quatre royaumes du midi de se prononcer comme le reste de la Péninsule.

L'armée, dans sa marche, qui fut signalée par de continuels triomphes, fit sur sa route plus de sept mille prisonniers. Devant elle, le général Ariaza fuyait dans les montagnes, à peine suivi par quatre ou cinq mille hommes, et un pareil nombre était errant autour de lui ; on en ramassait à chaque instant. Le reste de ses troupes avait jeté ses armes et rentrait dans les villages, où bientôt on les désigna sous le nom de *dispersos*.

L'armée entra dans Cordoue en janvier 1810. Elle trouva quarante pièces de canon à Jaen, où les insurgés paraissaient avoir eu l'intention de se défendre. Toute résistance était blâmée par les habitans de l'Andalousie, qui attendaient les Français avec confiance; et l'armée impériale fut témoin de la joie qu'ils manifestèrent d'être délivrés de la tyrannie de leur prétendu pouvoir exécutif. Aussi jamais le roi Joseph ne reçut plus de témoignages d'attachement et d'amour, que de la part des Andalous et des habitans de la Rioja (*).

On a vu qu'après les batailles d'Ocaña et de Medina del Campo, j'avais de nouveau pris mes positions. Je ne pouvais plus être inquiété que par l'armée du duc del Parque, cantonnée dans les montagnes, entre le Tormès et Ciudad-Rodrigo, et par des guerillas dont le nombre se soutenait, mais que je recherchais et poursuivais sans cesse, en même temps que, d'un autre côté, je faisais à leurs chefs des propositions

---

(*) Contrée de la Vieille-Castille traversée par la rivière Oja, qui lui donne son nom.

avantageuses. Moralès, avec sa compagnie, devenait chaque jour plus redoutable; il voulait être de toutes les expéditions, et, dans chacune, il se signalait par des actes continuels d'intrépidité; aussi était-il devenu la terreur de son ancien parti.

Le Barco d'Avila, défendu par le capitaine Hagard, fut attaqué, mais inutilement, par des troupes espagnoles, qui portèrent ensuite leurs efforts contre M. le capitaine Yost, au puente del Congosto, avec aussi peu de succès. Malgré un acharnement de plus de vingt-quatre heures, ces officiers, ayant suivi leurs instructions, étaient tous deux en état de se bien soutenir. Le Barco pouvait être défendu pendant quelques jours, alors même que l'ennemi, réunissant de plus grandes forces, s'y serait attaché avec persévérance. Ces tentatives furent les dernières sur ces postes; et les guerillas, trop tourmentées dans la province, prirent enfin le sage parti de nous y laisser tranquilles.

Alors je m'occupai à parcourir les parties de mon gouvernement que je n'avais pas encore vues, et je fus reçu partout avec des démonstrations particulières d'estime, d'attachement et de reconnaissance. Prévoyant que l'état avancé où se trouvaient les affaires du royaume ne tarderait point à déterminer l'armée française, cantonnée dans la Vieille-Castille, au siége de Ciudad-Rodrigo, ce qui nécessiterait d'énormes réquisitions de subsistances, j'engageai les curés, sans leur en dire le motif, et sous des prétextes cependant fondés, à faire, pour cette année seulement, ensemencer toutes les terres, c'est-à-dire à n'en laisser aucune en jachère (*); et tous, pour m'être agréables, s'empressèrent de l'ordonner à leurs paroissiens.

De tous les ecclésiastiques de l'Espagne, je n'en ai connu aucuns plus respectables que la classe des curés. On ne trouvait ni leurs mœurs pastorales, ni leur instruction solide, ni leur piété éclairée parmi les moines si nombreux en Espagne; beaucoup même de ces religieux savaient à peine écrire. Les curés se mêlaient rarement des affaires publiques; leurs soins s'appliquaient plus spécialement à entretenir les bonnes mœurs, dont ils donnaient l'exemple, et à servir de pro-

---

(*) L'usage des cultivateurs d'une partie de la province d'Avila est de laisser toujours la terre se reposer une année après deux années de culture et de produit, ce qui fait qu'il y a toujours un tiers du terrain en jachère. On y trouve aussi une grande quantité de terres propres à la culture des céréales, et qui restent perpétuellement incultes, formant des prairies naturelles pour le pacage des troupeaux de mérinos.

tecteurs à leurs paroissiens, dans toutes les occasions.

La plupart des moines ne devaient leur état qu'à leur penchant pour l'oisiveté : lors de la suppression des couvens, les vieillards seuls regrettèrent de bonne foi ces retraites sacrées, parce qu'à leur âge on prend difficilement de nouvelles habitudes ; mais les jeunes gens furent généralement satisfaits, en ce qu'ils recouvrèrent une liberté que la réclusion leur avait fait regretter plus d'une fois dans l'âge des passions.

Rien, dans un royaume appauvri en hommes, et chargé d'une dette immense, ne pouvait être plus sage que la suppression des couvens d'hommes, et l'extinction successive des couvens de femmes. Joseph avait eu, dans le seul moment favorable, le courage de décréter ces deux grandes mesures. Par la suppression des couvens, il formait sur-le-champ à l'Espagne un domaine extraordinaire qui lui permettrait d'anéantir la dette nationale ; si cette suppression ne donnait pas de suite à l'état de nouveaux pères de famille, puisque les lois civiles et ecclésiastiques défendaient le mariage des prêtres, du moins était-elle de nature à obliger plus de quarante mille hommes, qui, par génération, allaient s'enfermer dans les cloîtres, à prendre un autre état et à devenir des citoyens utiles à la patrie.

Si les couvens peuvent être tolérés par la politique des princes, lors du cas particulier où ils les croient un appui pour le trône auprès d'un peuple superstitieux, c'est sans doute lorsqu'une population excessive franchit toute proportion avec les ressources du commerce et de l'agriculture; mais je pense que chez une nation obligée, comme la nation espagnole, de prendre des étrangers à sa solde, il est plus politique et plus utile de favoriser les mariages, qui donnent des soldats nationaux, que de laisser des êtres nubiles peupler les pieux asiles appelés couvens. Ceci est d'ailleurs aujourd'hui une question jugée.

CHAPITRE XXII.

Retour du moine Concha. — Sa mission. — Son départ pour Paris. — Sa récompense.

Cependant, depuis que le moine Concha avait été pris, je n'avais eu que des renseignemens vagues sur ce qu'il était devenu, et ces renseignemens variaient beaucoup entre eux. Un soir, les cris des enfans et la rumeur que j'entendis dans la rue voisine de la maison que j'habitais, me firent présumer l'arrivée de quelque personnage extraordinaire. Je vis presque aussitôt entrer dans ma cour plusieurs guerillas à cheval : celui qui paraissait être leur chef, vêtu élégamment, portait une veste brodée en or et en soie, suivant la mode de l'Andalousie.

Ce costume de fantaisie, un long sabre à la hussarde, une large paire d'épaisses moustaches, m'empêchèrent de reconnaître tout de suite Concha, ce religieux dont j'ai parlé plus haut : mais il me salua, et le son de sa voix décida la reconnaissance.

Après les complimens d'usage, quelques exclamations causées par la surprise de le voir reparaître, Concha, me tirant en particulier, m'annonça qu'il avait à me communiquer des choses de la plus haute importance. Nous montâmes dans mon cabinet. Là, il me fit tout au long le détail de ce qui lui était arrivé depuis son départ de chez moi jusqu'à son arrivée à Séville, détail qui se trouva parfaitement conforme à ce que j'ai rapporté plus haut. Conduit près de la junte, il avait débité le roman qu'il avait arrangé, et s'était ensuite trouvé confondu avec la foule d'intrigans qui, dans toutes les capitales, assiégent le gouvernement de leurs projets et de leurs prétentions. La junte ayant fui dans l'île de Léon à l'approche de l'armée impériale, Concha n'avait pu se dispenser de l'y suivre.

Il était alors grandement question d'un nouveau voyage de l'empereur en Espagne ; on allait jusqu'à dire que déjà son logement était marqué sur une partie de sa route.

Parmi les aventuriers qui se trouvaient au lieu des séances des cortès, il y avait un capitaine, déserteur, dit-on, de nos armées. Plein de l'espoir d'obtenir une récompense éclatante, ce transfuge imagina différens moyens de mettre fin aux jours de l'empereur; mais celui qui fixa davantage, au dire de Concha, l'attention du comité secret chargé de les examiner, fut le dernier, présenté lorsque les bruits de ce nouveau voyage s'accréditaient. Le moyen, véritable machine infernale, consistait à faire placer quatre-vingt barils de poudre sur la crête des rochers qui tombent à pic sur un des côtés de la route entre Mondragon et Bergara. L'autre côté se trouve resserré par les eaux de la Deba, en cet endroit très profonde. Ce moyen ne paraissait pas d'une difficile exécution, en ce que le nombre toujours croissant des guerillas, sur la route de Biscaye, ne laissait pas aux garnisons françaises la possibilité d'explorer le pays. Elles se bornaient à assurer les communications et à protéger les nombreux convois qui se dirigeaient vers les armées du centre et du midi de la Péninsule. La poudre nécessaire pouvait être facilement envoyée par un des petits ports du littoral de l'Océan, non occupés par les Français. C'était par cette voie que Mina et le Pastor recevaient les munitions de guerre dont ils avaient besoin.

Concha, qui connaissait l'officier, chercha à se lier plus étroitement avec lui, devint son confident, l'aida de ses idées et rédigea son projet. Tenté par l'espoir d'une brillante fortune et décidé à tromper son compagnon, en faisant connaître le complot aux généraux français, il n'hésita point à se présenter au comité des cortès pour un des coopérateurs. Agréé par ce comité et par le capitaine, il reçut des instructions et se mit en route pour les environs de Mondragon, mais par un chemin différent de celui que prit cet officier.

Après avoir traversé la Sierra de Francia, qui sépare l'Estramadure de la Vieille-Castille, notre moine s'informa s'il y avait toujours des troupes dans la province d'Avila, et par qui elles étaient commandées. Assuré, par les réponses qu'on lui fit, que j'y étais encore, il forma de suite le projet de venir m'y rejoindre, fit séjourner son escorte et prit sa direction vers les rives du Zapardiel. Il trouva dans un village un officier espagnol qui voyageait avec une jeune femme, des ordonnances et quelques chevaux. Concha le grisa complétement et lui débaucha le tout. C'est donc avec cette suite qu'il se présenta chez moi, où il me fit connaître, par son récit, les faits que je viens de rapporter.

Ayant examiné le projet avec toute l'attention dont il était susceptible, je reconnus, attendu les bruits qui couraient, qu'il n'y avait pas un seul instant à perdre pour en arrêter l'exécution. Consulter le roi, qui était en Andalousie, ou le général Béliard, qui commandait la Nouvelle-Castille, c'était perdre un temps précieux, vu la lenteur des communications. J'envoyai donc seulement à l'un et à l'autre le rapport de ce que je venais d'apprendre, mais toutefois après avoir fait partir le même soir le moine et mon frère au-devant de l'empereur.

Mon frère arriva sur la frontière des Pyrénées sans avoir rencontré personne; il continua sa route sur Paris, où il entra vers dix heures du soir, et se rendit de suite aux Tuileries; il y annonça au général Caffarelli, aide-de-camp de service, l'objet de sa mission et du voyage du moine.

L'empereur ordonna qu'on lui remît la dépêche, fit demander à mon frère pourquoi je m'étais adressé à lui directement, plutôt qu'au roi d'Espagne, ou aux maréchaux qui commandaient en son absence. Mon frère ayant satisfait à toutes ces questions, reçut l'ordre de se rendre le lendemain chez M. le duc de Rovigo, ministre de la police générale, avec le moine Concha, de qui l'on prit tous les renseignemens convenables.

L'empereur n'ayant rien à me répondre, ayant encore d'autant moins à craindre l'effet du plan médité, qu'il n'avait pas le dessein de revenir en Espagne, mon frère devint libre de quitter Paris. Loin de recevoir la récompense qu'il attendait, le moine Concha fut arrêté et renfermé dans le château de Vincennes, pour des raisons qui me sont restées inconnues; peut-être aussi sans autre motif que celui d'étouffer la connaissance de cette tentative des Espagnols contre le chef de l'armée qui avait envahi leur pays. On permit cependant au malheureux prisonnier de m'écrire pour me demander quelques secours pécuniaires que je lui fis passer, bien étonné de l'issue de toute cette affaire.

GRAND GOUVERNEMENT.

CHAPITRE XXIII.

Ségovie. — Chevau-légers Westphaliens. — Premier régiment d'infanterie de la brigade irlandaise. — Communications rétablies. — Guerilla détruite. — Garde nationale. — Dispositions de sûreté. — Autre guerilla détruite. — Impositions extraordinaires. — Opposition. — La province d'Avila distraite de mon gouvernement.

Les guerillas, trop peu tranquilles lorsqu'elles se jetaient sur le territoire d'Avila, avaient reflué sur la province de Ségovie, et en avaient rendu les communications si difficiles, qu'aucune escorte ne passait plus sans être attaquée, aucun convoi, aucun courrier sans être pris ou sans avoir risqué de l'être. Cet état de choses, et une destination nouvelle donnée à M. le général de division comte de Tilly, qui commandait cette province, déterminèrent S. E. M. le maréchal duc de Dalmatie, major-général de S. M. C. et de toutes les armées en Espagne, à l'ajouter à mon gouvernement, ainsi que celle de Soria; mes instructions me chargeaient de surveiller toute la rive droite du Tage, jusqu'à la frontière du Portugal; et je dus établir mon quartier-général à Ségovie, centre de mon commandement.

Cette ville, intéressante par ses fabriques et son grand commerce de beau drap, par son hôtel des monnaies et son magnifique aqueduc, si antique et si bien conservé, d'une coupe si légère et si hardie; cette ville, dis-je, située sur un mamelon étroit, entouré de tous côtés par des vallons formant autour d'elle un vaste fossé, dans l'un desquels les belles eaux de l'Eresma coulent avec rapidité; cette ville enfin, autour de laquelle il n'existait plus que les nombreux débris d'une enceinte flanquée de tours, n'était point fermée; et, de jour comme de nuit, l'ennemi pouvait y pénétrer par les brèches et le manque de portes. L'Alcazar même, ce fortin célèbre, moins dégradé que l'enceinte, avait des issues ouvertes par lesquelles on pouvait aisément arriver de la campagne dans son intérieur (*).

Ségovie est peuplée de huit à neuf mille habitans, et contient beaucoup de noblesse. Sa

---

(*) Les plafonds de l'Alcazar de Ségovie sont épaissement dorés : on s'est servi pour cette riche opération du premier or apporté du Mexique, lors de la conquête de cet empire par les Espagnols.

cathédrale est un très bel édifice, dont les tours élevées attirent souvent la foudre, et du sommet desquelles on découvre extrêmement loin dans la campagne : la vue en est cependant bornée au midi par la chaîne des Carpentins.

Les nombreux coups de main des partis ennemis contraignaient les militaires à se tenir renfermés le jour dans la ville, la nuit dans leurs maisons ; ils n'osaient plus descendre pour aller faire boire leurs chevaux dans l'Eresma ; le corps de chevau-légers, au service du roi de Westphalie, était même obligé de s'armer pour s'y rendre.

Ce régiment de cavalerie, le premier de la brigade d'infanterie irlandaise (*) au service de Joseph, quelques bataillons français, un batail-

---

(*) Ce régiment, dont j'aurai très-souvent occasion de parler, puisqu'il a pris part à presque toutes les actions glorieuses du gouvernement de Guadalaxara, avait été formé, comme Royal-Étranger, mais à Ségovie, par M. le colonel de Clermont-Tonnerre, aide-de-camp du roi, d'une partie des étrangers qui existaient dans les régimens au service de l'Espagne, et qui furent successivement pris dans les batailles où ces régimens donnaient contre nous. M. de Clermont y avait créé un bon esprit, lui avait donné une administration et une discipline également bonnes ; et, quand il eut achevé cette tâche importante, il revint près du roi solliciter la no-

lon suisse, et des dépôts de soldats isolés provenant, la plupart, du grand hôpital militaire, composaient les forces de la province. Cette infanterie fournissait des postes sur la route, tant du côté de Valladolid jusqu'à Olmedo, que de celui de Madrid jusqu'à la Venta de San-Raphael inclusivement.

Je commençai par fermer la place, et je réglai ensuite l'ordre des correspondances de manière à donner plus de force aux escortes, et à conserver partout des réserves prêtes à les soutenir. La présence d'une forte guerilla m'ayant été signalée, je mis les chevau-légers à ses trousses; et cette guerilla, croyant les surprendre à l'heure de leur pansement, fut si vigoureusement reçue, qu'elle fut bientôt culbutée et poursuivie avec tant d'acharnement, qu'outre les chevaux pris, elle perdit encore plus de cent hommes tués. Cette première opération releva l'esprit des habitans, et je saisis la circonstance pour les former en une garde nationale, ainsi que je l'avais fait à Avila, pour la sûreté intérieure de la ville. Des portes épaisses et crénelées furent placées aux principales issues, les autres issues furent murées, les brè-

---

mination de M. le major Balestrier au commandement de ce beau corps.

ches disparurent, et l'hôpital du faubourg fut fermé et mis en état de résister aux entreprises de l'ennemi.

Les communications, protégées par les mouvemens continuels de différentes petites colonnes, devinrent chaque jour plus libres. La guerilla de Pinilla ayant osé se montrer, fut atteinte, taillée en pièces, et son chef fait prisonnier.

Pendant que les choses se passaient ainsi, l'empereur, par une répartition qui m'était inconnue ainsi qu'au roi, comprenait la province d'Avila dans un grand arrondissement aux ordres de M. le maréchal duc d'Elchingen. J'avais désigné le colonel Maurin pour la commander sous mes ordres, et cet officier reçut celui de fournir au corps d'armée de S. E. une contribution extraordinaire de six millions de réaux et d'une énorme quantité de grains.

Le devoir du colonel, dans cette circonstance, était de me demander quelle conduite il avait à tenir; cependant, soit que le grand titre de maréchal de France lui eût imposé; soit qu'il se crût suffisamment couvert par un ordre émané du duc d'Elchingen, il prit sur lui de faire faire la répartition, en m'en donnant avis.

Comme la province avait déjà payé plus qu'elle ne devait; comme mon devoir était de la protéger, et comme gouverneur et comme subdélégué général du ministre des finances, dans l'étendue de mon commandement ; comme M. le maréchal n'avait point encore à mes yeux le droit de frapper une imposition en argent dans une province qui en faisait partie ; comme enfin, dans la supposition que S. E. en eût reçu le droit par suite de la nouvelle répartition de l'empereur, je ne pouvais reconnaître ce droit qu'après un avis officiel et hiérarchique de l'état-major général ; je répondis sur-le-champ au colonel Maurin, que les demandes de subsistances, toujours urgentes, ne devant jamais être refusées, je ne pouvais qu'approuver qu'il en eût commencé et qu'il en fît suivre les livraisons ; mais que, pour les contributions en argent, la province ayant totalement satisfait à ce qu'elle devait au trésor public, je ne pouvais, sans un ordre formel du roi, en laisser lever aucune. Je défendis conséquemment à cet officier de livrer les fonds et l'argenterie déjà réunis, et même d'en recueillir davantage. J'écrivis à M. le maréchal, dans les termes les plus respectueux, pour lui exposer les motifs de ma conduite ; j'en agis de même envers le roi, qui se trouvait encore à cette époque en Andalousie. M. le maréchal se fâcha sérieusement des obstacles que, par devoir, j'apportais à ses dispositions, et répondit à la députation d'Avila qui lui remit ma lettre, que si je persistais à m'opposer à leur exécution, il viendrait, avec trente mille hommes, m'assiéger dans mon quartier-général. Malgré ces menaces, je ne persistai pas moins dans mon refus; et le roi, qui ne pouvait que l'approuver, expédia M. le colonel de Clermont-Tonnerre, un de ses aides-de-camp, auprès du maréchal, pour s'entendre avec lui sur ses prétentions. S. E. fit voir à M. de Clermont la répartition territoriale ordonnée par l'empereur, laquelle mettait la province d'Avila dans son arrondissement. Le roi ayant reçu dans l'intervalle la dépêche impériale, me fit officiellement connaître l'article qui me concernait; et depuis lors je regardai mon commandement comme retreint aux seules provinces de Soria et de Ségovie.

CHAPITRE XXIV.

Ressources. — Cloches. — Ennemis secrets. — Rétablissement de la Société des Amis du Pays. — Voyage à Madrid. — Défaite de la guerilla d'Avril.

Pendant les mois d'avril et de mai (1810) que je restai à Ségovie, il ne se passa dans la province, ni dans le reste de mon gouvernement, rien d'important que ce que je viens d'exposer. Les convois, mieux escortés, ne furent point attaqués; aucune estafette, aucun officier d'ordonnance, aucun courrier de la malle, ne tomba entre les mains de l'ennemi; et, dérouté par des mesures imposantes, celui-ci s'éloigna des communications. La guerilla d'Avril, homme estimable par quelques bonnes qualités, fut poursuivi plusieurs fois, mais eut soin d'éviter le choc terrible des chevau-légers.

Malgré l'occupation que me donnaient les mesures nécessaires pour pacifier, autant que possible, mon gouvernement, je trouvai encore assez de temps, dans ces deux mois, pour créer quelques ressources dans la province. Le premier régiment de la brigade irlandaise était régulièrement soldé, et j'avais en outre formé deux compagnies franches d'infanterie qui, par la suite, formèrent le noyau du régiment espagnol de Soria, 4ᵉ de ligne, dont le premier colonel fut mon frère Louis.

Mais quand, pour les intérêts du prince que l'on sert, on ne voit que le devoir, lorsqu'on en suit les règles avec zèle et désintéressement, souvent on se crée des ennemis secrets, et ces ennemis, qui, en raison des travaux que le dévouement au souverain impose à tout sujet fidèle, sont plus libres de diriger leurs manœuvres perfides, ont aussi le pouvoir de nuire avec plus de facilité et de succès.

Une opération de finances avait rendu une compagnie composée de spéculateurs français, et sans doute aussi de quelques associés espagnols, adjudicataire de toutes les cloches des couvens supprimés, à raison d'un réal par livre de métal encore suspendu. Un jour que la solde manquait aux corps nationaux, je fis appeler le directeur de la monnaie, et lui demandai comment il se faisait que, pour la première fois, il se trouvât dépourvu de billon. Ce fonctionnaire me répondit qu'il avait en vain tenté, auprès de l'agent de la compagnie adjudicataire des cloches, des démarches pour avoir du métal, que, quoiqu'il sût fort bien que ce métal avait été vendu à un réal la livre, il en avait offert quatre réaux et demi (*), mais que l'agent de cette compagnie n'avait pas voulu en livrer à moins de cinq réaux.

Croyant emporter, par déférence, de l'agent français ce que le directeur de la monnaie n'avait pu obtenir par ses offres raisonnables, je fis appeler cet agent, et je lui renouvelai les propositions équitables qui venaient de lui être faites; mais je le trouvai tellement intraitable, que je lui promis de rendre compte au roi du

---

(*) Plus d'un franc 12 centimes; et le directeur des monnaies devait y trouver encore quelque avantage pour l'État. Cependant, quoique beaucoup de cloches continssent une quantité considérable d'argent, l'adjudication s'en était faite à un réal la livre (25 centimes). Le marché eût été tolérable dans l'état de trouble où se trouvait l'Espagne, si la compagnie adjudicataire eût couru des risques; mais elle était loin d'en redouter aucun, puisqu'elle ne devait payer de métal qu'autant qu'elle en pourrait enlever. Toutes les cloches suspendues dans les couvens faisant partie de sa soumission, on ne pouvait en faire enlever une seule, pour la livrer à la monnaie, sans la lui payer : et, forcément alors, il fallait se passer de cuivre, ou le payer au prix fixé par l'agent de la compagnie.

marché scandaleux au moyen duquel on paralysait l'état dans ses plus précieuses ressources. Le roi, sur mon exposé, fit effectivement casser ce marché; mais on remarquera, par la suite, que c'est en vain que, depuis lors, je cherchai à soumissionner des biens nationaux dans le royaume; les intrigues de quelques subalternes, à moi jusqu'à ce jour inconnus, rendirent inutiles mes démarches, la volonté du ministre, et, ce qu'il y a de plus fort, les ordres précis du monarque.

Ségovie, justement réputée par ses belles manufactures, renfermait dans ses murs une quantité de personnes estimables, qui se réunissaient depuis long-temps sous le titre philanthropique d'amis du pays. Les procès-verbaux imprimés de leurs utiles séances faisaient le plus grand honneur à l'esprit patriotique qui animait cette société; mais depuis l'entrée des Français dans le royaume, ses séances avaient cessé. Je les fis rouvrir à la grande satisfaction de la province, et le roi voulut bien confirmer les dispositions que j'avais prises à cet égard.

S. M. étant rentrée à Madrid, daigna m'écrire que, ne m'ayant pas vu depuis fort long-temps, elle desirait que je me rendisse près d'elle. Avril fut prévenu du passage du courrier chargé de la lettre royale; et, croyant trouver dans ses dépêches quelque chose de très important, résolut de les lui enlever à son retour. M. le général comte de Tilly (*), qu'on avait refusé de reconnaître à Burgos, était revenu à Ségovie l'avant-veille du jour où je reçus cette invitation; il voulut bien me rendre le confident de ses peines et de son désappointement; je lui proposai avec franchise de demander au roi l'autorisation de lui remettre son ancien gouvernement, où il restait peu de chose à faire pour un officier qui, comme moi, ne demandait qu'à servir avec activité.

Enchanté de mes offres, qu'il qualifia de généreuses, et surtout de celle de le conduire à Madrid, afin qu'il pût accélérer par ses démarches le résultat de ma demande, il prit place dans ma voiture, et partit avec moi, sous l'escorte d'un escadron de chevau-légers.

La correspondance ordinaire d'Otero de Herreros à la Venta de San-Raphael (**), composée

---

(*) Cet officier général, un des plus anciens lieutenans-généraux de l'armée française, est mort il y a environ deux ans. Son héritage a donné lieu à un procès qui a fixé pendant quelques jours l'attention publique.

(**) La Venta de San-Raphael est un poste placé, ainsi que je l'ai déjà dit, au pied du Guadarama, à l'embranchement des deux routes de Madrid à Valladolid et

d'un sergent nommé Henri (*), et de huit hommes de la brigade irlandaise, était partie le matin ; elle avait traversé la guerilla embusquée, s'en était vu envelopper de toutes parts, et avait pris, plutôt que de se rendre, le courageux parti de se renfermer dans une petite masure voisine de la route, et de s'y défendre jusqu'à ce que, s'apercevant de son retard à arriver, la garnison du poste de San-Raphael envoyât un détachement à son secours. L'ennemi n'avait garde de faire feu, dans la crainte que le courrier attendu, averti par le bruit de la fusillade, ne s'aperçut de sa présence, et ne rétrogradât.

Enfin celui-ci, que j'avais retenu auprès de moi, parut sur la route ; il devançait d'une centaine de pas les éclaireurs de l'avant-garde.

à Ségovie. Il était par conséquent d'une haute importance pour la sûreté des communications. Les soldats qui l'occupaient avaient crénelé toutes les murailles de la vaste auberge qui, à elle seule, compose tout le village ; un fossé, un rempart en terre et une palissade complétaient la défense. Ces précautions ne furent pas inutiles, car le poste, fréquemment attaqué par des guerillas fort supérieures en nombre, ne fut jamais enlevé.

(*) Ce brave fut, depuis, tué à ma première affaire de Cifuentes.

La guerilla ne pouvait voir encore cette troupe ni l'escadron, parce qu'elle s'était placée dans un rentrant de la route, en haut d'une côte; elle n'aperçut donc que les éclaireurs, et, s'imaginant qu'ils étaient la seule escorte du courrier, elle sortit tout à coup de son embuscade, en poussant de grands cris. Le courrier et les éclaireurs se replièrent aussitôt sur l'avant-garde. Aux cris des ennemis et à leurs coups de carabine, nous sautâmes, le général Tilly et moi, sur nos chevaux, nous nous élançâmes avec l'escadron, qui marchait par quatre sur la route, magnifique en cet endroit, vers le point attaqué : nous nous trouvâmes face à face avec les guerillas; étonnés de cette brusque charge, ils eurent à peine le temps de tourner bride dans le plus grand désordre; mieux montés, nous les joignîmes, les culbutâmes et les poursuivîmes à travers les buissons et les rochers, jusque sur les crêtes de la montagne : une quarantaine furent tués, le reste, à l'exception d'une douzaine faits prisonniers, que nous amenâmes à Madrid, parvint à s'échapper, blessés la plupart par les coups de sabre des chevau-légers.

CHAPITRE XXV.

Bonne réception par le Roi. — Intrigues de Cour. — San-Pedro de Las Dueñas. — Départ de Ségovie.

Il y avait près de dix-huit mois que je n'avais pas vu le roi : S. M. me reçut parfaitement, mais dans un entretien particulier que j'eus avec elle, je crus m'apercevoir que des personnes pour lesquelles les services des autres sont des causes de mal aise, d'humeur et de jalousie, avaient cherché à l'inquiéter sur la solidité de mon attachement : « Le général Hugo, lui di-
« saient-elles avec un ton d'intérêt tout à fait
« hypocrite ; le général Hugo sert parfaitement
« V. M., mais il n'a pas l'intention de se fixer
« en Espagne, il n'y achète rien, et se forme en
« France un domaine considérable. »

Ce mensonge avait fait sur le monarque une impression pénible : c'était une accusation d'ingratitude. Si S. M. ne comptait point sur mon attachement, sur l'attachement de qui pouvait-elle donc compter ? En donnant un million de réaux en *cédules hypothécaires* (*) aux personnes dont elle était le plus satisfaite, elle avait l'intention que cette récompense servît à des acquisitions de domaines nationaux espagnols ; elle avait pu voir avec indifférence que quelques individus eussent fait de leurs cédules un objet de commerce ; mais voulant plus particulièrement fixer dans ses états les officiers dont elle appréciait les services, elle ne voyait pas de même à leur égard. Elle ne fit point, lors de ces perfides insinuations, vérifier si les officiers qui en étaient l'objet avaient aussi vendu leurs cédules, et crut, par l'effet de la crainte qu'elle en avait, qu'ils songeaient réellement à retourner en France.

J'avais cependant l'intention franche et bien prononcée de rester en Espagne, et d'y servir le roi, mon auguste bienfaiteur ; je n'avais fait, ni même songé à faire en France aucune espèce d'acquisition. Si, plus tard, je songeai à m'y faire une propriété, ce fut lorsque je doutai que nous pussions nous maintenir dans la Péninsule.

(*) Ce million en cédules, n'ayant jamais pu être placé, resta, et fut pris, dans mon portefeuille, à la bataille de Vittoria. Mes acquisitions en Espagne furent faites de mes propres deniers.

Malgré cela, si je n'avais encore fait en Espagne l'achat d'aucun domaine, ce n'était point ma faute. Lors de la récompense en cédules, je m'étais informé quel était, dans la province d'Avila, le bien qui pouvait en valoir et le montant et les 125,000 réaux en numéraire que je devais y ajouter; car la loi obligeait à payer en argent la huitième partie de la valeur des domaines. On m'indiqua la Dehesa d'Avila; j'écrivis pour le soumissionner; mais le ministre des finances me répondit fort poliment que cette propriété, dont je n'avais fait la soumission qu'en date du 3 novembre (1809), avait été adjugée le 2.

Malgré mon silence sur cette réponse, je n'en fus point dupe. Le domaine qu'un gouverneur desirait ne pouvait être que bien choisi, et, pour l'emporter sur moi, l'on antidata une demande. J'eus ensuite des vues sur d'autres propriétés; mais les personnes chargées à Madrid de mes affaires m'écrivirent qu'il fallait soumissionner dans cette capitale, et y suivre soi-même ses intérêts, pour obtenir quelque chose de bon. « Vos camarades, ajoutaient-elles, entrent dans « le cabinet des ministres, et causent eux-mê-« mes de leurs prétentions; alors que vos fondés « de pouvoir font inutilement antichambre pen-« dant plusieurs mois. » L'état des choses était assez tranquille dans la province d'Avila, pour me permettre une légère absence. Je n'avais encore fait que le tour extérieur d'une partie de Madrid, je n'y étais pas entré, et je desirais à la fois voir cette belle ville, présenter mes respectueux hommages au monarque, et m'occuper ensuite du placement de mes cédules.

A une demande d'aller à Madrid pour quelques jours, que j'avais adressée à M. le maréchal duc de Dalmatie, S. E. le major-général avait répondu qu'il avait consulté le roi; que S. M. jugeait ma présence trop nécessaire sur le Tormès, pour que je pusse m'en éloigner encore, mais que mes intérêts n'en souffriraient pas. Le roi avait oublié sans doute et ma demande et cette réponse, lorsqu'on lui insinua que c'était faute d'attachement pour son service, que je ne faisais point d'acquisition. Pour bien connaître les hommes, il faut avoir vécu à la cour; c'est là, mieux que nulle part, où l'intérêt particulier se couvre de tous les masques, et où toutes les passions sont le plus adroitement mises en jeu.

A Ségovie, la plus illustre noblesse du royaume, et les chefs de l'administration civile, m'avaient demandé avec le plus vif intérêt, et certes leur demande partait du cœur, si j'avais l'intention de me fixer en Espagne. Ma réponse n'ayant pas été douteuse, ils cherchèrent à savoir si j'avais fait quelque acquisition, et crurent devoir m'indiquer le domaine de San-Pedro de Las Dueñas, comme un des meilleurs de la province. Je le soumissionnai sans l'avoir vu, et seulement sur ce qu'ils m'en dirent.

Le roi m'ayant aussi questionné sur ce point, avec cet abandon et cette douce bienveillance que les ennemis même de son nom ne pourront jamais lui contester, je lui répondis avec franchise que j'étais entièrement dévoué à sa personne, et que j'avais soumissionné, à Ségovie, la terre de San-Pedro de Las Dueñas. S. M. me demanda de quelle valeur elle était. Je lui dis que l'estimation en avait été portée à quinze cent mille réaux. Eh bien, reprit-elle, puisque cela est ainsi, ce domaine coûtât-il trente millions, il faut que vous l'ayez. Je vais replacer le général Tilly dans le gouvernement de Ségovie, parce que j'ai besoin de vous mettre aux trousses de l'Empecinado, qui désole la province de Guadalaxara, et que ses succès sur beaucoup de colonnes françaises rendent chaque jour plus redoutable et plus entreprenant. Lors de votre passage à Madrid, à votre retour de Ségovie, nous terminerons l'affaire de votre domaine, et vous pourrez recevoir un autre million que je vous ai accordé pour récompense.

Je témoignai au roi toute ma gratitude; il eut l'extrême bonté de me répéter une autre fois, après dîner, tout ce que je viens de rapporter ici, et de me témoigner encore combien mes services lui étaient utiles et agréables.

Après un séjour de quarante-huit heures à la cour, je repartis pour Ségovie, où je remis aussitôt le général Tilly en possession de son ancien gouvernement. Après avoir passé deux jours avec lui, et reçu les vives expressions de sa reconnaissance, je quittai son quartier-général, accompagné des regrets de toute la ville, récompense bien douce de la conduite que j'y avais tenue.

Les chevau-légers Westphaliens, le 1er régiment de la brigade irlandaise, et le Royal-Étranger, reçurent l'ordre de me suivre à Guadalaxara, avec une batterie de campagne. Le 1er de ligne espagnol et le 1er de chasseurs à cheval de cette nation reçurent aussi celui de se préparer à suivre la même destination.

PREMIÈRE CAMPAGNE CONTRE L'EMPECINADO.

CHAPITRE PREMIER.

Gouvernement de Guadalaxara.— Siguenza et Molina d'Aragon. — Détails statistiques.— Manufactures royales. — Salines.

C'est donc plus que jamais de moi, que je vais ne pas craindre de fatiguer l'attention de mes lecteurs : on va me voir de plus en plus livré à moi-même, et, toujours aussi sincère dans le détail de mes combats, ne pas chercher à établir ma réputation par des rapports exagérés de morts, de blessés et de prisonniers. J'ai toujours placé ma gloire la plus précieuse dans le bonheur d'obtenir des succès en ménageant, autant qu'il m'a été possible, le sang de mes braves soldats. On aura à me suivre, tantôt sur les rives du Tage ou de l'Henarès, tantôt au milieu des montagnes de la Castille et du Haut-Aragon ; enfin on jugera ma conduite dans de nombreux et continuels combats contre l'un des plus fameux partisans de l'Europe, et l'on s'étonnera plus d'une fois du génie de cet homme, qui, loin d'être abattu par les revers, semblait y prendre de nouvelles forces; tant, chez les Espagnols, le dévouement à la patrie a d'énergie et de persévérance.

On a vu, dans le dernier chapitre, que je quittais le grand et beau gouvernement dont le roi Joseph avait, sur la proposition de M. le maréchal duc de Dalmatie, daigné honorer mes services. En effet, mes instances auprès de ce prince pour que mon prédécesseur, à Ségovie, y reprît son commandement; mon grand éloignement de Soria; le placement de la province d'Avila dans l'arrondissement de M. le maréchal duc d'Elchingen; d'un autre côté, les succès de l'Empecinado dans les environs même de Madrid; le souvenir encore récent de la destruction complète du corps de Fradiavolo (*), et surtout l'espoir qu'un aussi brillant résultat couronnerait mes opérations; tous ces motifs me firent bientôt donner l'ordre de me rendre à Guadalaxara, occupée par le 75ᵉ de

---

(*) *Voyez* le tome Iᵉʳ de ces Mémoires, *campagne de Naples*, chapitres XXI, XXII, XXIII et XXIV.

ligne et par un fort détachement du 64ᵉ. Les chevau-légers westphaliens m'y accompagnèrent ; les régimens d'infanterie Royal-Étranger et 1ᵉʳ de la brigade irlandaise, ainsi qu'une batterie de campagne, se mirent en route pour m'y joindre, en attendant les autres régimens espagnols qui étaient placés sous mon commandement.

Je comptais passer quelques jours dans la capitale des Espagnes ; mais le roi, ayant, un instant avant mon arrivée, reçu la nouvelle que le général Dombrowski venait d'être battu entre Trillo et Brihuega, par l'Empecinado, ne m'accorda que peu d'heures à donner à mes affaires ; et je partis presque immédiatement. Ne m'étant point arrêté à Alcala de l'Henarès, je fus à Guadalaxara (*) avant le point du jour, et j'y trouvai les autorités en proie aux plus vives inquiétudes, malgré la bonne garnison qui les protégeait. Il est vrai que cette ville, ouverte de toutes parts, n'est protégée par aucun retranchement ; les issues n'en sont pas même fermées par des portes.

Guadalaxara est située à l'extrémité d'un ma-

(*) Cette ville est à dix lieues et demie de Madrid, sur la route de Saragosse.

melon, sur la rive gauche de l'Henarès, près de cette rivière, et entre deux ravins profonds; aussi cette ville est-elle longue et peu large. On y arrive par un très beau pont sur la rivière. Une riche manufacture de drap (*), appartenant au domaine de la couronne, fait la principale ressource de ses habitans; avant la guerre actuelle, cette manufacture employait, avec celle de Brihuega, qui appartient au domaine royal, plus de quarante mille ouvriers, dans toute l'étendue de la province. Guadalaxara n'offre guère de remarquable que le palais des ducs de l'Infantado, d'un style peu moderne, et d'une assez grande étendue, le panthéon, destiné à la sépulture des membres de cette illustre maison, et les bâtimens de la manufacture. Son territoire est riche et abondant en subsistances; la province ne l'est pas moins. On y trouve du bois, de très bon vin et des salines d'un grand

---

(*) On y fabrique aussi du drap et des schals de Vigogne. On m'a assuré que Charles IV, voulant donner une marque d'amitié à Napoléon, avait donné l'ordre d'extraire tous les poils blancs qui se trouvaient dans les toisons fauve-claires du Paco ou Vigogne, formant l'approvisionnement de la manufacture, et qu'il en avait fait faire une pièce de drap pour Napoléon. Cette pièce de drap était unique au monde.

rapport. Le pain de Brihuega est fait avec un soin tout particulier : le bled, avant d'être livré au moulin, est, dans toutes les classes du peuple, lavé, nettoyé grain par grain, et séché sur des toiles au soleil ; celui du village de Hontanarès, composé de la plus belle fleur de farine, serait le meilleur du monde, s'il était moins compact, et conséquemment mieux fabriqué.

Mon gouvernement de Guadalaxara s'étendait sur toute la province de ce nom, et sur celle autrefois connue sous le nom de Siguenza ; il comprenait en outre une petite partie de la province de Soria, ainsi que la seigneurie royale de Molina d'Aragon. Naguères on exploitait, près de cette dernière ville, une mine de turquoises (*), mais on l'a abandonnée. Dans la province de Siguenza, sont les riches salines d'Aymon et de Sahelices, provenant de sources salées ; la province de Guadalaxara possède, près de Trillo, ainsi qu'à Sacedon (**),

---

(*) Je n'ai pu m'assurer si elles étaient composées de malachites ou d'ossemens.

(**) Ce petit bourg a plusieurs fois, pendant que l'Espagne était sous la domination des cortès, appelé l'attention publique. C'est là que Ferdinand VII, moins surveillé que dans son palais de Madrid, allait chercher

des eaux minérales très estimées ; on fait beaucoup de charbon dans les bois qui couvrent les plateaux de la province ; et le silex des environs de Brihuega nous a fourni de bonnes pierres à fusil. C'est près de cette dernière ville que s'est livrée la bataille de Villa Viciosa (*), pendant la guerre dite de la succession. Une très belle manufacture royale, dans laquelle toute la population est employée, fournit des draps qui rivalisent avec ceux de Guadalaxara. Les deux manufactures dépendent de la même direction. Peu d'endroits sont aussi abondamment pourvus d'eau. Quelques fontaines de village, dans cette province, seraient partout une curiosité pour leur volume, et, quoique d'une architecture simple, ne se trouveraient point déplacées, pour l'ornement, dans nos plus grandes villes. La source du gros ruisseau qui, de Cifuentes va tomber dans le Tage, à Trillo, forme un large réservoir au pied du mont San-Cristoval.

---

une ombre de liberté. Il a passé à Sacedon une grande partie de 1822 et 1823. Les royalistes espagnols devaient, pendant un de ces séjours, essayer de le délivrer. Le roi ne voulut pas, dit-on, courir les chances d'une délivrance à main armée, et le projet fut abandonné.

(*) Une inscription placée sur la porte principale de Brihuega a consacré le souvenir de cette victoire de Philippe V.

La province de Guadalaxara n'est, à proprement parler, que le prolongement d'un vaste plateau, borné à l'orient par les montagnes d'Aragon, au nord par la chaîne des Carpentins, ou Guadarama; au sud par la Guadiana, et à l'occident par la province de Madrid. Ce plateau est profondément sillonné par de nombreuses et magnifiques vallées, toutes très riches en productions précieuses : de beaux ruisseaux qui, tous, se perdent dans le Xarama, l'Henarès, le Tajuna, ou le Tage, rivières plus ou moins célèbres qui baignent la province, arrosent ses vallées, et contribuent à sa fertilité autant qu'à son embellissement.

Cette province n'avait pas encore eu d'établissement militaire fixe qui pût la protéger. Quelques détachemens, placés dans le chef-lieu, s'étaient jusqu'alors bornés à garder la manufacture; et quand, secondés par des colonnes mobiles, ils avaient osé pénétrer dans l'intérieur, l'Empecinado, qui commandait pour la junte de la Nouvelle-Castille, avait marché contre eux et les avait presque constamment repoussés.

Le roi, à qui mes services et mes succès sur le Tormès et l'Eresma, donnaient des espérances, pensa que je pourrais soumettre à son obéissance la province de Guadalaxara, comme j'avais soumis celle d'Avila, et, pour arriver à ce but important, me donna les pouvoirs les plus étendus. Ces pouvoirs étaient d'autant plus nécessaires, qu'à cette époque il existait déjà, dans quelques grandes provinces, et dans plusieurs royaumes d'Espagne, des juntes qui s'arrogeaient le pouvoir suprême ; que ces juntes s'étaient entourées de forces militaires suffisantes pour les soutenir, et ne négligeaient rien pour ruiner les affaires du roi Joseph (*).

(*) La première junte instituée pour défendre les intérêts de Ferdinand, fut la junte d'Andalousie, qui prit le titre de junte suprême des Espagnes et des Indes. Elle tenait ses séances dans l'Alcazar, ou Palais de Séville. Lorsque les succès des armées françaises la forcèrent de quitter cette ville, elle se retira dans Cadix, où les cortès, qui avaient été convoqués, se réfugièrent aussi. C'est là que fut discutée et promulguée la fameuse constitution de 1812. Après la retraite de la junte suprême dans l'île de Léon, les juntes particulières des provinces devinrent indépendantes; et les assiégés de Cadix, occupés de la constitution, demeurèrent étrangers aux efforts des Espagnols pour expulser l'armée d'invasion.

Le premier acte public de la junte de Séville fut une déclaration de guerre contre l'empereur des Français. Cette déclaration, datée du 6 juin 1808, a été signée, par un hasard fort singulier, le même jour que le décret de l'empereur Napoléon, qui proclame Joseph *roi des Espagnes et des Indes*.

Deux jours après sa déclaration de guerre, la junte,

pour faciliter les moyens de défense, publia une *Instruction aux Espagnols pour résister à l'invasion des Français*. Nous plaçons cette pièce, rare et intéressante, à la fin de ce volume (*voyez :* Pièce N° III). Elle a servi de règle de conduite à toutes les provinces qui se sont insurgées.

CHAPITRE II.

Plan d'opération. — Réflexions. — Forces respectives. — Mouvement sur Pastrana.

Par la position géographique de mon nouveau gouvernement, je me trouvai bientôt appelé à une offensive continuelle sur un territoire que je ne semblais destiné qu'à défendre. Mes instructions ne me parurent plus devoir être bornées à couvrir la capitale des Espagnes contre les mouvemens de l'Empecinado, devenu redoutable, mais à rechercher la division de ce chef célèbre, et à la combattre sans cesse. Tout à fait livré à moi-même, dans un pays montagneux, contenu par la présence de ses troupes, et déserté par suite des ordres tyranniques de la junte provinciale, j'eus continuellement à lutter contre tous les genres d'obstacles, de privations, de manœuvres adroites; et, de plus, il me fallut encore tirer tour à tour l'épée contre les forces insurgées des provinces voisines. En effet, le Medico était-il poursuivi dans la province de Tolède? Tapia et Merino étaient-ils harcelés dans la province de Soria? Villa-Campa était-il pourchassé en Aragon? les troupes de tous ces chefs ennemis venaient se réfugier sur les rives escarpées du Haut-Tage, ou dans les environs de Siguenza. L'on vit même le fameux Mina, dans le principe de sa carrière, unir contre moi ses forces à celles de don Juan Martin; et souvent ce dernier général renforcer sa division, ou de guerillas venues des environs de Ségovie et de Cuenca, ou de forces régulières accourues, des armées de Valence ou d'Aragon, au secours de la junte, épouvantée de défaites et de désastres continuels.

Lorsqu'on veut agir offensivement, a dit le vainqueur de Fontenoi, *il faut être supérieur.* Est-ce en forces? est-ce en qualité de forces? est-ce en habileté de la part des chefs? c'est ce que ce grand capitaine n'explique pas. On verra bientôt que je ne pouvais conserver la défensive dans Guadalaxara sans la rendre funeste pour moi et désavantageuse pour Madrid. Il fallait donc prendre activement l'offensive, non sur un ennemi campé, et manœuvrant d'après des principes connus, mais contre des hommes dont la tactique, pareille à celle des Sings (*),

---

(*) V. *Voyage au Bengale et en Angleterre*, p. 228.

des Vendéens et des Persans (*), consistait, lors d'un combat désavantageux, à fuir ou, plutôt, à se disperser à propos. Toujours errantes par système, les troupes de l'Empecinado menaçaient à la fois tous les points occupés par nous. Si, lors d'une défaite, elles fuyaient dans toutes les directions, lors d'un succès, elles le suivaient avec un acharnement opiniâtre. Or, cette tactique, que je suis certainement loin de blâmer dans ce genre de guerre, était d'autant plus convenable à ce partisan célèbre, qu'il combattait parmi les siens, parmi des montagnards qui, presque tous, et sans nuances, étaient d'une même opinion ; dans un pays qu'il connaissait parfaitement, et dont toutes les ressources lui étaient prodiguées. M. de Vertot (**), en exposant la manière habile dont Sertorius faisait la guerre aux Romains, avec des montagnards espagnols, a très exactement peint celle dont l'Empecinado (qui, bien certainement alors, n'avait pas encore lu l'histoire d'aucun grand capitaine) formait ses attaques, opérait ses retraites et ralliait ses soldats pour de nouvelles entreprises.

(*) V. *Voyageur Français*, tome II, page 316.

(**) V. *Révolutions Romaines*, tome V, page 151.

Il me fallait, disais-je donc, prendre l'offensive, mais avec une division dont la force numérique n'égala jamais celle qui lui fut constamment opposée. Cette division dut cependant établir et garder plusieurs postes, sans lesquels point de magasins, et conséquemment pas d'opérations suivies, pas d'établissemens fixes, dans un pays où la crainte des baïonnettes ne commandait pas toujours l'obéissance; or, les garnisons qu'elle fournit, et que, pour ces motifs autant que pour leur sûreté, j'eus à multiplier à mesure que nous nous étendîmes; ces garnisons, dis-je, bien que ma division se fût successivement augmentée de plusieurs bataillons et régimens français, et de quelques autres corps espagnols ou alliés, en diminuèrent encore la partie disponible; et, malgré les renforts, cette partie ne put que rarement égaler le tiers des ennemis qui agirent contre elle. Ce fut donc à l'esprit d'intrépidité des soldats fidèles des deux régimens de la brigade d'infanterie étrangère, que celle-ci dut la réputation éclatante qui la signala bientôt, au milieu même des Français, des Westphaliens et des Hollandais, qui combattirent avec elle, et qui se montrèrent ses justes et sincères admirateurs. Les troupes de l'Empecinado, quoique déjà très aguerries par de nombreux combats, valaient incontestablement moins que celles sous mes ordres, et c'est sans doute la raison essentielle de mes succès; car cet officier joignait, à beaucoup de valeur et d'activité, le véritable génie de la petite guerre.

A l'époque de mon arrivée à Guadalaxara, les forces qui avaient obligé le général Dombrowski à se retirer sur cette ville n'étaient composées que de tirailleurs de Siguenza, des volontaires de Guadalaxara et de ceux de la Molina d'Aragon, de la cavalerie légère du *Manco* (*), de Sardina, de Mundideo et de don Damasco, frère de l'*Empecinado*.

Les premiers renseignemens que je reçus concernant l'*Empecinado*, furent que ce chef ennemi se trouvait sur le Tage, aux environs de Pastrana (**); et je me décidai à me porter sur lui, le 4 juin 1810, avec deux bataillons du 1ᵉʳ régiment

---

(*) Cet intrépide partisan, dont le sobriquet (Manco, Manchot) provenait d'une blessure qu'il avait reçue dans un combat (un coup de sabre qui lui avait abattu le poignet), fit, plus tard, sa soumission au roi Joseph. Il prit alors le commandement d'un corps de volontaires espagnols dont le courage et l'audace devinrent funestes aux insurgés.

(**) Petite ville située dans un vallon, à peu de distance du Tage : elle est entourée d'une vieille enceinte en maçonnerie.

d'Irlande et deux escadrons westphaliens, dans le dessein de le reconnaître plutôt que de lui disputer encore ce titre d'*invicto* (*), dont son parti cherchait à illustrer ses services. Je connaissais les chevau-légers, on vantait la conduite de mon infanterie, elle avait donné des preuves de fermeté et de bravoure à quelques affaires très chaudes dans la province de Soria ; je crus donc pouvoir m'aventurer avec eux dans ce pays, encore inconnu pour moi.

On m'assura, dans Pastrana, que l'ennemi, après son affaire entre Trillo et Brihuega (**), avait presque immédiatement passé le Tage, et qu'il se trouvait à plusieurs marches au-delà. Je descendis la rive droite de ce fleuve jusqu'à la hauteur de Zorita, et je n'aperçus sur l'autre rive que quelques patrouilles de cavalerie, que je ne cherchai point à faire joindre, parce que le Tage n'était pas guéable, et parce qu'alors je me serais trop écarté de mes instructions.

Après avoir séjourné dans Pastrana, je revins sur Guadalaxara, où le Royal-Étranger devait être rendu, à l'effet de remplacer le 75ᵉ régiment ; j'y revins dans l'intention de donner à cette ville un état-major et une garnison qui la

---

(*) Invaincu.

(**) Avec le général Dombrowski.

missent en état de protéger les autorités, pendant que je ferais la guerre dans les provinces de mon commandement.

Arrivé à mon quartier-général, j'organisai de suite les bataillons et escadrons de guerre : le reste des corps, sous le titre de dépôt, fut particulièrement affecté à la garde de la ville, conjointement avec le fort détachement du 64ᵉ aux ordres du capitaine Guimberteau, et ce qui, des bataillons et escadrons de guerre, ne devait pas être compris dans les détachemens d'expédition que j'allais former.

CHAPITRE III.

Affaire de Sotoca. — Défaite de l'Empecinado. — Sa dispersion.

De retour dans Guadalaxara, je reçus différens avis portant tous que l'Empecinado venait d'arriver à Trillo (*), et qu'il avait intention d'y passer quelques jours : je résolus de l'y surprendre, si cela était possible. En conséquence, je sortis de mon quartier-général dans le but apparent de reconnaître Budia (**), et les environs du pont de Pareja, sur le Tage : les deux

---

(*) Petite ville sur le Tage, à quatre lieues de Brihuega. A un quart de lieue environ de l'autre côté du fleuve se trouvent les eaux minérales sulfureuses dont j'ai parlé plus haut. Il y a dans la ville des usines pour une manufacture de boutons; le ruisseau de Cifuentes y tombe dans le Tage, au-dessous du pont, immédiatement après une assez belle cascade.

(**) Bourg au fond d'une gorge étroite, à une demi-lieue du Tage, qu'on passe au pont de Pareja.

premiers bataillons de Royal-Étranger, et les chevau-légers westphaliens, eurent ordre de me suivre, sans artillerie et sans bagages.

Parti dans la nuit, je ne fis que traverser Budia, et, rabattant sur ma gauche, je marchai par le village de Gualda, à travers une suite non interrompue de défilés. La nuit la plus sombre vint nous surprendre entre ce village et Trillo; et nos guides nous ayant déclaré qu'ils ne connaissaient point assez le pays pour nous conduire plus avant, il fallut nous arrêter et envoyer à Gualda en prendre d'autres. Il était alors à craindre que l'ennemi, prévenu par les paysans, ne se retirât à notre approche, ou ne nous tendît quelque embuscade dans une marche de nuit, à travers un pays boisé, coupé, et nous offrant à peine quelques sentiers praticables : ce dernier motif me détermina à bivouaquer pour attendre le jour.

L'Empecinado avait effectivement été prévenu de notre entrée à Budia, où l'on m'avait assuré, ainsi qu'à Gualda, qu'il tenait la position de Trillo. Mais avant de se compromettre avec des troupes qu'il ne connaissait point, et dont il ignorait la force numérique, il repassa le Tage à la première nouvelle que ses coureurs lui donnèrent de mon approche, et ne m'attendit pas sur l'autre rive ; je ne pus même apercevoir que huit cavaliers laissés en arrière pour juger combien je pouvais avoir de monde. Ces cavaliers, après nous avoir vus défiler le long des rochers qui bordent l'étroit sentier qui, de Gualda, descend à Trillo, se bornèrent à échanger quelques coups de carabine avec les éclaireurs de mon avant-garde.

Je restai quelques jours en position dans Trillo, tant pour y rappeler les habitans, qui avaient fui dans les bois (à mon arrivée la ville était totalement déserte), que pour me procurer des renseignemens sur les projets ultérieurs de l'ennemi. Comme Trillo, située au fond d'une vallée, est d'une défense trop difficile, et dans une position dominée de tous côtés, je faisais prendre les armes à mes soldats, chaque nuit, une heure avant l'aurore, et je sortais de la ville pour occuper une petite plaine découverte, et plus facile à défendre.

Le 12 juin (1810), un peu avant le crépuscule du matin, nous aperçûmes, sur une hauteur voisine, quelques hommes qui examinaient attentivement s'ils pouvaient nous découvrir : cette reconnaissance me fit penser que je ne tarderais pas à voir l'ennemi, et je fis aussitôt, et sans bruit, renforcer mes postes; du reste, mes premières dispositions étaient prises d'après l'état topographique des environs; de quelque côté que l'ennemi se présentât, j'étais en mesure de lui tenir tête.

Dès quatre heures du matin, les postes, placés entre le Tage et le ruisseau de Cifuentes, furent attaqués, et la crête de la montagne demi-circulaire, que leurs eaux embrassent en avant de Sotoca, se couvrit de fantassins ennemis, qui, pour s'animer au combat, nous adressaient mille injures.

La montagne était coupée à pic sur presque tout le front; de notre côté seulement, quelques éboulemens la rendaient accessible, et l'on pouvait y arriver par des parties moins escarpées, mais couvertes d'épaisses broussailles. En choisissant un pareil terrain, l'Empecinado avait le dessein de nous forcer à l'y attaquer avec une grande perte, et de déboucher ensuite sur nous par sa droite, s'il nous arrivait quelque désordre; de nous contraindre alors à défiler par le chemin de Brihuega, sous le feu de son infanterie, et de nous poursuivre par ce chemin, ainsi qu'il en avait agi envers le général Dombrowski.

Dès les premiers coups de fusil, je m'avançai sans bruit sur la route de Brihuega, où je formai les troupes en bataille, à couvert, par de petits mamelons détachés, du feu que l'ennemi pouvait faire pleuvoir sur elles du haut des crêtes. Deux compagnies de voltigeurs furent jetées en avant dans les broussailles, pour y contenir les tirailleurs ennemis; je m'avançai ensuite pour mieux reconnaître les dispositions de l'Empecinado : elles étaient telles que je viens de les décrire.

L'escarpement présentait bien, ainsi que je l'ai dit, quelques parties éboulées; mais, pour les gravir, il fallait braver le feu croisé des crêtes, et c'était livrer un assaut, c'était s'exposer à se faire repousser plusieurs fois avec perte; or, cette manœuvre n'était pas assez pressante pour devenir utile. D'ailleurs, avec des troupes difficiles à recruter, quelques autres attaques pareilles eussent suffi pour les rebuter ou les anéantir; et l'expérience m'a convaincu que ce ne devait pas être la seule de cette nature.

Les voltigeurs se maintenant sans pouvoir avancer, je les fis renforcer par des fusiliers du 2ᵉ bataillon, à l'effet d'engager l'ennemi à soutenir les siens, et à descendre sur un terrain qui rendît l'abord plus facile; mais ce fut vainement. Il fit faire un feu terrible du haut des crêtes, et ne parut pas les avoir choisies pour les abandonner légèrement. Après quelques autres manœuvres de ma part dans le même objet, mais qui me donnèrent de plus en plus cette conviction, je sentis le besoin de le déloger, en opérant néanmoins de manière à ménager les troupes sous mes ordres.

Deux sentiers, sur les flancs de la montagne demi-circulaire, conduisaient, l'un à droite vers Sotoca, l'autre à gauche vers Cifuentes. Je fis placer sur ma gauche, à couvert par le terrain, le 1ᵉʳ bataillon de Royal-Étranger. Il était prêt à gravir le sentier au premier signal ; le reste du 2ᵉ bataillon, placé en réserve derrière la chapelle, eut l'ordre de suivre les voltigeurs au moment où ils s'ébranleraient sur les pas de l'ennemi ; les capitaines Hagard et d'Ambly, qui les commandaient, reçurent l'instruction de tirailler toujours jusqu'à ce qu'ils vissent dégarnir brusquement les crêtes opposées.

Le chemin de Trillo à Brihuega est carrossable ; et, comme il ne pouvait être découvert par l'ennemi, à cause de la disposition de la vallée, je fis marcher les chevau-légers par Trillo, pour les faire, de là, gagner le revers de la position occupée par l'infanterie de l'Empecinado, et lui couper la retraite vers Sotoca. Leurs chefs étaient prévenus qu'au moment où je m'apercevrais de leur arrivée par l'ébranlement de la gauche de l'ennemi, j'attaquerais le centre en gravissant les hauteurs, et que, par une manœuvre ultérieure sur la droite de la position occupée par les insurgés, je chercherais à leur couper le chemin de Cifuentes.

Le mouvement de la cavalerie westphalienne commença : il lui fallait un quart d'heure pour se rendre à la position indiquée. Ce quart d'heure fut employé à rassembler les gardes restées à leurs postes, et à en former une masse de réserve. La gauche de l'ennemi ayant aperçu le mouvement des Westphaliens, cessa le feu de mon coté, le dirigea contre eux, et, par ses grands cris, me convainquit que le moment d'attaquer la droite, pour couper toutes les voies à la retraite, était arrivé.

M. de Gorastiza, mexicain, et l'un de mes aides-de-camp, officier dont le père avait été vice-roi de la Nouvelle-Espagne, ayant, ainsi que mes officiers d'ordonnance, porté, aux capitaines de voltigeurs et au 2ᵉ bataillon, l'ordre de gravir les hauteurs, je marchai à leur appui avec le 1ᵉʳ bataillon, par le sentier de Cifuentes : le feu cessant alors de notre part, on n'entendit plus que le son de la charge.

Cependant le terrain du revers des crêtes, par où attaquaient les chevau-légers, quoique assez dépouillé, n'était pas favorable à la cavalerie ; ils poussèrent néanmoins leur charge aussi bien qu'ils le purent, mais sans pouvoir joindre l'ennemi, dont l'infanterie se trouva protégée par des marais, et dont la cavalerie, non réunie et peu nombreuse, se retira sur Sotoca, et fut repasser le Tage à un gué au-dessus des bains. Ces marais ayant permis à l'Empecinado de rallier son infanterie en avant de Sotoca, les Westphaliens virent descendre les voltigeurs au pas de course, et ma colonne les suivre de près, ce qui les tira des dangers que leur présentaient les difficultés du terrain, et leur permit de se chercher un passage. Pendant leur mouvement, mes deux bataillons, réunis aux ordres de M. Maurin leur colonel, s'avançaient sur l'ennemi, que le feu des voltigeurs obligeait à se retirer vers une gorge boisée dont l'ouverture est derrière le petit village de Sotoca.

Les Westphaliens nous ayant joints, et l'infanterie ennemie continuant son mouvement de retraite, je leur ordonnai une charge ; alors, à la suite d'un houra général, ils culbutèrent le dernier bataillon, et sabrèrent jusqu'à l'entrée de la gorge, où une vive mousquéterie, dirigée contre eux, les força de se replier sur nous. Les blessés ennemis, qui tous gissaient immobiles sur la pelouse, saisirent ce mouvement rétrograde pour gagner les taillis et se soustraire à une mort qu'ils croyaient d'autant plus certaine, que l'Empecinado ne faisait pas encore de prisonniers, et qu'ils devaient craindre les représailles.

L'approche de mon infanterie vers cette gorge décida la retraite de l'ennemi ; il disparut à travers les bois, dans un pays qui m'était inconnu, dont je n'avais pas de bonnes cartes, et qui s'est trouvé un des plus difficiles de mon gouvernement. Cette disparition si prompte arrêta court nos projets de poursuite; et, ne sachant plus de quel côté la diriger, nous nous arrêtâmes forcément sur le terrain où la cavalerie westphalienne avait terminé sa charge. Je fis alors rechercher si, parmi les malheureux étendus sur la terre, il s'en trouvait qui vécussent encore; et nous en découvrîmes trois qui n'étaient pas même blessés, et qui allaient être sabrés sur-le-champ, si je n'eusse itérativement donné l'ordre de faire des prisonniers. Un seul, parmi les autres, respirait encore ; et, comme Sotoca était peu distant et entièrement abandonné, j'envoyai quelques paysans de Trillo, qui m'avaient rejoint et nous servaient de guides, les uns chercher un matelas dans le village, les autres couper des branches d'arbres, afin de faire un brancard pour transporter ce blessé avec nous. Le chirurgien-major des Westphaliens, l'ayant pansé, le fit déposer à son ambulance légère, à l'ombre d'un grand arbre, près du village.

Ce premier succès sur l'Empecinado, dans une province en quelque sorte orgueilleuse de ses hauts faits, était d'une trop haute importance, pour que je ne songeasse point à en profiter ; mais je voulus en vain me remettre à la poursuite de l'ennemi ; favorisé par la connaissance du pays, il avait tout à fait disparu : mes guides eux-mêmes, en supposant qu'ils fussent fidèles, n'auraient pas pu retrouver sa trace.

Cette affaire nous rendit maîtres d'une position formidable, mais inutile pour nous ; elle fut heureusement peu sanglante pour nos troupes ; je n'eus qu'un petit nombre de blessés. L'Empecinado perdit une centaine d'hommes tués ou blessés : trois seulement furent faits prisonniers. Le chef d'escadron Scheffer, les capitaines Hagard, d'Ambly, d'Antejac, Gorastiza et Riche, se distinguèrent dans cette occasion, où les troupes ne démentirent pas un instant l'ardeur admirable dont elles avaient déjà donné tant de preuves.

CHAPITRE IV.

Retour à Trillo. — Lettre à la Junte provinciale. — Détails géologiques. — Brihuega. — Fête religieuse. — Dispositions.

Ne pouvant pas parcourir sans subsistances un pays entièrement déserté, ne sachant où diriger mes pas, sans guides sûrs et avec des cartes peu détaillées qui finissaient au lieu du combat, je quittai le champ de bataille après une halte de quelques heures, et je revins à Trillo, où l'on avait préparé du pain, et où j'en attendais des villages dans la direction de Budia, par où j'étais passé, et de l'accueil desquels j'avais eu lieu d'être content.

De Trillo, j'écrivis aux membres de la junte suprême d'insurrection, retirés au Buen-Desvio (*), pour leur témoigner combien j'avais à cœur de rendre la guerre moins cruelle, et combien j'éprouverais de satisfaction, si, au lieu de les forcer à quitter la province, je pou-

---

(*) Maison isolée dans la montagne.

vais les attacher au service du roi. La junte me répondit une lettre froide et insignifiante; mais c'était beaucoup que d'en obtenir une réponse.

Cependant les habitans de Sotoca, qui, à notre approche, s'étaient cachés dans les bois de leur voisinage, avaient bien remarqué nos actions; ils avaient vu relever des hommes vivans couchés parmi les morts, et n'avaient pas été sans inquiétude sur le sort de ces malheureux, jusqu'au moment où, rentrés dans leur village, ils purent aller reconnaître le champ de bataille, et trouver, sous le grand arbre, le prisonnier blessé, qu'ils avaient vu relever, et qu'ils croyaient un de nos braves. Nous ne l'avions point emporté, parce qu'il mourut avant que nous nous remissions en route. Ces habitans, en voyant que nous l'avions pansé, jugèrent aussitôt que nous respections la vie des personnes, et que la guerre allait se faire avec plus d'humanité.

On m'avait parlé de Brihuega comme d'une petite ville manufacturière et très peuplée; craignant que ses habitans ne l'abandonnassent lors de mon passage, j'écrivis à l'*ayuntamiento* (*), pour que cette autorité les assurât de ma protection et de la bonne discipline de ma colonne.

(*) Municipalité; on la nomme aussi *justicia*.

D'ailleurs, le roi avait un grand intérêt à la conservation de la manufacture, et, en ma qualité d'officier de sa maison, je desirais la garantir de tout fâcheux événement.

Certain que les soldats de l'Empecinado s'étaient dispersés, qu'il ne pourrait rien entreprendre avant de les avoir ralliés, je songeais à l'organisation de mon gouvernement et à sa distribution en arrondissemens militaires, dès que je serais rentré à Guadalaxara.

Ayant quitté Trillo par la route carrossable qui va joindre, à Torija, celle de Madrid à Saragosse, j'arrivai au village de Solanillos del Extremo, à mi-chemin de la hauteur du grand plateau qui sépare le Tage du Tajuña. De ce point, déjà très élevé, où la troupe fit halte, on découvre le pays dans une vaste étendue; mais une chose digne de l'attention d'un observateur, dans cette partie du bassin où le Haut-Tage coule avec rapidité, c'est l'arrangement bizarre des nombreux monticules qui s'abaissent vers ses rives, et qui paraissent autant de pyramides isolées, les unes escarpées et à nu, les autres couvertes de bois; ce sont encore deux mamelons aussi élevés que les grands plateaux de la province et de celle de Cuença, formés, comme eux, de couches parallèles et de même nature, lesquels, situés à deux lieues au-delà de Trillo, s'élancent au-dessus de tous les autres, et sont nommés *las tetas de Diana* (les mamelles de Diane). Ces mamelons justifient la première partie de leur dénomination par leur conformation en cônes tronqués, leur séparation par une gorge proportionnée à leurs dimensions, et surtout par leur isolement et leur élévation, supérieure de beaucoup aux monticules voisins; ils justifient la seconde partie par l'escarpement des rochers qui les couronnent comme un épais bouton, et qui n'offrent, à ce qu'on assure, aucune facilité pour arriver à leurs sommets, dit-on, vierges encore.

J'entrai à Brihuega le jour d'une grande fête religieuse (*) : toute la population (et peu de villes en ont une aussi considérable en raison de leur étendue) s'était portée au-devant de nous jusqu'au pont du Tajuña. Les magistrats et le clergé vinrent me présenter leurs hommages, et je leur renouvelai l'assurance de la protection que je leur avais promise. Ayant appris, en causant avec le corrégidor, que le clergé n'osait pas faire la procession, dans la crainte que je ne m'y opposasse, je l'exhortai tout de suite à la faire, et lui annonçai que j'y assisterais avec toutes les troupes de ma colonne,

---

(*) L'Octave de la Fête-Dieu.

auxquelles je donnai des ordres en conséquence.

Cette nouvelle se répandit aussitôt, et causa une si grande joie aux habitans, qu'ils reçurent les soldats à bras ouverts. Comme la ville est petite, la haie fut bordée avec peu de monde, de sorte que, de mes piquets, les uns se portèrent au dehors, pour observer la campagne, et les autres restèrent en bataille sur les places. La cavalerie avec ses fanfares, l'infanterie avec sa musique et ses cornets, le son imposant des tambours, l'escorte du Saint-Sacrement, l'ensemble des grands honneurs militaires rendus lors des bénédictions, enfin la belle tenue de toute ma troupe, ajoutèrent à cette fête une magnificence inconnue dans le pays, et qui, pendant long-temps, fut l'objet des conversations de la province, dont elle prépara beaucoup les esprits en notre faveur.

Tandis que tout se disposait pour embellir la procession, et pour un *Te Deum*, je reconnaissais la ville, j'arrêtais l'état de situation des magasins de la manufacture, dans lesquels se trouvèrent plusieurs milliers de balles de laine de mérinos, chacune du poids de cent kilogrammes; je déterminais la garnison à laisser dans la ville, et j'ordonnais les réparations à faire pour en refermer l'enceinte, ainsi que pour couvrir la fabrique. Cette garnison a occupé ce point intéressant jusqu'à l'évacuation de Madrid, en août 1812.

Je repartis le lendemain pour Guadalaxara. Comme la forêt de Fuentes touchait la route, j'ordonnai qu'on en abattît cent cinquante toises de chaque côté, afin d'éclairer mieux le chemin de Torija. Cette petite ville se trouve à l'embranchement des chemins de Saragosse et de Brihuega; elle est ceinte d'une bonne muraille crénelée; un vieux château fort ajoute à sa défense; étant située à mi-chemin de cette dernière ville à Guadalaxara, à la tête d'un défilé long et étroit, au milieu duquel passe la route; ayant enfin sous ses murs une des belles fontaines de la province, Torija me parut un poste à occuper, tant comme un point de réunion pour des opérations sur Hita (*), Cogolludo (**),

---

(*) Petite ville, en partie détruite, au pied oriental d'un mamelon très élevé et tout à fait isolé dans la campagne, à trois quarts de lieue environ de l'Henarès. Les ruines d'un vieux château couvrent le sommet de ce mamelon, aussi élevé que le grand plateau qu'il avoisine. Quelques pans d'une vieille enceinte attestent que cette ville a jadis été fermée et fortifiée.

(**) Autre petite ville dans les contreforts des monts Guadarama; elle est entourée d'une chemise bastionnée:

Jadraque (*), Siguenza et Trillo, que pour rester maître de déboucher à volonté, et sans obstacles, sur le grand plateau qui sépare l'Henarès du Tajuña. M. le chef de bataillon Servert fut chargé du commandement de ce poste, en attendant l'arrivée de M. Yost, qui avait défendu avec succès le pont de Congosto, et que j'avais destiné au commandement de Torija.

---

on y voit un des palais de la maison de Medina-Celi. Ce palais est riche et beau, mais il tombe en ruines.

(*) Bourg sur la rive gauche de l'Henarès, qu'on y passe sur un pont de bois. On y voit les ruines d'un vieux château. C'est là que la reine Elisabeth Farnese fit arrêter, pour l'envoyer hors de l'Espagne, la princesse des Ursins, que Philippe V y avait envoyée audevant d'elle.

CHAPITRE V.

Retour à Guadalaxara. — Valdenoches. — Entrée à Siguenza. — Occupation du château. — Détails topographiques. — Mauvaise foi des habitans. — Sommation de l'Empecinado.

Ces dispositions et la reconnaissance de Torija, m'ayant pris assez de temps, nous ne pûmes arriver à Guadalaxara que de nuit, après avoir fait une courte halte au hameau de Valdenoches, que quelques auteurs prétendent être la patrie du fameux Fernand Cortès, conquérant et destructeur du vaste empire du Mexique.

L'affaire de Sotoca avait rempli les autorités de la joie la plus vive; le préfet (M. de Salas) nous en fournit la preuve en faisant, à notre retour, et sans aucun ordre de ma part, illuminer la ville et mettre toutes les cloches en branle. Aussi, dès qu'on nous aperçut, on n'entendit plus que leur carillon, et les cris de tous les habitans, qui s'étaient portés au-devant de nous.

La nécessité d'étendre le domaine de l'administration ne me permettait pas un long séjour dans Guadalaxara; et, dès le lendemain, je m'occupai à mettre la ville en état de résister partout à des coups de fusil; à en séparer une petite partie, comme réduit pour la garnison et les autorités; à faire retrancher, dans ce réduit, l'église du château pour donjon; à fixer enfin l'approvisionnement des troupes déjà établies à Brihuega et Torija. Tout ayant eu un commencement d'exécution, et m'ayant fait juger que Guadalaxara n'aurait rien à redouter d'une courte absence, tant que je la couvrirais, j'écrivis au corrégidor de Siguenza que mon dessein était d'aller visiter cette ville, et d'y établir une garnison. Je lui promis de faire respecter les personnes et les propriétés, en tout ce qui dépendrait de moi. Ma lettre resta sans réponse, et cela ne m'étonna point, Siguenza, tout à fait soumise au pouvoir de la junte, étant le siége ordinaire du quartier-général de l'Empecinado.

Ce silence n'ayant pas été rompu, je marchai, à la fin de juin (le 28), sur Mirabueno, où je couchai; et, le lendemain, à neuf heures du matin, je descendis vers Siguenza, après avoir fait la reconnaissance des hauteurs qui dominent la ville : avant d'y arriver, nous chargeâmes une patrouille de cavalerie, dont tous les chevaux restèrent au pouvoir des Westphaliens. Dès que le peuple de Siguenza vit mon avant-garde descendre la côte, il se groupa sur tous les points d'où l'on pouvait nous découvrir; et les magistrats, ayant leurs cannes en main (*), s'avancèrent au devant de moi.

L'officier qui commandait l'avant-garde m'ayant fait prévenir de l'approche des magistrats, je devançai la colonne qui marchait toujours, je les abordai, les excusai moi-même de leur silence, et leur renouvelai de bouche les promesses que je leur avais faites par écrit; mais pendant qu'ils me haranguaient, je dirigeai le colonel du régiment d'Irlande, M. Balestrier, vers le château dominant la place, avec ordre de le bien reconnaître, et d'y prendre position avec son régiment.

Le reste de ma colonne, composé des compagnies d'élite et de celle d'artillerie de Royal-Étranger, ainsi que de trois escadrons westphaliens, entra dans la ville, ayant les magistrats

---

(*) Une canne est partout en Espagne l'attribut de l'autorité. Les alcades de villages portent un petit jonc blanc, qu'ils nomment *vara :* c'est, pour eux, un porte respect non moins puissant que l'écharpe de l'officier municipal en France.

en tête. Je n'avais donc laissé dans les garnisons que le détachement du 64°, des dépôts, et les compagnies du centre du régiment d'infanterie au service de l'Espagne, que je viens de nommer.

La correspondance fut aussitôt établie entre Guadalaxara, Torija, Brihuega et moi, de justice en justice, selon l'excellent usage du pays, dont j'avais contracté l'habitude dans mes gouvernemens précédens. Je reçus, par ce moyen, des lettres qui m'apprirent la satisfaction qu'on avait éprouvée, à Madrid, de la défaite de l'Empecinado, et les espérances qu'on en concevait pour l'avenir.

Siguenza est le chef-lieu d'un diocèse dont l'évêque a pour revenu plusieurs millions de réaux : on conservera long-temps, dans cette ville, le souvenir de M. Guerra, homme respectable qui, pendant l'exercice de cette haute dignité, n'a consacré son immense superflu qu'à des fondations utiles. Il a fait bâtir, au dehors des murs de la vieille ville, et dans le voisinage de l'Henarès, de belles rues tirées au cordeau, et une grande maison de charité où l'on élève et instruit, dans les métiers les plus utiles, un grand nombre d'orphelins des deux sexes. Ce digne prélat, qui, quoique inquisiteur, n'a fait brûler personne, a également fait construire la seule et jolie promenade qu'on trouve dans la ville.

La cathédrale est un vaste édifice qui mérite d'être vu ; dans l'intérieur, et à droite en entrant, on était frappé par la vue d'un grand tableau divisé en carrés-longs, d'environ un pied de hauteur, représentant chacun le portrait, dans les flammes, de quelques malheureux condamnés par l'inquisition du pays. Au-dessous de chacun de ces portraits, parmi lesquels on distinguait beaucoup de femmes et de vieillards, se trouvaient les nom et prénoms de la victime, ainsi que la date de son martyre. Odieux monumens de la barbarie de quelques prêtres aussi fanatiques qu'ambitieux, ces tableaux étaient là comme la preuve de leurs célestes attributions !

Une enceinte de murs épais, flanqués de tours, ferme la vieille ville de Siguenza. Le château est fortifié de la même manière, mais sans aucun dehors. On se doute bien que ma première pensée, ayant l'intention de conserver cette position, fut de la mettre en état de défense. Trente mille fanégues (*) de bled, que nous y trouvâmes, servirent aux approvisionnemens.

(*) Mesure du poids de vingt-cinq livres.

Cependant l'Empecinado était dans les environs, et aucun habitant ne nous en disait mot : il était l'homme de leur parti. Ce chef se défiant de ses forces, après l'affaire de Sotoca, avait cru devoir appeler à son aide la guerilla naissante de Mina, ainsi que celle des curés Tapia et Merino, déjà redoutables dans la Vieille-Castille. Il avait en outre réuni toute sa cavalerie, forte alors de cinq à six cents hommes.

Ne désespérant pas de m'écraser avec des moyens très supérieurs aux miens, don Juan Martin jugea devoir me sommer d'évacuer la place, et termina sa lettre, non datée, par une invitation de venir servir avec lui sous les bannières de l'insurrection (*). Je ne pouvais rien lui répondre, puisque je ne savais de quel jour ni de quel endroit il m'avait écrit; il me fallut donc

---

(*) Les Espagnols se sont flattés quelquefois d'engager quelques Français à abandonner leurs drapeaux. La junte suprême de l'Espagne adressa, en 1810, une proclamation aux Français, *au sujet de la tyrannie de Napoléon, et pour les inviter à secouer son joug, et à déserter son armée.* Cette pièce curieuse se trouve dans l'ouvrage anglais intitulé *Annual Register,* 1810, page 515.

renvoyer le piéton de la dernière justice avec un reçu portant que j'attendais l'Empecinado, et que j'étais prêt à le recevoir de jour et de nuit.

CHAPITRE VI.

Nouvelle attaque de l'Empecinado.— Il est battu.— Apparition successive de Mina, ainsi que des curés Tapia et Merino. — Leur retraite.

J'AI dit que constamment les troupes sous mes ordres prenaient les armes avant le point du jour. Les Westphaliens qui occupaient la partie basse de Siguenza, ou la nouvelle ville, en raison de la commodité de l'Henarès, pour abreuver les chevaux, et des chambres basses, pour le service d'écuries; les Westphaliens, dis-je, ayant fini leur pansement, se trouvaient en bataille, lorsque les coups de fusil de la garde avancée leur donnèrent l'alarme. Cette garde s'étant jetée à droite et à gauche de la route de Medina-Celi; la cavalerie de l'Empecinado ne pensait plus rencontrer d'obstacles, et s'avançait par quatre, lorsque M. de Hersberg, officier très distingué, commandant les chevau-légers, les fit rompre en colonne, fit ouvrir les chevaux de frise, et, apercevant l'ennemi, m'en fit prévenir, tout en le chargeant avec la plus grande vigueur. Je recevais au même instant, du colonel Balestrier, le rapport que l'ennemi se présentait devant le château, par la route d'Alcolea del Pinar. Cette route, et celle que les Westphaliens avaient prise, sont séparées l'une de l'autre par un coteau en pente douce du côté de Medina-Celi, mais coupé à pic du côté d'Alcolea del Pinar; et, comme je pouvais arriver à ce coteau par le pont étroit jeté, près de la cathédrale, sur le grand ravin qui forme le fossé de cette partie de Siguenza, je m'y portai avec les deux compagnies d'élite de Royal-Étranger, en bataille devant mon logement, en envoyant au colonel Maurin l'ordre de m'y suivre avec les deux autres compagnies de ce corps; et, au colonel Balestrier, celui d'engager faiblement un de ses bataillons, afin de me donner le temps d'arriver aux rochers qui plongent le chemin par où l'ennemi se présentait à lui : ce colonel dut réserver l'autre bataillon pour garder la ville.

Le 1er bataillon d'Irlande, qui avait reçu l'ordre de sortir du château, lança de suite ses voltigeurs; et l'ennemi, déjà en bataille derrière le lavoir, répondit à leur feu d'une manière d'autant plus soutenue, qu'il se croyait beaucoup de monde devant lui. Sa position était excellente de nuit ; mais le jour commençant à poindre, elle ne l'était plus autant, en ce que je la découvrais du haut des rochers : je les fis alors attaquer de flanc.

Cependant je n'entendais pas les chevau-légers, et, quoique je me fusse personnellement avancé sur la gauche des compagnies de Royal-Étranger, appuyé seulement de quelques voltigeurs, je ne les découvrais pas : quelques-uns de leurs blessés, qu'on rapportait sur la ville, m'apprirent que ce régiment s'était trop engagé, qu'il était un peu plus avant, et qu'il attendait de l'infanterie pour améliorer sa position.

J'envoyai chercher aussitôt du canon, et fis étendre les tirailleurs jusque dans les rangs westphaliens, pour répondre aux nombreux coups de carabine des guerillas, qui tiraient très juste, quoique à cheval. Ce mouvement m'ayant contraint à dégarnir les crêtes, l'ennemi s'en aperçut, et s'arrêta dans le Pinar (*),

---

(*) On a vu plus haut qu'un bois uniquement composé de pins s'appelle *pinar* en Espagne. Ces bois sont très communs dans la Vieille-Castille. Ils forment en quelque sorte la seule verdure qui couvre la surface des vastes plaines de sable qui séparent Ségovie de Valladolid, dans la direction de Cuellar et de Tudela de Duero.

Outre la résine et les planches que les habitans retirent

où il entretint un feu des plus vifs avec le bataillon d'Irlande.

Ayant cependant reconnu qu'il suffisait d'une compagnie de voltigeurs pour appuyer les Westphaliens contre la cavalerie ennemie, en nombre triple, il est vrai, j'ordonnai à M. de Hersberg de conserver sa position, et reportai de suite les autres compagnies d'élite sur les rochers, afin de soulager le bataillon d'Irlande, et d'obliger, par le feu des hauteurs, l'Empecinado à quitter sa position du Pinar, par laquelle il pouvait réussir à me couper. J'envoyai dire en même temps à M. Delès, chef de ce bataillon, de pousser son mouvement ; et bientôt l'infanterie ennemie, pressée de front et très gênée par le feu fichant des hauteurs, prit le parti de se mettre hors de portée de celles-ci, et de se rapprocher davantage de sa cavalerie, qu'elle

---

des pinières, ils y trouvent un produit fort intéressant dans les amandes que renferment les pommes de pins. Ces amandes, d'un goût très agréable lorsqu'elles sont fraîches, peuvent se conserver salées et desséchées au four. Elles servent à la nourriture d'une partie du bas peuple de la Castille et des montagnes de l'Aragon. On en tire aussi un lait sucré et butireux, assez bon quand il est nouvellement extrait, et une huile égale en qualité à l'huile de noix.

apprenait être avantageusement aux prises avec la mienne.

Ce mouvement rétrograde de l'infanterie ennemie fut suivi pas à pas, malgré un feu bien soutenu, jusqu'au point où se trouvait cette cavalerie; et les forces qui me combattaient se rassemblèrent toutes sur ce point, où don Juan Martin les forma pour soutenir un nouveau choc.

Dans ce moment aussi, les Westphaliens s'étaient échelonnés sous la protection des voltigeurs; les autres compagnies de Royal-Étranger, et quatre du bataillon d'Irlande, par un mouvement à gauche, avaient gravi les rochers et se formaient en bataille, appuyant leur droite aux crêtes, pour se lier aux deux autres compagnies laissées dans le Pinar, et seulement séparées de nous par le vallon.

Voici l'ordre de bataille que, vers dix heures du matin, don Juan Martin prit devant moi. Il établit toute sa cavalerie sur sa droite, en avant du village de Guijosa, le pays devant elle étant plus à découvert. Il rangea environ deux mille hommes d'infanterie, à mi-côte, sur les hauteurs qui, s'élevant de ce village, règnent obliquement jusqu'au Pinar. Ses forces ne composaient qu'une ligne, couverte par de nombreux tirailleurs.

J'occupais une position à peu près parallèle ; mais ayant beaucoup moins de monde, je ne pouvais qu'avec désavantage combattre partout à la fois, ce qui me fit sentir la nécessité de tenter un effort sur le centre de l'ennemi, étant résolu, s'il réussissait, de faire charger sa droite par les Westphaliens et Royal-Étranger, pendant que le bataillon d'Irlande pousserait la gauche vers les compagnies établies dans le Pinar. Je donnai en conséquence, au chef de ce bataillon (M. Delès), l'ordre de jeter, au premier coup de canon, une compagnie de tirailleurs sur son front, et de masser les trois autres ; les trois compagnies d'élite de Royal-Étranger eurent également celui d'opérer une pareille évolution au même signal, la 4º compagnie appuyant toujours les Westphaliens.

Le canon s'étant fait entendre, et ses coups bien pointés sur le centre de l'ennemi ayant déterminé l'Empecinado à un mouvement en arrière sur les hauteurs, je suivis ce mouvement, toujours massé, je continuai l'attaque du centre au pas de charge et je parvins a enfoncer la ligne espagnole. Le corps de droite, formé de la cavalerie et des tirailleurs de Siguenza, se replia sur Guijosa, pendant que la gauche, prise de front et de flanc, était rejetée en désordre vers le Pinar et ne pouvait plus rejoindre la droite que par un long et dangereux détour, puisque Royal-Étranger la poussait vivement devant lui sur Guijosa. Arrivée près de ce village, elle tint ferme à l'entrée de la gorge très boisée qui s'ouvre sur ce point ; mais je la fis charger à la baïonnette par le colonel Maurin, pendant que deux escadrons de chevau-légers se précipitaient, aux cris de *houra*, sur sa cavalerie qui ne jugea pas convenable de se laisser joindre. Pendant ces manœuvres, le 3ᵉ escadron westphalien, ma seule réserve, était resté dans la plaine à l'appui de l'artillerie qui avait cessé de nous être utile.

Mais tandis que les chevau-légers, poussant leur charge, s'approchaient de Bujarrabal ; que les voltigeurs, continuant à tirailler dans la gorge de Guijosa, suivaient l'infanterie ennemie dans la même direction ; que le bataillon d'Irlande achevait de balayer les hauteurs ; les grenadiers de Royal-Étranger s'étaient ralliés au 3ᵉ escadron westphalien pour garder les prisonniers et augmenter la réserve ; et le commandant de celle-ci, ainsi que le colonel Balestrier, qui observait du haut des tours de la cathédrale, m'envoyaient, l'un et l'autre, prévenir qu'une colonne de cavalerie ennemie paraissait sur la rive droite de l'Henarès, c'est-à-dire, sur mes derrières et sur leur gauche.

Rappeler le régiment westphalien avant qu'il eût ôté à la cavalerie de l'Empecinado l'envie de revenir, n'était pas encore convenable; cependant je lui expédiai l'ordre de ne point s'aventurer au-delà de Bujarrabal, de paraître aux yeux de cette troupe avoir le dessein de lui tendre une embuscade, mais de revenir à moi dès qu'il lui verrait un mouvement prononcé de retraite. Les voltigeurs de Royal-Étranger combattant encore dans la gorge, je leur fis passer l'ordre de se maintenir sans pousser plus loin, et de se replier sur moi quand l'ennemi cesserait de tirailler. Le bataillon d'Irlande ne combattant plus, je le fis former à la réserve, au commandant de laquelle j'envoyai dire d'observer la marche de la nouvelle colonne ennemie et de me faire des rapports tous les quarts d'heure. Mais outre cette colonne qui, selon ce que nous apprîmes, appartenait à Mina, on en découvrit une seconde beaucoup plus forte, du haut des tours, et je ne doutai point que celle-ci n'appartînt aux curés Tapia et Merino, que je savais en mouvement. Au moment où l'avis m'en parvint, la retraite de l'Empecinado était heureusement tout à fait décidée, sur tous les points, et ce chef ni ses troupes ne pouvaient voir ce renfort, tandis que les miennes devenaient successivement disponibles.

Une reconnaissance westphalienne, poussée au-delà de l'Henarès, qui, dans les environs de Siguenza, est guéable partout, escarmoucha avec les éclaireurs des nouvelles colonnes, vit ces colonnes arrêtées et leurs chefs se consultant. Il était au moins quatre heures après midi; l'affaire, ayant commencé avant le jour, durait depuis douze heures consécutives; et nul doute que ces renforts ne fussent arrivés trop tard, puisqu'au premier avis que je reçus de leur apparition, l'Empecinado avait déjà perdu environ deux lieues de terrain. Mais cette apparition, quoique tardive, eut pour lui cet avantage qu'elle m'arrêta dans la poursuite de ses troupes battues.

Les escadrons westphaliens s'étant rapprochés, je fis rentrer les voltigeurs qui ne combattaient plus, et quoique ma colonne n'eût rien mangé de tout le jour, je marchai avec elle sur l'Henarès, dans le dessein de le passer et d'attaquer les renforts; mais leurs chefs avaient pris conseil sur l'état des choses; et voyant l'Empecinado culbuté, ils jugèrent tout engagement dangereux; et, sans m'attendre, se retirèrent par les bois, dans la direction d'Almazan, province de Soria.

Alors, et vers six heures du soir, nous nous acheminâmes sur Siguenza où j'envoyai les troupes à leurs casernes, après leur avoir hautement témoigné ma satisfaction : on leur distribua double ration de vin, et elles oublièrent facilement les fatigues de la journée, en faveur de la gloire qu'elles y avaient acquise. Ma perte s'éleva à trente-neuf hommes tués ou blessés; aucun ne fut pris. Irlande répara la sienne sur le champ de bataille, par l'enrôlement des prisonniers de bonne volonté ; les autres furent destinés à être envoyés au Retiro (*). Je fus très satisfait de la manière dont chaque officier avait exécuté les ordres qu'il avait reçus.

Aussitôt après ma retraite, je rédigeai quelques lignes de rapport pour l'état-major général, pendant qu'on formait dans le bataillon d'Irlande, resté dans la ville, une escorte pour les prisonniers et mes dépêches. Ces dépêches contenaient l'ordre aux compagnies franches de Mesa et de Sauquillo, que M. le général Béliard avait montées et dirigées sur Guadalaxara, de quitter cette place et de venir me rejoindre sur-le-champ. Le 1er de chasseurs à cheval espagnols, ainsi que le 1er de ligne de cette nation, étaient arrivés

---

(*) C'était au Retiro de Madrid, qu'on réunissait les prisonniers, pour en former les convois qui partaient pour la France.

de Madrid pour renforcer ma division et remplacer les troupes que j'avais portées sur Siguenza ; on avait également envoyé à Guadalaxara un fort détachement de la garde royale.

CHAPITRE VII.

Détresse de la junte. — Marche sur le Buen-Desvio, lieu de ses séances. — Mouvement de Palafox. — Prise du père Gil. — Destruction du Buen-Desvio.

Deux affaires malheureuses, à la suite l'une de l'autre, devaient d'autant plus alarmer la junte, que sans l'apparition des forces appellées à son secours, la dernière aurait incontestablement eu des résultats plus funestes pour l'Empecinado. Comme les troupes de cet officier annonçaient beaucoup de découragement, la junte ordonna des levées et demanda des secours jusqu'en Aragon.

L'Empecinado s'étant refugié dans les villages voisins du Buen Desvio, reçut ordre d'aller s'établir à Medina-Celi, pour y attendre les moyens de reprendre l'offensive; il y fut rejoint par un M. de Palafox, parent du gouverneur célèbre qui, l'année précédente, avait défendu Saragosse, et qui amena près de deux mille hommes d'infanterie de ligne avec lui.

Pendant que cette division attendait encore la jonction de nouveaux corps pour marcher à moi, ses chefs prenaient le plus grand soin de m'empêcher de savoir où ils étaient, afin de pouvoir tenter une surprise sur Siguenza quand ils se croiraient en mesure. La position de Medina-Celi favorisait beaucoup cette réunion : son nom, ville du ciel, indique, en quelque sorte, sa haute élévation ; des renseignemens topographiques recueillis, à la suite de ceux que je parvins à me procurer sur l'emplacement et les forces de l'ennemi, devaient me faire considérer cette ville comme à l'abri d'un coup de main, quelque vigoureux qu'il pût être, quelque habilement qu'il fût conduit, avec aussi peu de troupes que j'en avais à ma disposition, et tant qu'elle aurait une garnison, je ne dis pas aussi nombreuse, mais qui voulût s'y défendre seulement un peu.

En effet Medina-Celi est entourée d'une chemise bien entière, sur une partie de laquelle sont appuyées des maisons susceptibles de recevoir des tirailleurs. Cette ville couronne un mamelon isolé de trois côtés par une vallée extrêmement profonde et dont les flancs, sans être à pic, sont de l'escarpement le plus roide ; du quatrième côté elle est séparée des plateaux voisins par un enfoncement qui lui forme un large fossé difficile à franchir : enfin on n'arrive à la ville que par deux chemins plongés de toutes parts dans une assez longue étendue.

Medina-Celi n'eût été d'aucune importance militaire pour moi, s'il n'eût momentanément renfermé l'Empecinado, dont la prise valait bien un siége ou un blocus. Mais ce chef et toutes ses forces eussent-ils attendu qu'on les y renfermât ; et, dans la supposition qu'on eût réussi à les y bloquer, ne se fussent-ils pas échappés, ou isolément et travestis, ou en masse, à travers des camps très coupés entre eux par la nature topographique des environs ; à travers des postes qu'il eût fallu, par cette raison, singulièrement étendre, et conséquemment rendre faibles partout.

On a vu que le Buen-Desvio était le chef-lieu de la province de Siguenza pour l'administration de la junte ; il fallait, pour s'y rendre, traverser les plaines d'Alcolea del Pinar et d'Anguita sur le Tajuña, qui présentent de beaux champs de bataille. Or, comme cette junte disposait des troupes, la menacer directement, c'était la porter à rappeler à son secours celles qui se réunissaient à Medina-Celi, et ce fut le plan que j'adoptai parce que j'avais envie d'en venir aux mains, mais que je ne voulais pas pour un point d'une importance éphémère, faire détruire les seules troupes dont le roi Joseph pût disposer encore, quoique le nombre des régimens décrétés, après la conquête de l'Andalousie, fût déjà de douze d'infanterie et de quatre de cavalerie légère, tous placés sous mon inspection.

Cependant, afin de ne pas faire de mouvemens hasardés, et de ne compromettre, pendant mon absence, ni Siguenza, ni mes autres postes, je parlai publiquement d'une expédition très prochaine sur la junte; je me procurai des guides sûrs; car sans cela, ceux que j'aurais pris auraient déserté en chemin, ou m'auraient assuré, après m'avoir jeté dans les défilés, qu'ils ne connaissaient plus le pays. Lorsque la nouvelle fut bien répandue, que je jugeai qu'on pouvait la connaître au quartier général de don Juan Martin, ainsi qu'au Buen-Desvio, je me mis en route pour ce dernier endroit.

L'Empecinado ne crut pas d'abord qu'ayant l'intention de me porter sur un point, j'en garderais aussi peu le secret, et la publicité de mon opération lui parut une ruse dont l'objet pouvait être de lui donner le change sur mes véritables desseins. Mais la junte pour qui le danger était direct, et M. de Palafox qui jugeait sans doute plus militairement, ne furent pas de son avis; ils pensèrent qu'une attaque de ma part sur Medina-Celi étant à la fois extraordinairement chanceuse et d'aucune utilité pour moi, je pourrais bien effectivement chercher à paralyser pour long-temps les opérations de l'administration insurectionnelle en détruisant le Buen-Desvio et ses archives; ils furent alors d'avis de porter les troupes au défilé étroit d'Aguilas de Anguita, qui est une espèce de porte dans les rochers, d'autant plus difficile à forcer, que ces rochers sont inaccessibles de front par leur escarpement.

Par suite de ces différentes manières de voir, les deux troupes se séparèrent et Palafox marcha sur ce dernier point. J'achevai de déboucher du défilé où il voulait m'arrêter, lorsque mes flanqueurs me firent savoir qu'ils voyaient une colonne ennemie ; je fis aussitôt former les troupes et, gagnant de ma personne un petit tertre voisin, j'allai reconnaître ce qui en était. Je vis alors environ deux mille hommes d'infanterie de l'autre côté de la plaine, sur la route de Saragosse ; au même moment nous aperçûmes à peu de distance un groupe de cavaliers que je fis charger sur-le-champ par les compagnies franches espagnoles : la partie la mieux montée nous échappa, mais l'autre fut prise et me fut amenée. Au nombre des prisonniers se trouvait le père Gil, ce moine qui s'était rendu si fameux à Saragosse pendant le siége (*) : comme il était tremblant ainsi que ses compagnons d'infortune, je les rassurai tous en leur disant qu'ils ne devaient se considérer que comme prisonniers de guerre. Soit que cette colonne qui était celle de Palafox ne nous eût point aperçus; soit que nous ayant vu, elle eût voulu nous éviter et ne point s'engager sur le chemin du Buen-Desvio, on ne la vit point arrêter sa marche.

Je ne changeai également pas de direction, et, traversant bientôt Anguita, j'arrivai en remontant le Tajuña dans le voisinage du Buen-Desvio; mais comme, dès Ciruelos, la troupe était rendue de fatigue et de besoin, je formai un détachement de bonne volonté et l'envoyai, sous les ordres d'un officier intelligent, opérer la destruction du lieu des séances de la junte. Je pris ensuite position sous Ciruelos; ce pauvre village était abandonné, la junte ayant, sous peine de mort, ordonné à tous les habitans de quitter leurs maisons à notre approche, dans la crainte

---

(*) Son courage et ses exhortations soutinrent la persévérance des habitans, entretinrent la haine pour la domination étrangère, et leur fit supporter patiemment un siége de quatre mois, la famine et les maladies contagieuses.

que des soins, une bonne discipline et le langage de la persuasion ne les détournassent de la fidélité aux principes qu'elle professait.

Un paysan que l'on prit et que l'on m'amena, en lui persuadant que j'étais un général espagnol qui cherchait à se réunir à Palafox ou à l'Empecinado, me donna des renseignemens sur la direction que le premier avait prise : ne se sentant pas en forces pour agir seul, il se retirait à Arcos, et avait au moins déjà trois heures d'avance sur moi. Quant à don Juan Martin, on le croyait toujours à Medina-Celi.

Le détachement étant rentré vers onze heures du soir, j'appris qu'il n'avait trouvé au Buen-Desvio qu'un membre de la junte, qu'il avait arrêté et une vingtaine de misérables recrues qui s'étaient sauvées à son approche. Le commandant m'informa en outre, qu'après avoir détruit les papiers et les munitions de guerre, il en avait fait autant du lieu des séances.

CHAPITRE VIII.

Source du Xalon.— Entrée à Medina-Celi. — Retour à Siguenza. —Marche rapide sur Guadalaxara.—Départ des chevau-légers westphaliens. — 10e De chasseurs à cheval. — Double gouvernement, la junte et le roi Joseph. — Attaque de Siguenza. — Secours.

Le lendemain je gagnai la belle route de Saragosse à Madrid : tous les villages étaient abandonnés. Cependant à Alcolea del Pinar, je trouvai le curé, qui me donna un guide pour Medina-Celi. Ce guide nous fit passer près de la source du Xalon, qui naît au pied d'une haute montagne, et paraît s'échapper avec effort d'une barrière de rochers qui la retient comme les portes d'une écluse. Ses eaux couvrent un lit de dix à douze pieds de largeur sur autant de pouces de profondeur. Les hommes et les chevaux les trouvèrent si légères et si fraîches, que nous eûmes toutes les peines imaginables à les en arracher ; fort heureusement elles n'incommodèrent personne.

A mesure que nous avancions vers Medina-Celi, par le chemin qu'on nous avait fait prendre, nous entrions dans des défilés étroits et profonds; ces défilés, qui se succèdent les uns aux autres, sont tous fort escarpés : tantôt ils sont traversés dans leur longueur par les eaux déjà grossies du Xalon, qui s'y trouve encaissé; tantôt remplis à moitié par de petites mares formées par les eaux qui tombent des rochers voisins, et qui, stagnantes par leur position, croupissent pendant l'été, s'évaporent, et laissent à la place qu'elles ont occupée une boue épaisse et fétide. La route qui serpente à travers tous ces obstacles est très difficile en quelques endroits. Enfin, après une marche pénible nous gravîmes la côte de la *ville du ciel*, et nous y fîmes sans opposition, notre entrée vers huit heures du soir.

Don Juan Martin, sur l'avis que nous prenions une direction qui pourrait bien nous conduire à lui, avait battu en retraite; personne ne put ou ne voulut nous indiquer sur quel point. Si l'occupation de Medina-Celi eût été favorable à mon affermissement dans la province de Siguenza, je n'aurais indubitablement point trouvé de poste plus facile à défendre et d'une approche plus imposante; car, d'après ce que j'en ai dit plus haut et ce que j'en ai vu, c'est militairement parlant, *un point à se casser la nez* (*). Mais loin des communications, c'eût été pour moi un détachement inutile, gênant, et dont je n'aurais eu que très difficilement des nouvelles.

Je ne séjournai point dans cette ville : mais ne sachant plus où était l'ennemi, et ne pouvant risquer des reconnaissances dans ce genre de guerre tout particulier, je repris le chemin de Siguenza par Bujarrabal. Nous trouvâmes chemin faisant plusieurs riches convois de sucre et de cacao qui se rendaient en Navarre, et que nous laissâmes librement passer.

Rentré à Siguenza, je cherchais de nouveaux rsnseignemens sur l'Empecinado, lorsque j'appris que, dans le dessein de m'éloigner de cette ville, ou de profiter de mon absence de Guadalaxara, il manœuvrait sur la rive droite de l'Henarès, et pouvait tenter quelque surprise sur cette dernière ville, dont on avait retiré la garde royale, et que la composition de sa garnison espagnole ne rendait pas à ses yeux fort

---

(*) Les salines de cette petite ville et le bétail qu'on élève dans ses environs m'ont paru son seul commerce. L'illustre famille de Medina-Celi, dont elle est le principal apanage, a, dans ses murs, un vieux palais. Les ducs de Medina-Celi sont grands d'Espagne de première classe.

difficile à enlever. Il était urgent que, par un mouvement secret et rapide, je me jetasse entre mes postes et lui : je quittai, en conséquence, Siguenza vers neuf heures du soir, avec ma cavalerie et Royal-Étranger, et je traversai Mirabueno après minuit. Une partie de mon infanterie ayant mal serré, inconvénient des plus graves dans les marches de nuit, prit, à un embranchement dans la forêt, un chemin pour un autre, et s'égara. Je la fis rechercher aussitôt que je m'en aperçus, et ce ne fut qu'au point du jour que nous parvînmes à nous réunir à la hauteur d'Almadrones. Nous nous remîmes alors en route, et, après nous être reposés quelques heures à Torija, où l'on me parla des inquiétudes de Guadalaxara, j'arrivai encore avant la nuit dans cette ville.

Je trouvai, à mon quartier-général, des ordres pour le départ des chevau-légers, et l'avis de la prochaine arrivée du 10ᵉ de chasseurs à cheval, commandé par le colonel Subervie. Les 3ᵉ et 5ᵉ bataillons de Royal-Étranger, venant d'Avila, étaient également attendus d'un moment à l'autre. Ces mouvemens déconcertèrent les projets de l'Empecinado; il quitta Cogolludo pour se reporter sur Maramboz, gros village qui servait de dépôt à ses recrues.

Ayant opéré le départ qui m'était prescrit, et

mis au courant mes dépêches d'inspecteur général, je me rendis à Torija pour observer le plateau, et me jeter rapidement sur l'ennemi, s'il osait entreprendre quelque chose. Siguenza lui tenait fortement à cœur : les troupes du roi l'occupant, et le Buen-Desvio détruit, la junte était obligée d'errer de village en village ; les justices ne savaient plus où la trouver pour communiquer avec elle; l'Empecinado, dont cette ville était le quartier-général et le dépôt ordinaire, méditait tous les moyens de nous en faire sortir. Aucune ruse ne réussissant, la force ouverte était chanceuse, car je pouvais survenir pendant l'attaque. Il s'attacha donc à me faire observer par sa cavalerie.

Une chose digne alors de remarque, c'était la résignation des habitans des provinces de Guadalaxara et Siguenza : le roi et la junte centrale la faisaient également administrer, l'un publiquement, l'autre par des agens secrets. L'Empecinado commandait pour la junte, je commandais pour le roi ; la partie haute du gouvernement obéissait à la junte, lui payait les impôts, lui envoyait les jeunes gens en état de porter les armes ; la partie basse faisait de même en secret, et, de plus, payait les impôts aux autorités établies par Joseph.

Si quelque détachement ennemi se présentait dans une commune, et que celle-ci eût ordre d'en avertir l'intendant ou le gouverneur, la junte ne lui en faisait point un crime, pourvu que l'avis ne fût envoyé que deux ou trois heures après le départ de ce détachement, et n'indiquât point sa vraie direction; il n'était pas rare de recevoir alors de l'alcade un rapport à peu près conçu comme il suit : « Hier, à telle « heure, il s'est présenté un homme à cheval de « la guerilla de N.; il a cerné le village, et nous « a mis dans l'impossibilité de venir donner « l'avis plutôt. »

Étant allé visiter les travaux de défense à Brihuega, je les trouvai assez avancés pour n'avoir bientôt plus à m'inquiéter de la garnison de cette ville. J'y reçus du colonel Balestrier, que j'avais laissé à Siguenza, le rapport que les habitans abandonnaient successivement leurs maisons, et que la crainte d'une attaque prochaine pouvait seule motiver cette détermination; je lui répondis de me donner plus fréquemment de ses nouvelles, attendu que déjà quelques justices supprimaient ses lettres, et les envoyaient à la junte, qu'elles avaient retrouvée. Cette junte ne pouvait, il est vrai, rien pénétrer de leur contenu, puisque toutes étaient chiffrées, et d'autant plus difficiles à traduire, que certains signes exprimaient seuls une phrase entière.

Ce que m'avait écrit ce colonel, et ce que j'appris, par des notes secrètes, de la concentration des forces de l'ennemi vers Atienza, me firent présumer que les tentatives ne tarderaient pas à s'effectuer, et me décidèrent à me porter sur Siguenza par une marche de nuit (du 29 au 30 août 1810). Cette ville était précisément attaquée pendant ce mouvement : l'ennemi, au moyen de ses intelligences avec les habitans, et des poternes cachées dans quelques maisons, avait mis dans son attaque beaucoup de suite et d'audace; mais le régiment d'Irlande n'avait pas moins montré de vigueur dans sa défense. Il avait déjà rejeté l'ennemi hors de l'enceinte de la vieille ville, lorsqu'à son grand étonnement, il vit l'Empecinado parcourir les lignes d'attaque, et faire retirer précipitamment sa division. Ma cavalerie ayant paru sur les hauteurs, donna la raison de cette retraite inespérée, et causa la plus grande joie au régiment d'Irlande. Comme ce corps était plein d'ardeur, je lui donnai l'ordre de marcher immédiatement avec moi; et, à cet effet, Royal-Étranger, qui m'accompagnait, le releva dans ses postes.

CHAPITRE IX.

Poursuite de l'ennemi. — Escarmouche de Gargoles. — Affaire de Trillo. — Nouvelle dispersion des troupes de la junte.

Le régiment d'Irlande réuni, et formant environ huit cents baïonnettes, partit avec le 10ᵉ de chasseurs et nous nous dirigeâmes sur les traces de l'ennemi par le défilé d'Algora et las Hynvernas, où j'appris que l'Empecinado se retirait vers Cifuentès, et qu'il avait peu d'avance sur nous.

Les journées sont longues au mois d'août : le 10ᵉ et Irlande avaient hâte de joindre l'ennemi : personne n'était fatigué ; nous ne nous arrêtâmes donc point, et passant le même jour, le Tajuña, nous nous acheminâmes sur la ville de Cifuentes. Dès qu'elle parut à nos yeux, nous découvrîmes la colonne ennemie, le colonel Subervie prit avec moi le grand trot pour tâcher de l'arrêter, et de donner à Irlande, qui courait sur nos flancs, le temps de la rejoindre ; mais l'infanterie de l'Empecinado, en se retirant toujours, disparut bientôt dans les bois du mont

San-Cristoval, un des plus escarpés de la province de Guadalaxara, et sa cavalerie prit, au bas, le sentier de Gargoles.

L'avant-garde du 10ᵉ, ayant trop d'ardeur, suivit, homme par homme cette cavalerie dans le défilé de Cifuentes à Trillo ; elle trouva, au débouché, un escadron qui la chargea, lui fit éprouver des pertes et allait la maltraiter beaucoup plus, sans la rapidité avec laquelle son régiment et quelques voltigeurs arrivèrent à son secours.

Nul doute que l'ennemi ne se portât sur Trillo, dont les positions, sur la rive gauche du Tage, lui étaient si familières et si avantageuses, et que, se trouvant beaucoup plus en forces que moi, il ne nous y attendît. Mais la nuit arrivait, et il ne convenait pas de s'engager à pareille heure dans un pays aussi coupé, aussi boisé, aussi difficile. Je pris alors un bivouac en avant de Gargoles, c'est-à-dire, à trois quarts de lieue de Trillo.

Nous y passâmes une nuit tranquille, mais le 31 août (1810) je partis une demi-heure avant le jour pour me porter sur l'ennemi ; laissant le 10ᵉ chasseurs à Gargoles, afin de me soutenir au besoin, et surtout de garder les blessés et les prisonniers de la veille.

Le crépuscule commençait à poindre, nous

vîmes une forte reconnaissance de cavalerie passer, à notre droite, de l'autre côté du ruisseau de Cifuentes, et se presser pour arriver avant nous à Trillo.

L'Empecinado était trop prudent pour occuper cette ville; aussi s'était-il porté de l'autre côté du pont, sur la côte hérissée de rochers qui la domine ainsi que le chemin d'Auñon. De ce point, toutes ses balles portaient au-delà de Trillo, et pouvaient pleuvoir sur le pont. A peine nous aperçut-il à la hauteur de la chapelle, que cinq ou six feux de bataillon nous annoncèrent sa présence.

Ayant reconnu que toutes ses forces étaient postées, ainsi que je viens de le dire, et ne voulant pas faire tuer du monde mal à propos, je fis passer le premier bataillon d'Irlande, sous la conduite du colonel Balestrier, derrière les maisons pour arriver à couvert sur la place; le 2°, malgré le feu continuel de l'ennemi arriva dans la rue qui aboutit au même point, très voisin du pont.

Les bataillons ayant été établis ainsi, jetèrent des tirailleurs dans les maisons situées le long du Tage. Je reconnus alors mieux la position de l'Empecinado; et, comme cet officier avait négligé d'occuper les remises bâties de l'autre côté du fleuve, dont il se bornait à foudroyer le pont, je résolus d'aller me masser sous leur protection, mais je me gardai bien de tenter un passage de vive force et en colonne, parce que cette manœuvre eût entraîné pour moi une perte de plus de deux cents hommes : Voici donc comment je m'y pris pour arriver au même but, avec beaucoup moins de sacrifices.

J'ordonnai à dix hommes et un sous-officier de se précipiter, un peu distans les uns des autres, sur le pont, et de le passer à la course. Une décharge dirigée sur eux n'en atteignit aucun. Un second détachement pareil suivit de la même manière, et tout Irlande lancé ainsi par petites sections, vit faire des feux de bataillon sur chacune d'elles et n'éprouva pas la perte d'un seul homme : M. Belogui, son chirurgien major fut seul légèrement blessé au pied. Pendant que ce passage s'effectuait, nos tirailleurs embusqués dans les maisons, tuaient beaucoup de monde à l'ennemi.

Le 10ᵉ de chasseurs entendant de continuels feux de bataillon, grossis encore et multipliés au loin par les nombreux échos des vallées aboutissantes au champ de bataille, nous crut aux prises avec une armée entière, et, montant à cheval, s'approchait à notre secours, lorsque je lui fis dire de ne point dépasser la chapelle :

il resta, dans cette position, à examiner notre manœuvre.

Mes bataillons étant massés derrière les remises, et l'ennemi tenant bon, il fallut déboucher sur lui, et je commençai par faire glisser des tirailleurs par un chemin creux, sur sa gauche, que je me décidai d'attaquer seule, attendu mon peu d'infanterie. Bientôt les voltigeurs sortant de ce rideau gravissent la côte à travers les rochers et les buissons, malgré le feu le plus vif. L'Empecinado ne pouvait, dans une position d'une longue étendue, mais de peu de profondeur, opérer un changement de front, sa droite et son centre se trouvant maintenus par les troupes en colonne derrière les remises; il laissa donc attaquer sa gauche sans chercher à la secourir. Mais, dès que j'aperçus les premiers voltigeurs sur la hauteur et le flanc de l'ennemi, je fis attaquer la gauche de front, et, gravissant, à mon tour, et sous un feu croisé, les rochers escarpés qui la protégeaient, je la culbutai sur le centre, et bientôt celui-ci sur la droite. Alors l'ennemi lâcha pied, le 10ᵉ de chasseurs eut ordre de passer le Tage, et, secondé par l'infanterie, poursuivit l'Empecinado de positions en positions, jusqu'à ce qu'enfin il disparut pour nous en se dispersant dans les bois. J'en fis fouiller les bords, mais on n'y trouva plus personne, et nous vînmes nous reposer sur le champ de bataille. Pendant ce temps-là M. Belogui, après s'être pansé lui-même, donnait ses soins aux blessures reçues après le passage du fleuve.

Le 10ᵉ de chasseurs destiné pour l'armée du midi de l'Espagne, ne m'ayant été que momentanément envoyé par M. le général comte Béliard, toujours si prompt à me faire soutenir, je reçus à Trillo même l'ordre de le faire retourner à Madrid, et l'avis que les Westphaliens et le régiment de hussards hollandais allaient me rejoindre pour le remplacer.

Après avoir séjourné en position, l'infanterie à Trillo, la cavalerie légère à Gargoles-de-Abaco, nous quittâmes, de nouveau, les rives désertées du Tage, pour nous porter sur Brihuega, où je m'arrêtai quelques jours, afin d'attendre l'arrivée de ma cavalerie, et des renseignemens sur ce que l'Empecinado était devenu.

CHAPITRE X.

Affaire de Cifuentes. — Dispositions de l'Empecinado. — Sa défaite.

En effet don Juan Martin, emporté par son caractère actif, brave, entreprenant; et poussé par les continuelles exhortations de la junte, ne pouvait rester long-temps sans reparaître. J'appris qu'il s'était reporté sur Cifuentes (*), et qu'il avait le dessein de m'y attendre. Je l'y laissai

---

(*) Cifuentes est une petite ville située dans un bassin riant et fertile; elle est entourée d'une chemise crénelée, et défendue par un vieux château. Au pied du mont San Cristoval et dans la ville même jaillit la large source du ruisseau dont j'ai déjà parlé plusieurs fois, et qui, après avoir alimenté la papeterie de Gargoles, va se jeter, après une belle cascade, dans le Tage, auprès du pont de Trillo. Cette source forme, dans Cifuentes, un grand abreuvoir, et mérite d'être visitée par les curieux. Après la bataille de Villa-Viciosa, le général Staremberg se retira de ce côté, et fut sauvé d'une destruction entière par la position escarpée qu'il prit sur la rive gauche du Tajuña.

rassembler toute sa division pour lui donner plus de confiance encore ; et quand j'eus la certitude qu'elle y était entière, je fis venir de Guadalaxara un détachement des 12° et 21° d'infanterie légère, et laissant Brihuega sous la garde des dépôts, j'en sortis le 14 septembre au point du jour avec les Westphaliens, les hussards hollandais, deux bataillons d'Irlande et le détachement d'infanterie française dont je viens de parler ; c'est-à-dire avec environ mille fantassins et trois cent cinquante chevaux.

Nous n'aperçûmes rien jusqu'à Gargoles ; mais à peine eûmes-nous passé le ruisseau de Cifuentes, que l'avant-garde annonça l'ennemi. Ayant alors fait arrêter la colonne, ordonné à l'infanterie de se serrer en masse, et à la cavalerie de se former en bataille à mesure que l'une et l'autre arrivaient à ma hauteur, je me portai sur un tertre d'où j'observai les dispositions suivantes :

L'ennemi avait un bataillon entre le château et le pied du San-Cristoval : plusieurs autres bataillons garnissaient ce mont escarpé, et sa cavalerie occupait la plaine en avant et sur la droite de la ville de Cifuentes, faisant face à moi ; elle détachait des tirailleurs pour escarmoucher avec les miens.

Les deux bataillons d'Irlande étant formés

en masse, un escadron westphalien en bataille sur chaque aile, et les hussards hollandais composant seuls une réserve, aussi en bataille vis-à-vis l'intervalle de l'infanterie; je lançai sur mon front moitié de mon infanterie légère en tirailleurs; l'autre moitié, formant mon avant-garde sous les ordres de M. Dronis, marchait à cent cinquante pas de moi en colonne par section. Je suivis leurs mouvemens dans l'ordre que je viens de décrire.

La cavalerie ennemie étant nombreuse et en bataille, mon infanterie exécuta devant elle le passage de plusieurs obstacles. Arrivé enfin à une bonne portée de fusil, l'ennemi commença, de toutes ses positions, un feu de file très nourri. J'arrêtai ma colonne ne pouvant la masquer, et ordonnant à l'infanterie légère de diriger tous ses coups sur la troupe placée auprès du château, je détachai le 2º bataillon d'Irlande commandé par M. de Chamborant pour gagner les derrières de cette troupe en traversant la ville. Je jetai au même moment toute ma cavalerie sur ma gauche, comme pour appuyer ce bataillon, mais afin de la dérober au feu meurtrier de la montagne.

La cavalerie ennemie, craignant que le bataillon que je dirigeais par la ville et qui coupait en quelque sorte la ligne de l'Empecinado, ne la prît de flanc, fit un mouvement rétrograde pour rester liée à cette ligne. Aussitôt un escadron westphalien et les hussards hollandais eurent ordre de la suivre. Poussée par cette manœuvre, elle se retira plus loin qu'elle n'en avait l'intention et fut contrainte à faire le tour de Cifuentes pour gagner le chemin de Canredondo.

M. de Chamborant ayant exécuté l'ordre qu'il avait reçu, l'infanterie ennemie, placée entre le San-Cristoval et le château, se hâta, pour se soustraire aux feux qui l'atteignaient devant et derrière, de se jeter dans le vallon à droite des masses de son général, afin de s'y réunir par les bois.

Les chasseurs des 12° et 21° légers, aussi braves que pleins d'ardeur, voulurent suivre cette infanterie; mais le feu terrible de la montagne leur en imposa tellement, qu'ils s'abritèrent contre l'escarpement : le bataillon de M. de Chamborant, en cherchant à les appuyer, fut bientôt obligé de faire de même, de sorte que les chasseurs et ce bataillon se trouvèrent comme bloqués sur ce point inutile, d'où ils ne pouvaient sortir sans défiler à portée de pistolet, et avec une perte effroyable, sous les coups de l'ennemi placé au-dessus d'eux. Je sentis que pour les tirer de ce dangereux abri, autant que pour empêcher l'Empecinado de les écraser par le vallon, à sa droite, dont il était maître, il fallait, avec le seul bataillon qui me restait, faire le plus vigoureux effort sur les derrières des masses postées en haut de la montagne, et profiter du mouvement qu'il y causerait pour arracher M. de Chamborant et l'infanterie légère à leur position difficile, les porter ensuite à l'appui du premier bataillon, que dans mon extrême confiance en sa valeur, j'allais extraordinairement, mais indispensablement engager. Ce bataillon, pour arriver à mon but, avait à gravir, le long de la montagne et sous le feu de l'infanterie qui la garnissait, le seul chemin qui pût nous y conduire. J'ordonnai le mouvement et le colonel Balestrier se mit en tête, l'épée à la main : ses grenadiers souffrirent en gravissant le chemin, mais leur audace l'emporta, et malgré le feu roulant dirigé sur eux, leur marche ne se ralentit heureusement point. J'attendais avec un calme apparent, quoique avec une réelle inquiétude, l'effet que ce mouvement allait produire, et je n'en eus pas plutôt vu le principe, que je dis à M. de Chamborant et aux chasseurs de saisir l'instant où le feu changeait de direction, et de se jetter dans le vallon dont je viens de parler. L'Empecinado, pressé par cette diversion, fit, pour n'être pas coupé par deux troupes qui allaient se réunir sur ses derrières, un mouvement brusque et dont le désordre l'obligea de se jeter dans les bois.

Mais pendant que les choses se passaient ainsi à l'attaque de la montagne, la cavalerie ennemie n'arrêtait point sa retraite, parce qu'elle était harcelé par les hussards hollandais et les Westphaliens; néanmoins au retour d'un coude sur le chemin montueux de Canredondo, elle s'aperçut que la tête de l'escadron westphalien passait seulement le défilé du petit pont de Cifuentes, et que les hussards, ne l'attendant point, suivaient seuls la charge; alors se sentant supérieure de cinq sixièmes, elle fit volte-face et revint très vigoureusement sur les hussards. Je m'aperçus de ce mouvement à l'instant où j'arrivais sur le San-Cristoval avec le 2° bataillon d'Irlande, et m'empressai d'envoyer le capitaine Roh, l'un de mes aides-de-camp, porter aux escadrons westphaliens l'ordre de se réunir près la chapelle de Canredondo, de soutenir les hussards et de leur faire prendre leur revanche.

Les Westphaliens de l'escadron de réserve voyant arriver l'aide-de-camp qui leur criait : *En avant vers la chapelle*, ne l'attendirent pas, et, s'élançant le long du château, rejoignirent bientôt l'autre escadron. Celui-ci ayant remarqué l'embarras des Hollandais et achevé son passage, se portait au galop à leur secours.

Il ne faut pas croire que les cent Hollandais chargés par six cents chevaux se sauvassent lâchement ; ils avaient fait leur demi-tour à la voix de leur intrépide colonel Van Poll, et se retiraient vite, mais en ordre : aussi, dès que cet officier s'aperçut du renfort qui lui venait, il fit faire face en arrière en bataille, s'unit aux chevau-légers et reprit ses blessés ainsi que ses prisonniers. « Vos braves viennent de nous prouver qu'ils n'ont point dégénéré, lui dis-je en le rejoignant bientôt après, et qu'ils sont issus de ces Bataves qui, sous le règne d'Auguste, méritèrent si bien le surnom de *prœstantissimi equites.* »

La cavalerie ennemie n'apercevant plus l'Empecinado sur la hauteur inexpugnable de San-Cristoval, ne jugea point à propos de s'engager plus sérieusement, et continua à se retirer au galop devant la mienne, qui la poursuivait du même train. Quoique ces deux troupes ne fussent qu'à portée de pistolet l'une de l'autre, telle est la vigueur des chevaux espagnols, que cette distance se conserva sans pouvoir disparaître (*). Arrivée au sommet de la montagne,

---

(*) La même chose arriva depuis (le jour où je marchai sur le Xarama) au colonel Vial, du 26ᵉ de chasseurs à cheval, dans une charge long-temps soutenue.

lequel peut être à moitié chemin de Canredondo, et l'ennemi fuyant toujours, ma cavalerie s'arrêta, fit referrer en position les chevaux nombreux que le terrain pierreux avait mis à nu, et revint sur moi quand tout eut disparu devant elle.

De son côté, l'infanterie, après s'être réunie sous le petit plateau du mont San-Cristoval, avait donné si furieusement contre l'Empecinado pendant son mouvement, qu'elle avait augmenté le désordre de ses bataillons, et les avait culbutés jusqu'au bois. Une dispersion subite, selon la coutume de l'ennemi, vint le dérober encore à notre acharnement. J'aurais bien desiré que don Juan Martin eût suivi un tout autre système ; mais, à parler franchement, c'était le seul qui convînt à son genre de guerre et à ses soldats mal exercés.

Il me fut impossible, dans le rapport de cette affaire à l'état-major de S. M. C., de citer nominativement tous les braves qui s'étaient distingués, parce qu'à cet égard il n'y avait pas de choix à faire, et que les colonels Balestrier d'Irlande (*), de Stein des chevau-légers, et Van

---

(*) Il fut élevé à la dignité de commandeur de l'ordre royal d'Espagne.

Poll des hussards, ne purent me fournir aucun état. Cependant je signalai pour des récompenses les chefs de bataillon Delès et Chamborant, les chefs d'escadron de Plessen et Goelhingen, le lieutenant Dronis, et beaucoup d'autres braves dont les noms ne sont pas présens à ma mémoire en ce moment. Mes pertes ne furent point proportionnées à la chaleur de l'action ; car je ne comptai que vingt-deux hommes tués ou blessés : celle de l'ennemi égala sans doute la mienne ; mais elle l'aurait considérablement dépassée, si son champ de bataille eût été plus accessible : quelques prisonniers seulement restèrent en mon pouvoir; l'ennemi n'en garda aucun de ceux qu'il m'avait faits.

Cette position du San-Cristoval domine considérablement la belle vallée de Cifuentes : on ne peut y arriver de cette ville que par un chemin très rude, qui conduit à l'entrée des bois. Sur la pointe qu'elle avance au-dessus de Cifuentes, se trouve une maisonnette au pied de laquelle les rochers tombent brusquement à pic de plus de vingt toises : au bas de cette escarpe, il y a, si je m'en souviens bien, une carrière, et, de ce point, la chute des terres est très inclinée vers les ruines du château.

L'Empecinado, en attendant sur un pareil terrain la seule colonne que je pusse lui opposer, ne pouvait jamais rien craindre pour sa retraite, sans ma résolution désespérée; mais quels avantages cette position ne lui assurait-elle point, si les chances du combat tournaient en sa faveur? toutes ses forces descendant ou plutôt se précipitant sur moi, m'auraient accablé dans la plaine et dans les vallées profondes, dont le trajet de Cifuentes à Brihuega est entrecoupé.

Pour tenter la destruction de l'Empecinado, il eût fallu la coopération de plusieurs colonnes sur une même direction, et les troupes manquaient à l'armée du centre pour les former; d'un autre côté, si une pareille combinaison eût eu lieu, ce général ne l'eût-il pas mise en défaut par ses dispositions, ou en se cachant dans les défilés impraticables qui avoisinent le haut Tage sur l'une et l'autre de ses rives.

Ne pouvant, avec les troupes sous mes ordres et à cause des garnisons que j'avais à fournir, réunir encore plus de 1000 à 1200 hommes, contre 4, 5 et quelquefois 6000, mes manœuvres devaient se ressentir de ma faiblesse numérique. Des attaques audacieuses sur un seul point, comme le flanc, le centre, les derrières, étaient tout ce que je pouvais entreprendre de mieux. Je devais me conformer à ce que mes moyens me permettaient, et donner le moins désavantageusement pour moi contre des masses toujours retranchées dans les rochers, ou cachées dans d'épaisses broussailles; toujours postées sur des crêtes inaccessibles, ou couvertes par des rivières profondes. J'arrivais ordinairement à ces positions à jeun, après une marche fatigante, un soleil brûlant ou la pluie sur le corps; j'y forçais un ennemi frais, bien repu et tout disposé pour une dispersion en cas de malheur. Le moment de la victoire était pour moi le plus voisin d'une défaite; il ne fallait qu'un instant d'imprudence ou une fausse manœuvre pour causer la perte de ma colonne. En laissant poursuivre en désordre, en laissant trop disperser mes forces, je pouvais me priver des moyens de résister au choc d'une réserve habilement lancée : heureusement pour moi que sur ce point de tactique militaire, l'Empecinado se montra toujours faible.

L'affaire finie, nous revînmes bivouaquer sous Cifuentes, où les blessés et les prisonniers avaient été réunis. Le lendemain matin, nous fîmes relever et enterrer les morts, et n'ayant, le surlendemain, aucune nouvelle de l'Empecinado, nous quittâmes cette ville pour aller déposer nos blessés à l'hôpital de Brihuega.

Dans cette guerre et dans ce pays difficile, ne sachant jamais à temps utile le point de ralliement de l'ennemi, on n'osait pas risquer ces malheureux à la conduite d'une escorte qui facilement eût pu se trouver arrêtée ou prise dans les défilés; il fallait, si l'on voulait poursuivre ses succès, laisser ces braves intéressans dans les ruines de quelque vieux château, avec un détachement, ce qui les exposait, non seulement à manquer de tout, mais à être enlevés ou égorgés par des partis. On était donc, après chaque affaire, dans la nécessité de créer un poste, ou de se rapprocher du poste le plus voisin.

CHAPITRE XI.

Découragement de l'ennemi. — Situation militaire de mon gouvernement. — Affaire de Mirabueno. — Difficultés de notre genre de guerre.

MALGRÉ tant de revers successifs, don Juan Martin reçut ordre de la junte de ne pas lâcher prise et de rechercher quelque occasion de relever l'esprit abattu de ses troupes, que le nom seul des régimens de ma division faisait trembler. En effet, ce général doutait de pouvoir se maintenir dans aucune des positions de son commandement : celle des crêtes, en avant de Sotoca, était peu accessible de front, et nous l'avions escaladée pendant que nous en tournions les flancs ; celle au-delà de Trillo était foudroyante contre l'assaillant : une longue suite de rochers en amphithéâtre, garnis d'épaisses broussailles, et prenant leur origine dès la rive même du fleuve, profond et rapide, qui la protégeait, n'avait point arrêté l'ardeur de mon infanterie qui avait forcé cette position sans aucune perte. A la vérité, sa cavalerie avait eu, la veille du combat, un léger avantage sur l'avant-garde du 10° de chasseurs à cheval, mais elle n'avait point osé soutenir le choc de ce brave régiment. Siguenza était fortement occupée par ce Royal-Étranger dont l'Empecinado avait apprécié la valeur devant Guijosa; malgré ses intelligences avec les habitans de Siguenza, il s'était vu chasser par Irlande, de cette place dans laquelle il n'avait pénétré que par trahison. Les issues et les portes qui lui avaient donné l'entrée étaient murées, les maisons des traîtres étaient démolies, et chaque jour cette ville prenait un aspect plus imposant; enfin, la dernière affaire de Cifuentes venait de lui prouver qu'aucun obstacle ne pouvait nous arrêter. Brihuega ne craignait plus un coup de main; Guadalaxara était fermée, et le fort de Torija, commandé par le chef de bataillon Yost, qui avait si bien résisté à Puente del Congosto, pouvait soutenir un siége. De mon côté, toujours en campagne, tantôt me faisant connaître pour le gouverneur, tantôt me donnant pour un général de la junte suprême (*), mes

---

(*) La cocarde espagnole des troupes au service de Joseph était rouge, comme celle des Espagnols insurgés. La broderie distinctive des officiers généraux français

courses étaient autant de reconnaissances précieuses dans un pays dont la carte, quoique faite par Lopez, est très négligée et n'indique ni les vallées, ni les bois, défauts essentiels pour la guerre dans les montagnes.

Prévenu que l'ennemi attendait de l'artillerie et qu'il opérerait contre mes postes aussitôt qu'elle lui serait parvenue, je fis donner plus d'épaisseur aux ouvrages qui en avaient besoin, et couvrir les postes par des demi-lunes. Le soldat se réjouissait de cette nouvelle; il regardait déjà ces pièces comme devant lui appartenir; et s'il ne méprisait pas l'ennemi, au

---

attachés à la fortune de Joseph, était en tout pareille à celle des officiers généraux du parti de Ferdinand : les épaulettes et les étoiles françaises auraient pu seules mettre quelque différence dans le costume; mais, en campagne, les épaulettes sont presque toujours à moitié cachées par le surtout. Un alcade espagnol prenait donc facilement pour un compatriote, un officier général étranger, parlant la langue castillane, et revêtu des insignes militaires communes aux officiers nationaux. L'accent étranger pouvait rarement apporter d'obstacle à cette supercherie militaire, souvent nécessitée par les circonstances, parce que tous les Espagnols savaient que les troupes de ligne espagnoles renfermaient un grand nombre de régimens étrangers, tels que Suisses, Wallons, etc.

moins était-il très éloigné de le craindre. De mon côté je m'en félicitais, parce que, dans l'obligation de soutenir son artillerie, l'Empecinado ne se disperserait plus et prendrait des positions devant ou derrière lesquelles on pourrait manœuvrer. Pour en faciliter le transport et celui de la mienne, je fis donner à tous les chemins des principales directions, la largeur nécessaire pour le passage des chars à large voie, et ce général ne s'opposa point à l'exécution d'une mesure qui lui paraissait également utile.

Avant de quitter Siguenza, j'avais réglé les moyens de correspondre entre cette place et Brihuega, comme point le plus rapproché d'elle. Les commandans de ces deux postes devaient déterminer, à chaque rendez-vous, le jour et le lieu du rendez-vous prochain, et garder à cet égard le plus profond secret, afin d'éviter les embuscades. Ces communications ne devaient point discontinuer sans d'autres dispositions de ma part; car, en principe, de pareilles conventions une fois faites, on ne peut en interrompre l'exécution qu'après de nouveaux accords, pour ne point exposer l'une des parties aux plus grands malheurs.

Mirabueno fut choisi pour le rendez-vous de la première correspondance : le colonel Maurin, à la tête de quatre cents hommes de son régiment, et de quatre-vingts chevaux des compagnies franches de Mesa et Sauquillo, partit de Siguenza pour s'y rendre, et, pendant quelque temps, attendit, sur les bords de la rivière qui coule au bas de la longue côte de Mirabueno, que le détachement de Brihuega lui annonçât son arrivée ; mais ne lui voyant donner aucun signe de présence, quoique l'heure fût passée, il se mit en devoir de franchir la vallée par la grande route. A peine fut-il engagé dans les détours qu'elle fait à travers l'escarpement, qu'il fut, de flanc et de front, assailli par le feu le plus vif. Les voltigeurs, déjà parvenus sur la crête, furent contraints de se replier avec perte; et la cavalerie, s'étant mal engagée avec celle de l'Empecinado, souffrit davantage encore. Cependant, malgré le nombre et les efforts de l'ennemi, le colonel réussit, par sa bonne contenance, à rentrer dans Siguenza.

Dans tous les mouvemens que j'ai opérés en pays couverts ou coupés, les uns par des forêts, les autres par des défilés, j'ai toujours eu l'attention d'entremêler les armes de manière qu'elles se soutinssent respectivement. Si l'infanterie seule peut résister partout, il n'en est pas ainsi de la cavalerie, dont la faiblesse ne se fait mieux sentir qu'alors qu'elle ne peut rien faire seule : c'est la raison pour laquelle, dans mes mouvemens, les bataillons et les escadrons marchaient alternativement. Des flanqueurs repoussés pouvaient laisser l'ennemi arriver sur les bords d'un défilé, pénétrer dans l'intérieur d'une forêt, et ne laisser à la cavalerie isolée d'autre ressource que de mettre pied à terre, si elle avait des mousquetons, ou de se soustraire au danger par la fuite, si elle n'en avait pas. En disposant ma colonne de route de manière qu'un bataillon précédât ou suivît immédiatement un escadron, souvent même, dans les vallées tortueuses, qu'un demi bataillon précédât ou suivît un demi escadron, la cavalerie, en cas d'événement, était aussitôt soutenue par les feux directs ou obliques de l'infanterie.

Cette disposition, dont je me suis toujours bien trouvé, et que j'ai constamment suivie dans le royaume de Naples; celle des réserves des deux armes, quelles que soient les forces dont on dispose; celle de masquer les troupes toutes les fois qu'on peut le faire, afin de ne pas exposer inutilement la vie des hommes; celle enfin de se former en bon ordre, selon le terrain, et prêt à combattre, pour toutes les haltes de plus de cinq minutes ; toutes ces dispositions, dis-je, ne peuvent être trop recommandées à tous les officiers qui sont livrés à eux-mêmes, et jaloux d'acquérir quelque gloire.

Jamais celui qui devait faire partir le détachement de Brihuega ne put bien m'expliquer pourquoi il ne l'avait pas mis en mouvement. Sans doute ce détachement eût été également compromis; mais il n'avait que des plaines et un bois à traverser, et sa marche eût mis l'Empecinado dans l'obligation d'éventer son embuscade, et eût donné au colonel Maurin, placé dans une position bien plus défavorable que ne l'eût été le détachement de Brihuega, les moyens d'éviter la surprise de l'ennemi.

Je résolus bien de rechercher l'occasion de prendre ma revanche : l'ennemi ne voulait que des succès faciles, et tout concourait à le seconder. Une parfaite connaissance des localités, une division levée dans le pays, et dont tous les individus savaient les détours et les sentiers; des avis prompts et certains sur la direction que nous prenions lors de nos mouvemens; une supériorité de forces triple, quadruple et toujours croissante; une cavalerie nombreuse, audacieuse ou prudente selon le besoin, bien montée, et pouvant déposer et remplacer partout les chevaux fatigués; enfin la faculté de se jeter à volonté sur les gouvernemens voisins, de s'y recruter, d'y débaucher les autres corps, même du parti : tels étaient les avantages de l'Empecinado sur nous.

Pour trouver cet officier, il fallait le chercher sans cesse, démêler les bons avis d'avec les faux renseignemens ; quand je le battais, plus de traces, plus de paysans nulle part, les indices fuyaient avec eux : alors il m'arrivait souvent de courir pendant huit jours sans rencontrer un seul habitant ; conséquemment, ni nouvelles ni moyens de direction. Une fois notre biscuit consommé, plus d'espoir de trouver ni pain ni viande. Le hasard fournissait bien quelques poules casanières au soldat affamé ; mais ce n'était qu'une ressource pour quelques individus, et cette ressource était bien faible. Les subsistances de toute espèce étaient enfouies sous terre, dans les cavernes ou dans les plus épaisses forêts des montagnes.

CHAPITRE XII.

Prise d'un riche convoi. — Le roi vient à Guadalaxara. — — Récompenses. — Distribution solennelle. — Régiment d'Irlande proclamé Royal-Irlandais. — Affaire de Hita. — Entrée à Cogolludo. — Dévouement des Espagnols. — Jadraque.

A peine rentré à Brihuega, je dus me remettre en marche pour Siguenza, dont je n'avais pas de nouvelles. Chemin faisant, les éclaireurs aperçurent dans le lointain un détachement de cavalerie qui prit aussitôt la fuite, et ils m'en donnèrent avis. Je fis reconnaître ce que c'était, et bientôt un riche convoi de laines de mérinos, composé de cinquante-cinq voitures, fut découvert. J'ordonnai qu'on le fît approcher de la colonne, et qu'on demandât au *mayoral* (*) pourquoi l'escorte avait pris la fuite, puisque nous étions des troupes espagnoles. Le *mayoral* m'ayant été conduit, je renouvelai

---

(*) Le conducteur, l'agent du maître du convoi.

toutes les questions qu'on lui avait déjà faites par mon ordre, et je cherchai à savoir s'il connaissait le général Villacampa. Sur sa réponse négative, et d'après celle qu'à Atienza on l'avait engagé à prendre une escorte, à cause des partis français qui couraient le pays, et venaient tout récemment de battre l'Empecinado, je lui déclarai alors que j'étais Villacampa; il s'ouvrit avec confiance, et me déclara que le convoi allait à Alicante, où il serait embarqué pour le compte des Anglais; il me donna ensuite beaucoup d'autres renseignemens inutiles à rapporter ici, mais qui me prouvèrent que la prise était bonne et devait être envoyée au gouvernement, à Madrid. Je ramenai alors ce convoi sur Torija, où je pris position pour couvrir sa marche vers Guadalaxara.

Le roi Joseph, enchanté de nos continuels succès, voulut visiter cette ville, et la fit occuper par un détachement de sa garde; j'étais à Brihuega, lorsque le colonel Miot, l'un de ses écuyers, fut chargé de m'appeler de suite à Guadalaxara.

Comme l'ennemi venait de descendre vers Cogolludo, je le tenais en respect du point où je me trouvais, et je n'osais pas, en pareille circonstance, quitter ma position sans un ordre qui me couvrît en cas d'événement. L'invitation du colonel Miot, au nom du roi, en fut un pour moi, et j'allai présenter mes hommages à S. M. : c'était le 27 septembre (1810).

Ce monarque me reçut avec une bonté toute particulière, me félicita de mes succès et me dit qu'il en concevait les plus belles espérances pour la tranquillité du centre de l'Espagne. Il raisonna long-temps avec moi sur l'administration et les ressources de mon gouvernement, sur les moyens de donner aux manufactures royales assez d'activité pour leur faire, comme autrefois, procurer la subsistance à quarante mille personnes. Il daigna me parler ensuite de ses propres affaires et des difficultés qu'il trouvait à payer et habiller sa garde. — « Voilà, Sire,
« lui dis-je, en lui montrant le convoi pris et
« parqué sur la place du Palais de l'Infantado,
« voilà déjà quelque chose dont V. M. peut
« disposer tout de suite. Je sais où existe un
« trésor qui doit être considérable (*), mais je
« n'ose point m'exposer à le découvrir devant
« ma colonne, qui croirait y avoir des droits.
« Si V. M. veut m'envoyer un commissaire spé-
« cial et quelques compagnies de sa garde, je

(*) On verra, dans le chapitre suivant, par quel hasard heureux j'avais eu connaissance du lieu où ce trésor était caché.

« partirai avec eux et ma colonne pour une
« expédition, dont le trésor, une fois décou-
« vert, leur paraîtra l'unique objet. »

Le roi, fut très content de cette confidence et me promit de régler la chose à son retour à Madrid ; il voulut bien, à ma demande, ordonner qu'à titre de gratification, les officiers de la colonne qui avait pris le convoi de laine, recevraient l'indemnité d'entrée en campagne, et les sous-officiers et soldats chacun un mois de solde. S. M. à qui je ne demandais rien pour moi, me retint long-temps avec elle et parut vouloir m'amener à la manifestation de quelques desirs. Obligée de partir le soir même, elle me fit rappeler et me remit encore sur la même voie. Je la priai alors d'accorder la décoration à quelques officiers que je lui nommai, lui témoignant beaucoup de regrets de ne pouvoir lui désigner nominativement d'autres braves qui s'étaient également distingués. Alors, dans sa justice, elle nomma aussitôt ces officiers chevaliers de son ordre royal (*), et ne voulant pas que les autres militaires, non désignés, y per-

---

(*) L'*ordre royal d'Espagne* avait d'abord été inssitué par le roi Joseph, le 20 octobre 1808, sous le titre d'*ordre royal et militaire*. Ce dernier mot fut supprimé par le décret d'organisation du 18 septembre 1809, et

dissent, elle me donna quinze décorations de plus pour les remettre, de sa part, à ceux dont le nom ne m'était pas encore connu : tant de

---

les officiers civils devinrent, comme les militaires, aptes à porter la décoration de l'*ordre royal*.

Cet ordre devait se composer de cinquante grands-cordons sans revenu fixe, mais pouvant posséder des commanderies; de deux cents commandeurs jouissant d'une pension annuelle de 30,000 réaux (7,500 francs); et de deux mille chevaliers, avec une pension de 1,000 réaux (250 francs) par an.

La décoration, suspendue à un ruban rouge, était une étoile d'or, à cinq rayons, surmontée d'une couronne; les rayons émaillés en rubis. Sur l'une des faces du centre de l'étoile on voyait le portrait du roi Joseph, et sur l'autre les armes d'Espagne, avec cette inscription : *Virtute et fide.* Les grands-cordons portaient, en outre, au côté gauche, une plaque à rayons d'argent.

Joseph avait conservé les armes d'Espagne telles qu'elles existaient sous Charles IV ; seulement l'aigle impériale avait remplacé, au milieu de l'écusson, les trois fleurs de lis. C'était ainsi qu'à l'avénement de Philippe V, les fleurs de lis avaient elles-mêmes pris la place de l'aigle à deux têtes de Charles-Quint.

Pour former une dotation à son ordre royal, Joseph supprima, par un décret daté aussi du 18 septembre, tous les ordres civils et militaires existans en Espagne, à l'exception de celui de la Toison-d'Or. Ces ordres étaient : celui de Charles III, récemment institué et devenu le premier de tous, les ordres anciens

confiance me parut une récompense bien flatteuse.

« Et ne me demanderez-vous rien pour vous?
« daigna-t-elle ensuite ajouter avec un intérêt
« touchant. Si vous couvrez de gloire le nom
« de votre père et que vous ne desiriez point le
« changer, ce ne sera point affaiblir l'éclat que
« vous lui donnez, que d'y ajouter le titre de
« comte ou de marquis. » Ce mot de marquis
m'ayant fait sourire, S. M. reprit : « Ce titre de
« marquis est encore en Espagne ce qu'il n'est
« plus en France depuis long-temps. Je vous
« laisse à choisir. — Mais, Sire, répliquai-je,
« j'ai trop peu de droits à tant d'honneurs, et
« je n'ai encore aucune propriété pour les sou-
« tenir. — Comment? et celle dont vous m'avez
« entretenu, n'est-elle pas à vous? — Je n'ai
« encore rien reçu du ministère, qui m'en ait
« donné la nouvelle. — Ce sera une affaire faite.
« Dans tous les cas, je me charge de la con-
« clure. Prenez donc, dès aujourd'hui, le titre,
« soit de comte de Cifuentes, soit de comte de
« Siguenza ; et, sur l'avis que vous me donnerez

---

et fameux de Saint-Jacques, de Calatrava, de Montesa, et d'Alcantara, et l'ordre militaire de Saint-Ferdinand. Une disposition du décret étendait la mesure de suppression aux Langues de l'ordre de Malte.

« de votre choix, je vous ferai expédier immé-
« diatement vos titres. »

Je remerciai le monarque qui, voulant ajouter une faveur plus collective à celle qu'il venait de mettre à ma disposition, décréta que le régiment d'Irlande prendrait, désormais, le titre de Royal-Irlandais (*).

(*) Après avoir parlé des besoins et des ressources de mon gouvernement, et causé des intérêts nationaux de l'Espagne, que le roi connaissait très bien, et qu'il avait à cœur de protéger efficacement, notre conversation tomba sur la littérature des Espagnols, que S. M. paraissait avoir étudiée avec soin.

Joseph aimait et cultivait les lettres; il s'en entretenait volontiers. Dans sa jeunesse, il avait même composé un petit roman, intitulé *Moïna*, où l'on trouve une fable intéressante, quelques caractères vrais et un style agréable.

Le goût des lettres était commun à presque tous les membres de la famille de Napoléon. Sans parler des Mémoires que celui-ci a dictés aux généraux Gourgaud et Montholon, on sait qu'il avait commencé, au sortir de l'École-Militaire, une *Histoire des Corses*, et qu'il a publié une petite brochure, intitulée *le Souper de Beaucaire*. Son frère Lucien est auteur de deux poëmes épiques; et le roi Louis, devenu comte de Saint-Leu, a fait imprimer un roman, *Marie*, qui renferme des détails curieux et intéressans sur les mœurs des Hollandais.

Pendant son règne en Espagne, Joseph accorda une

Obligé de retourner à mon poste pour observer l'ennemi et l'empêcher d'inquiéter le retour du roi à Madrid, je pris congé de S. M. et je repartis pour Brihuega où je rentrai dans la nuit. Le lendemain, réunissant les troupes sur l'Alameda (*), où un autel avait été dressé, je fis célébrer l'office divin devant elles et devant le peuple, rassemblé pour voir la cérémonie. Après la bénédiction qui s'étendit sur les décorations de l'ordre d'Espagne, on me les apporta sur un grand bassin de vermeil et j'en fis, au nom du roi, une distribution solennelle en proclamant Irlande sous sa nouvelle et glorieuse dénomination (Royal-Irlandais). Cette fête fut suivie d'un banquet où je réunis les chefs, les autorités et les nouveaux chevaliers.

---

protection soutenue aux savans et aux gens de lettres distingués; il les chargea d'emplois importans, et leur témoigna toujours une estime particulière. Les hommes les plus instruits du peuple espagnol étaient presque tous parmi ses partisans. Le fameux voyageur Badia, surnommé Ali-Bey-el-Abassi, avait obtenu de ce Roi une pension et une place. M. Amoroz, si connu par une utile méthode d'instruction gymnastique, siégeait dans son conseil-d'état.

(*) Place entourée d'arbres, consacrée à la promenade. Le nom d'*Alameda* est usité en Espagne, dans quelques provinces, pour désigner génériquement le lieu qui sert de promenade aux habitans d'une ville.

Le jour qui suivit cette cérémonie ne fut pas un jour de repos et de plaisir; je me mis en marche sur Trijueque, en conséquence de rapports qui m'annonçaient la présence de l'ennemi dans les environs de Hita. En descendant le grand plateau, je rencontrai une colonne qui s'avançait vers le hameau de Sopetran. Elle refusa tout engagement en se retirant sur Hita où elle parut vouloir prendre position, mais à peine eut-elle perdu quelques hommes, que son infanterie se jeta dans les vignes et que sa cavalerie prit le galop pour échapper à la charge que les Hollandais et les Westphaliens se disposaient à exécuter. Nous suivîmes alors cette colonne vers les rives de l'Henarès qu'elle passa, partie au pont d'Espinosa, partie aux gués voisins, et qu'elle couvrit de tirailleurs pour nous en disputer le débouché. Les miens s'engagèrent bientôt; mais, ayant reconnu que l'ennemi ne nous attendait pas, et que ses tirailleurs seuls combattaient, je fis forcer un gué au-dessous du pont par les chevau-légers. Alors l'arrière-garde laissée à dessein de retarder notre poursuite, craignant de se trouver coupée, se rejeta dans les vignes et n'opposa plus d'obstacle à notre marche.

Nous suivîmes l'ennemi dans la direction de Cogolludo, mais son infanterie ne s'arrêtait plus et sa cavalerie seulement faisait quelques haltes de position en position, toujours de manière à ne point croiser le sabre. Il ne s'arrêta également point à défendre cette ville, et gagna les gorges qui sont en arrière et qui conduisent dans la chaîne du Guadarama. Il était tard lors de notre arrivée à Cogolludo (29 septembre 1810) et nous fûmes obligés d'y prendre position. Le feu s'étant violemment manifesté pendant la nuit, on la passa sous les armes, afin de protéger les piquets qui travaillaient à en couper les progrès, et afin aussi de se trouver prêt, dans le cas où l'ennemi aurait voulu profiter du désordre, naturellement causé par l'incendie, pour tenter une attaque. Nous ne réussîmes à nous rendre maîtres du feu qu'en abattant plusieurs maisons.

En entrant dans les villes, en traversant des villages, j'avais toujours besoin de faire placer des gardes ou des sentinelles aux églises, afin de les garantir de toute insulte. Mais pendant l'incendie un hussard hollandais ayant pénétré, et tout dévasté, dans celle qui se trouvait voisine, je le fis punir d'une manière exemplaire. Cette sévérité était importante et utile dans un pays dont tous les habitans sont religieux jusqu'à la superstition.

Cogolludo est une petite ville longue, étroite

et située sur l'arête d'un coteau. La famille Medina-Celi y conserve un palais mal entretenu et qui se dégrade considérablement : comme toutes les autres villes des Castilles, Cogolludo est entourée d'une chemise flanquée de tours : les environs en sont assez fertiles, quoique montagneux et couverts de bois. Une partie des habitans s'était enfuie à notre approche : ceux qui étaient restés n'avaient pris cette détermination que parce que le temps leur avait manqué pour imiter les fugitifs.

On trouvera difficilement dans l'histoire une guerre, si ce n'est celle de la Vendée, où les peuples aient eu plus de sacrifices à faire pour la cause d'un prince, et où ils les aient faits plus unanimement et avec une plus rare constance, que dans la guerre d'Espagne. L'abandon de leurs maisons, de leur mobilier, de leurs récoltes déjà serrées dans les granges, leur était-il ordonné par les juntes supérieures ou au nom des juntes provinciales, ils obéissaient à l'instant, et malgré la saison, souvent très rude, ils fuyaient dans les bois, dans les montagnes, n'ayant, la plupart du temps, aucun moyen de s'y nourrir. Dans son dévouement sublime pour la patrie et pour Ferdinand VII, la junte de la nouvelle Castille ne cherchait point les palais pour tenir ses séances : un antre caverneux dans les rochers, un misérable hameau dans les bois, les ruines de quelque édifice isolé dans les montagnes, devenaient le chef-lieu de l'administration, aussitôt qu'elle se trouvait contrariée par mes mouvemens ou par ma proximité.

Une circonstance digne de remarque, et qui imprime à la guerre d'invasion en Espagne un caractère tout particulier, c'est que, pareille à la guerre de la Vendée, c'était une guerre toute populaire.

Dans la Vendée ce ne furent point les nobles, les riches, qui prirent d'abord les armes; les paysans s'armèrent les premiers pour se soustraire à la domination de la convention, et pour venger la mort du roi. L'occasion d'une guerre qui était dans tous les cœurs fut la levée de trois cent mille hommes. Les Poitevins s'insurgèrent, déclarant que, puisqu'il fallait combattre et mourir, ils voulaient servir la cause qu'ils regardaient comme sacrée, celle de la religion et de la royauté; un simple voiturier, Cathelineau, devint leur chef. Bientôt l'exemple donné par la jeunesse de Saint-Florent fut imité; les paysans se soulevèrent sur tous les points, et, sentant le besoin de se donner des généraux plus habiles qu'eux, ils allèrent dans les châteaux chercher les nobles et les seigneurs, pour les mettre à leur tête, de gré ou de force : de sorte que bientôt, Cathelineau, élu généralissime, ce héros rustique, vit sous ses ordres des hommes d'un nom illustré dans les armées et dans les conseils des rois de France, mêlés à d'obscurs plébéïens dont le talent, le courage et la fidélité prouvèrent que ces vertus et ces qualités ne sont pas l'apanage exclusif des classes privilégiées.

Il en fut de même en Espagne; tandis que, dans Bayonne, les grands et les nobles de la monarchie espagnole, oubliant la foi jurée à Ferdinand, rendaient hommage au roi Joseph (heureux du moins que les vertus du nouveau monarque pussent servir d'excuse à leur défection), de simples laboureurs, des artisans ignorés, qui n'avaient point participé aux faveurs des Bourbons et aux honneurs brillans de la cour, s'armaient pour défendre des princes qu'ils ne connaissaient peut-être que par les vexations de leurs ministres, mais auxquels ils avaient voué leur foi. On ne trouve aucun des noms illustres de la noblesse espagnole parmi les chefs de ces guerillas qui ont tant et si courageusement harcelé l'armée française; ce sont d'obscurs sujets devenus célèbres seulement par leur dévouement : leurs noms, après tant de combats, sont à peine connus; comme ils ne combattaient point pour une vaine gloire, ils ne livraient pas toujours ces noms à l'admiration des soldats; le titre de leur ancienne profession, d'une qualité ou même d'un défaut physique, suffisait pour les désigner. Ainsi, avec Mina, citoyen pauvre d'une des petites bourgardes de la Navarre, et Morillo, ancien sergent d'artillerie, les plus fameux sont *el Empecinado,* l'Empoissé; *el Pastor,* le Berger; *el Cura,* le Curé; *el Medico,* le Médecin; *el Abuelo,* le Grand-Père; *el Manco,* le Manchot; *Chaleco,* Gilet; *Calzones,* Culottes; etc.

C'est à la classe même de ses partisans, que Ferdinand a dû les efforts persévérans des Espagnols contre les armées françaises; si des courtisans ou des dignitaires s'étaient armés en sa faveur, on pouvait, en leur rendant des faveurs de la cour et des dignités nouvelles, compenser ce qu'ils avaient perdu en perdant Ferdinand; mais quelle compensation peut-on offrir à de simples citoyens qui combattent sans ambition, pour un roi qu'ils aiment et pour une patrie qu'ils défendent? leur défense doit être durable et opiniâtre; elle le fut en effet.

Sur l'avis qu'on me donna que don Juan Martin aurait probablement couché à Jadraque, je m'y portai le lendemain matin. Le curé, homme respectable, avait empêché ses paroissiens de fuir à notre approche, et les avait assurés que nous ne leur ferions éprouver aucune espèce de vexation. Nous ne le démentîmes point : mais l'ennemi n'y était pas venu; et comme personne ne put ou ne voulut nous indiquer dans quelle direction il avait porté ses forces, nous couchâmes dans ce petit endroit, d'où nous poussâmes des reconnaissances sur les environs.

J'ai dit plus haut, dans une note, que Jadraque est agréablement située, près de la rive gauche de l'Henarès, à l'entrée d'une gorge étroite dont le chemin conduit à Grajanejos, sur la route de Madrid à Saragosse ; j'ajouterai que cette ville est reputée par la bonté de ses eaux et l'excellence de ses fruits : elle est bâtie sur le chemin de Guadalaxara à Siguenza et Atienza.

CHAPITRE XIII.

Enlèvement du trésor de Siguenza. — Dispositions inutiles de l'Empecinado pour le reprendre. — Entrée de ce trésor à Guadalaxara.

Ayant appris par ma correspondance, que j'envoyai prendre à Torija, qu'un détachement de la garde royale et un commissaire de la trésorerie étaient arrivés à Guadalaxara, je me rapprochai d'eux, et après qu'ils m'eurent rejoint, nous marchâmes ensemble sur Siguenza.

Entrés dans cette ville, je fis réunir le sous préfet et les autorités civiles, les officiers supérieurs de ma colonne et de la garnison, ainsi que les chanoines (*), et je les conduisis tous dans la cathédrale. Là, je demandai à ces derniers s'ils avaient connaissance du lieu où l'on avait caché l'argenterie de l'église, pour la soustraire à l'exécution des lois qui ordonnaient sa remise à la monnaie royale de Madrid; ils me répondirent unanimement que non. Alors je ti-

---

(*) Siguenza est le siége d'un évêché.

rai d'une boite de montre un petit billet que, lors de ma première entrée dans leur ville, j'avais, en cherchant un morceau de papier pour donner un reçu, trouvé dans le bureau du trésorier du chapitre, dont le logement abandonné m'avait été fourni à cette époque. Après avoir donné lecture de ce billet, je fis entrer dans l'église des ouvriers qui, sur mon ordre, se tenaient prêts, et qui, armés de pioches et d'autres instrumens, démolirent sur le champ et devant l'assemblée une muraille en pierres de taille qui se trouvait désignée dans l'écrit du trésorier. Bientôt on découvrit qu'elle masquait un escalier tournant d'où une grande caisse remplie de calices, de croix, de ciboires, etc. descendit d'elle-même, entraînée par son propre poids : beaucoup d'autres coffres tous remplis d'objets non moins précieux et cachés dans cet endroit, en furent également tirés. Aussitôt l'inventaire général de tous ces objets achevé et signé par les autorités ecclésiastiques, civiles et militaires, on les déposa chez le sous-préfet. Ce magistrat les fit emballer pour faciliter leur transport (*) à Madrid, et donna des ordres pour réunir les mulets nécessaires au voyage.

(*) Il y manquait le tabernacle d'argent, ouvrage des plus habiles artistes. Comme il eût été dommage de

Le bruit de cette riche capture se répandit à l'instant dans le pays, et l'Empecinado reçut de la junte provinciale l'ordre de ne rien négliger pour me la reprendre.

Comme j'étais venu jusqu'alors à Siguenza par les seuls chemins directs avec Guadalaxara, dont l'un passe à Mirabueno, et l'autre à Villa Seca, tout le monde s'imaginait que je n'en pouvais prendre d'autres. Nul doute, conséquemment, que mon convoi n'éprouvât, soit à la sortie de Villa Seca, soit à la côte de Mirabueno, le sort de tous ceux qui jusqu'alors y avaient précédé le mien. L'Empecinado était de cet avis et prit position de manière à m'intercepter l'un et l'autre passage, attendu la proximité des deux points; il eut soin d'empêcher que le moindre avis de sa présence ne me parvînt, et que personne ne le trahît dans une entreprise qui intéressait autant la religion, lésée dans la perte que faisait l'église épiscopale de Siguenza : cependant ses espérances furent trompées.

Tout étant prêt, je quittai cette ville pendant

---

livrer un pareil chef-d'œuvre à la fonte, je le laissai au chapitre, sous condition qu'il en enverrait la valeur intrinsèque à la trésorerie de Madrid.

que ses habitans étaient encore livrés au sommeil : le colonel Maurin sortit avec nous.

D'après mes ordres, immédiatement après sa sortie, un cordon bien serré de sentinelles bloqua la ville et les faubourgs, afin d'empêcher de courir sur nos traces, espionner notre direction et en rendre compte à l'ennemi.

Les instructions du colonel portaient qu'à la tête d'un fort détachement de la garnison, il s'avancerait lentement par le chemin de Guadalaxara et s'arrêterait sur la hauteur qui est en vue de Mirabueno ; qu'à cette halte il ferait des démonstrations, comme s'il avait des inquiétudes de l'ennemi qu'il amuserait par ses craintes ; enfin qu'il ne se retirerait, avant l'heure convenue entre lui et moi, qu'autant qu'on voudrait l'engager à combattre avec des forces supérieures. De mon côté, je devais me jeter dans les bois pour disparaître aux yeux des habitans, et aller, par un détour imprévu, rejoindre la grande route de Saragosse entre Alcolea del Pinar et Tortonda. De Tortonda, je suivais cette route jusqu'au village d'Algora, où je prenais la traverse qui conduit à Brihuega, par Alaminos.

Le colonel Maurin exécuta parfaitement ses instructions, et trompa complétement don Juan

Martin, qui, du clocher de Mirabueno, une lunette à la main, se riait avec ses officiers de me voir enfin dans l'embarras, et n'osant pour cette fois l'attaquer.

Il était encore dans cette persuasion, quand deux paysans de Villa Seca, venant d'Alaminos, village distant de deux lieues de Mirabueno, lui furent conduits. Satisfait de leurs réponses, il allait les laisser descendre chez eux, lorsqu'avec cette liberté, particulière aux habitans des montagnes, le plus âgé lui demanda ce qu'il attendait là (dans le clocher de Mirabueno). — Ne vois-tu pas, lui répondit don Juan Martin, en lui montrant la colonne arrêtée, ne vois-tu pas le fameux gouverneur de la province avec l'argenterie de Siguenza, qui, me sachant ici, n'ose point s'ouvrir un passage, et ne sait quel parti prendre? — Comment! reprit le paysan, le général Hugo! ne vous trompez-vous pas? ce général est passé il y a plus de deux heures par Alaminos. — Cela n'est pas possible, puisque le voilà de l'autre côté du val, reprit l'Empecinado. — Ne le pensez pas, général, répondirent les deux paysans, nous lui avons parlé, nous le connaissons bien; il avait avec sa colonne beaucoup de mules chargées de caisses qui venaient effectivement de Siguenza. — Vous vous trompez, vous dis-je, ajouta, en jurant, cet officier, c'est lui qui est là bas; il ne peut, à moins d'être le diable, s'y trouver et s'être montré à Alaminos. Le vieux paysan persistant dans ses réponses, et son camarade disant comme lui, don Juan Martin lacha une grosse bordée de juremens espagnols, et fit pousser de suite une tardive reconnaissance sur le chemin de Brihuega.

L'heure, à laquelle le colonel Maurin devait se retirer, étant venue, cet officier se remit en route pour Siguenza, où il rentra à peu près en même temps que moi-même j'arrivais à Brihuega. De ce point il n'y avait plus de craintes à avoir pour mon précieux convoi, puisque je n'avais plus à traverser que des positions connues, et qu'il n'était pas probable que l'Empecinado oserait s'y risquer entre mes postes. J'escortai donc le lendemain ce convoi sur Guadalaxara, d'où bientôt il parvint sûrement à l'hôtel de la monnaie à Madrid.

CHAPITRE XIV.

L'Empecinado blâmé. — Apostés. — Blocus de Siguenza. — Évacuation de cette ville. — Résultats avantageux de cette évacuation.

L'Empecinado éprouva le sort des hommes malheureux ; il fut blâmé de n'avoir pas pu empêcher mon passage. Ses dispositions étaient cependant bonnes et ne pouvaient être meilleures. S'il les eût étendues à toutes les routes que je pouvais choisir, il se fût trop affaibli sur tous les points pour espérer de résultat nulle part. Car, dans la supposition qu'il eût à la fois occupé Mirabueno et Villa Seca, ainsi que le village d'Algora, où me faisaient arriver et la route de Saragosse et la gorge qui commence près de la route de Siguenza, je pouvais encore, s'il n'entrait pas dans mes vues de combattre, gagner par le chemin d'Atienza celui de Jadraque. De toutes manières, je me tirais d'affaire par un détour, le secret et une marche rapide. C'était conséquemment blâmer mal à propos cet officier de n'avoir pas réussi dans son entreprise. Peu s'en fallut, que ses nombreux services, que la création d'un parti qui, sous son nom, épouvantait les provinces, ne fussent point des titres assez forts pour le sauver de la qualification de traître; qualification affreuse et trop légèrement appliquée au malheur par l'esprit inquiet des peuples en révolution.

En voyant si peu de succès dans ses opérations; en entendant nommer son prochain successeur, M. le marquis de Zayas (*), l'Empecinado avait quelque raison d'accuser la fortune de l'abandonner, car il disposait habilement ses troupes, possédait leur entière confiance, se battait convenablement au milieu d'elles, et joignait, à beaucoup de qualités militaires, la plus infatigable activité. Toutes ses méditations avaient pour objet de m'expulser de Siguenza, et il résolut de bloquer cette place d'une manière fort ingénieuse et qui suffirait seule pour immortaliser son nom dans les annales de la guerre. Ne connaissant

---

(*) C'est l'officier général qui a signé la capitulation de Madrid, lors de l'entrée de S. A. R. Mgr le duc d'Angoulême dans la capitale de l'Espagne, en 1823.

point l'art de conduire un siége, n'ayant point assez de patience pour faire lui-même, dans les règles, le blocus d'une place, il imagina d'affamer la garnison de Siguenza, ou de la jeter du moins dans le dénûment le plus absolu. Pour cette opération, il ne voulut point employer de détachemens, qu'on eût pu facilement combattre et qui forcément eussent affaibli sa division; mais il fit un choix d'hommes intelligens et en petit nombre; il en aposta un sur chaque communication, avec consigne de ne laisser rien entrer dans Siguenza, de n'en rien laisser sortir. Dès lors, tel misérable qui, une pioche à la main, voyait passer une colonne en continuant paisiblement son ouvrage; ou qui, le bonnet bas, répondait d'une manière adroitement niaise aux questions des chefs, aux propos ironiques des soldats, investi de toute la confiance de son général, avait arrêté, un moment auparavant, ou arrêtait bientôt après, quiconque arrivait d'un côté ou de l'autre, enlevait les dépêches, faisait rebrousser chemin aux denrées de toute espèce, et seul, sans connaissances militaires, bloquait, à la faveur de l'incognito et à l'aide de sept ou huit pareils compagnons, une place qui renfermait un millier de braves soldats.

Ce plan fut aussitôt suivi que conçu : Siguenza se vit dès ce moment privée de toutes communications avec mes postes, de toutes relations avec moi, ainsi que de toutes les ressources du commerce ; la garnison ne put dès lors s'en procurer aucune que par de continuels détachemens ; mais si ces détachemens, toujours nombreux, pouvaient pourvoir les magasins de grains et de quelque bétail, ils ne les fournissaient pas de ces menus objets dont la privation dégoûte le soldat étranger, et le porte à la désertion, quand on ne sait pas leur en substituer d'autres.

Le manque absolu de nouvelles de cette garnison, le peu d'utilité que j'en tirais depuis son établissement, soit pour la solde, soit pour communiquer avec l'armée impériale d'Aragon ; la continuation de ce blocus singulier depuis plus de quarante jours, l'impossibilité de le faire lever ni par la ruse, ni par la force, enfin la désertion considérable qui minait Royal-Étranger et les compagnies franches, les bruits alarmans, que l'ennemi faisait répandre partout, de la marche de Villacampa ; tous ces motifs enfin me déterminèrent à l'évacuation de cette place, et à la concentration de mes forces entre Jadraque, Brihuega et Guadalaxara : l'état-major général approuva cette disposition.

Je me portai alors sur Siguenza par une

marche forcée, et les apostés disparurent de toutes parts ; je disposai, dans cette ville, tout pour sa prompte évacuation, et ne voulus pas même laisser à l'hôpital, un grenadier d'Irlande, mourant d'une blessure reçue à l'affaire de Guijosa. Je le fis emporter sur un brancard. « Si tu dois mourir de ta blessure, mon brave ami, lui dis-je, que ce soit au milieu de tes frères, de tes compagnons de gloire. » Et le grenadier de sourire à ces paroles de son général ! et ses camarades de veiller tour à tour à ce qu'il ne lui manquât rien. Son brancard était recouvert de manière à lui laisser de l'air, à lui procurer de l'ombre, et tout à la fois la vue de la campagne. De chaque côté pendait une petite peau de bouc, que les bons Westphaliens avaient remplie du meilleur vin, et dont ils le régalèrent souvent, parce que, toujours altéré par la fièvre, il ne cessait de demander à boire, et que le chirurgien-major, prévoyant un terme prochain aux souffrances du brave, avait permis qu'on lui donnât de cette liqueur mêlée d'eau ; mais, aux yeux des soldats, ce mélange pouvait nuire, et ils donnèrent le vin dans toute sa pureté.

On a vu plus haut que j'avais laissé le riche tabernacle dans Siguenza, sous la condition que le chapitre en remettrait la valeur intrinsèque au gouvernement. Comme cette condition n'avait point été remplie, je fis emballer cette partie du trésor pour l'envoyer à Madrid.

L'évacuation se fit dans le plus grand ordre, et en présence de l'ennemi qui, des forêts voisines examinait l'opération sans chercher à la troubler. Mais s'il y gagna d'un côté par l'occupation de Siguenza, où, toutefois, il ne put jamais s'établir avec confiance, sachant bien que cette ville rentrerait dans mon pouvoir à la première tentative que je ferais pour m'en emparer; il y perdit d'un autre côté, parce que cette disposition me rendait deux bataillons de guerre dont je pouvais augmenter ma colonne.

Le Royal-Étranger vint s'établir à Guadalaxara, où mon dessein était de lui faire passer une revue d'inspection générale, si l'Empecinado nous en laissait le temps. Ce régiment en avait le plus grand besoin, n'en ayant encore passé aucune depuis sa création. On travaillait partout à son habillement et surtout à Brihuega, où la manufacture lui fournissait des étoffes. Le colonel se rendit même dans cette ville pour y presser la confection des habits et le reste de la fourniture que la manufacture devait lui livrer.

Quoique don Juan Martin eût replacé son quartier-général à Siguenza, la junte craignant les coups de main, que la facilité de rassembler mes troupes et notre proximité de cette ville rendaient très praticables, se tenait toujours dans les montagnes, tantôt à Canalès, tantôt à Sahelices, villages situés dans les environs du Haut-Tage, couverts par des forêts, ou des défilés tels qu'ils semblent être les étroites et profondes gerçures d'une terre long-temps submergée, plutôt que des vallées habitables et habitées par des hommes. Ces positions qui, toutes deux, avaient pour retraite la Huerta-Hernando, village où l'on n'arrivait que par des gerçures plus escarpées encore, en tranquillisant la junte, laissaient à don Juan Martin plus de champ pour ses opérations et lui permettaient de couvrir les provinces voisines pour y lever de nouveaux bataillons, pour y recruter tous les prisonniers échappés des convois sur la France, où tous les anciens soldats (*dispersos*) rentrés dans leurs foyers, après des déroutes : quand il s'était bien recomplété, il venait recommencer ses manœuvres dans la province de Guadalaxara.

CHAPITRE XV.

Projet de l'ennemi sur Brihuega. — Surprise et enlèvement d'un de nos convois. — Surprise immédiate de l'Empecinado. — Affaire brillante de Val de Saz.

———◦———

Il n'était pas dans le caractère de l'Empecinado de rester long-temps oisif; et, bientôt, j'appris qu'il avait des desseins sur Brihuega dont il avait couvert les communications par ses apostés. J'écrivis, en conséquence, au colonel Balestrier de s'y tenir sur ses gardes, de bien s'y défendre en cas d'attaque, attendu que mes mesures étaient prises pour être averti à temps, et lui porter de prompts secours. Je le chargeai de prévenir le colonel Maurin qui était dans cette ville, de n'en point sortir, que je n'allasse le chercher, et je fus pleinement rassuré quand j'eus la certitude que ces deux chefs connaissaient mes intentions.

Mais le colonel Maurin, impatient de porter à son régiment les effets qu'il avait réunis, et ne voyant pas l'Empecinado aux portes de Brihuega, crut que les dangers dont il menaçait cette ville étaient imaginaires ou n'étaient point aussi pressans. Il sut déterminer le colonel Balestrier à le laisser partir, moyennant quelque renfort jusqu'à Torija. Don Juan Martin était cependant aux environs; s'il tardait à se montrer, c'est parce que les avis qu'il recevait de ses partisans, l'engagèrent à s'embusquer pour attendre le convoi, plutôt qu'à tenter une attaque de vive force contre la ville.

Le 17 octobre (1810), le colonel avec son convoi; moi avec les 1ᵉʳ et 2ᵉ bataillons de son régiment, ainsi que les chevau-légers Westphaliens, nous nous mîmes en mouvement, lui de Brihuega, moi de Guadalaxara. L'idée que l'ennemi agirait ce jour-là, m'avait porté à ne pas prendre la grande route qu'il ne manquerait pas de faire observer, mais à le mettre en défaut, en me jetant, sans artillerie, dans les chemins de traverse, et d'arriver sur ses derrières pendant qu'il serait occupé contre Brihuega.

Avant d'entrer dans le bois de Fuentes, le convoi de Royal-Étranger tomba dans une embuscade formée des deux côtés de la route à la faveur des murailles de pierres séches que les paysans élèvent pour enceinte aux extrémités des champs rocailleux du plateau; l'avant-garde composée d'une forte partie du détachement des 12⁰ et 21⁰ légers, s'étant trop avancée, fut coupée, et, en partie, prise. L'escorte du convoi ayant été secourue au premier coup de fusil, par le colonel Balestrier, ne souffrit pas autant en proportion ; mais elle abandonna ses voitures et le colonel Maurin eut son cheval tué sous lui (*).

Les éclaireurs de mon avant-garde m'ayant fait prévenir qu'ils entendaient le canon, je me portai près d'eux et j'entendis également de la mousqueterie. Ne soupçonnant pas autre chose que des tentatives sur Brihuega, je fis accélérer la marche et ne la discontinuai point, quoique le feu nous parût bientôt avoir cessé. Un brouillard très épais, qui avait favorisé notre mouvement depuis le point du jour, achevait de se dissiper, lorsqu'au tournant du chemin qui, longeant le bois de Val de Saz, descend vers ce village, mes éclaireurs se rencontrèrent nez à

(*) Ce cheval, enlevé par Moralès à un officier français, et depuis vendu au colonel Maurin, était un des plus habiles coureurs qu'on eût encore vus ; on rapportait qu'à la suite d'un meurtre, il avait, en France, fourni, en peu de quarts d'heure, une course telle, que l'auteur de ce crime avait pu victorieusement établir son *alibi*.

nez avec deux védettes ennemies qui venaient observer le plateau ; ils les enlevèrent sans bruit et me les amenèrent à l'instant. J'appris d'elles que le convoi du colonel Maurin venait d'être attaqué et pris ; que l'Empecinado était à Val de Saz avec toute sa division, et que ses soldats s'y partageaient les dépouilles de Royal-Étranger. Certainement nous n'étions pas en force pour attaquer cette division, surtout après un succès ; mais le dépit et l'indignation de Royal-Étranger, qui, depuis sa création, n'avait pas encore reçu l'habillement neuf qu'il attendait, et qu'on venait d'enlever, presque à sa barbe, animaient tellement son courage, que je ne doutais pas qu'il ne se tirât très bien du combat inégal que j'allais engager : les deux bataillons de ce régiment n'ayant pas, ce jour-là, plus de cinq cents baïonnettes avec moi.

Je fis sur-le-champ mes dispositions pour surprendre à mon tour l'Empecinado dans Val de Saz. En conséquence, M. Moutard eut ordre d'entrer dans le bois, et d'arriver à couvert sur le village, pour y pénétrer au pas de charge ; M. Bossut, commandant le 2ᵉ bataillon, de descendre aussi à couvert par les haies élevées qui bordent le chemin, et de profiter de la surprise que son apparition causerait, pour tourner le village, afin d'y entrer par le côté opposé à M. Moutard; les grenadiers de ce bataillon durent suivre la cavalerie dans le passage de la vallée.

Je profitai d'un angle rentrant pour descendre dans cette vallée avec les Westphaliens, sans être aperçus, afin de passer à temps le ruisseau, de monter sur le plateau opposé, et de couper toute retraite à l'Empecinado,

Tous ces mouvemens s'exécutaient avec rapidité, quand quelques vedettes ennemies, postées sur le chemin de Val de Saz à Brihuega, ayant vu reluire les armes de notre côté, donnèrent l'alarme. La cavalerie de l'Empecinado sortit précipitamment du village pour arriver au plateau, et mieux reconnaître. Pendant que l'infanterie ennemie rappelait de toutes parts, M. le commandant Moutard, qui avait pris la route la plus courte, tombe comme la foudre sur l'Empecinado; M. Bossut pénètre au même instant dans Val de Saz, et, de chaque côté, la baïonnette fait son terrible office.

Nous vîmes alors beaucoup d'hommes s'échapper dans le plus grand désordre; et aucun n'allait se soustraire à nos coups, si le ruisseau de Val de Saz, encaissé et bourbeux, eût été moins difficile à franchir. Malgré cela, nous pressâmes nos chevaux et gravîmes la côte, nonobstant sa roideur, à travers toutes les espèces de difficultés. Le plateau était couvert de vignes, où, ne pouvant manœuver en ordre, nous chargeâmes individuellement et dans toutes les directions, du mieux que nous pûmes, et en faisant éprouver à l'ennemi de très grandes pertes. Aux vignes succédèrent des bois; et l'ennemi, les ayant gagnés précipitamment, devint maître du chemin qu'ils couvrent, et qui mène au moulin d'Archilla, où il y a un petit pont sur le Tajuña, rivière extrêmement profonde dans presque tout son cours depuis les usines de Brihuega. Les Westphaliens furent arrêtés par la mousqueterie des tirailleurs réfugiés dans ces bois, et il leur fallut attendre la jonction des grenadiers du capitaine Jacquot, sur lesquels nous avions pris beaucoup d'avance : ce retard donna à l'ennemi le temps de descendre, de traverser la vallée du Tajuña, et de se jeter dans les forêts qui couronnent le plateau, entre cette rivière et le Tage. Ces forêts sont très épaisses; elles sauvèrent les débris de la colonne d'infanterie échappée par ce point-là; sa cavalerie, ayant encore pris la fuite sans croiser le sabre, n'éprouva aucune perte. Pendant que nous poursuivions ainsi ce qui s'était jeté de notre côté, du leur, les faibles bataillons de Royal-Étranger n'avaient pas lâché prise, et tuaient tout ce qui tombait dans leurs mains. L'infanterie, qu'ils talonnaient, avait aussi traversé le plateau dans le plus grand désordre, et n'avait pu franchir le Tajuña qu'au léger pont de bois qui conduit aux gorges boisées de Yelamos de Arriba.

Cette belle affaire, dans laquelle don Juan Martin perdit plus de cinq cents morts et une soixantaine de prisonniers, ne nous coûta qu'un seul Westphalien. Elle mit sa division dans une déroute complète, et permit à Royal-Étranger de reprendre beaucoup d'effets d'habillement, mais déjà tout dénaturés. Lorsque ce régiment nous rejoignit, je fis descendre les voltigeurs jusqu'au moulin, mais avec défense de pousser au-delà, l'ennemi ayant rallié quelques centaines de fantassins sur une butte escarpée, d'où, pour nous attirer à lui, il nous vomissait les plus sottes injures. L'attaque de cette butte ne nous aurait conduit qu'à lui donner le plaisir de nous tuer à son tour, sans résultat pour moi et sans dangers pour lui, des hommes trop précieux pour d'autres occasions. Je lui laissai prendre, dans les bois, la direction qu'il voulut, ayant besoin de déposer mes prisonniers à Brihuega, et de savoir ce qui s'y était passé.

CHAPITRE XVI.

Poursuite de l'ennemi. — Destruction de ses moyens de passage. Appel heureux de la junte aux juntes voisines. — Plan de défense. — Colonnes de l'armée d'Aragon. — Dispersion des colonnes ennemies. — Chaussure des Espagnols pour la guerre.

Je marchai sur Budia le lendemain, mais par un chemin sur lequel on ne pouvait m'attendre que par un grand hasard. Nous traversâmes rapidement ce bourg et prîmes le chemin du pont de Pareja sur le Tage. Arrivés près de la montagne qui fermerait totalement la vallée de Budia, sans une fente de quelques toises de largeur qui donne aux eaux de cette vallée, une issue vers la plaine, où elles se jettent dans le fleuve; arrivés, dis-je, sur ce point d'une bizarre conformation, nos voltigeurs s'engagèrent avec des tirailleurs ennemis postés sur les crêtes. Il me fallut gravir la côte par les deux flancs pour dominer la position, et me rendre maître du revers qui tombe presque à pic sur le village de Duron. Quelque cavalerie paraissant en bataille dans les oliviers, je fis passer la mienne sous la protection du feu des voltigeurs, à travers l'étroit passage; alors les tirailleurs de l'ennemi se retirèrent le long des rochers pour arriver avant elle au pont de Pareja. Nous en prîmes quelques-uns qui nous rapportèrent que déjà don Juan Martin était à Montiel, province de Cuenca de l'autre côté du fleuve. La cavalerie de l'Empecinado, en voyant défiler la nôtre au galop, profita du temps que celle-ci mit à franchir quelques obstacles qui la séparaient d'elle, pour gagner le même pont; une partie passa à la nage près du monastère de Duron.

L'ennemi remettait encore une fois le Tage entre nous! Par quels moyens pouvais-je donc espérer de le tenir éloigné de mon gouvernement, au moins assez de temps pour y ramener l'esprit public, substituer une autre influence à celle de l'Empecinado, étendre les rapports de l'administration au détriment de celle de la junte, et laisser respirer les habitans depuis trop long-temps courbés sous le joug de l'anarchie, ou sans cesse placés entre nos chocs sanglans et continuels? Ce résultat, je ne pouvais l'atteindre par des garnisons qui auraient absorbé ma colonne; je n'avais pu l'obtenir par des combats victorieux qui restaient sans fruit pour la tranquillité de mon gouvernement. Mais tandis que je n'avais que peu de chose à craindre du côté des provinces de Ségovie et de Madrid, la facilité de franchir le Tage ou par ses ponts, ou par ses gués nombreux, donnait à l'Empecinado les moyens de me harceler sans cesse dans les environs de ce fleuve ; les gués allaient disparaître sous les pluies d'hiver, mais trois ponts restaient. Je fis sauter une arche de celui de Pareja, malgré le feu des nombreux tirailleurs embusqués pour sa défense : il ne me restait plus que les ponts d'Auñon et de Trillo ; je fis aussi, et avec grand regret, sauter ce dernier, et je résolus de conserver l'autre pour déboucher à volonté sur la rive gauche du Tage.

Auñon est un gros village, situé à la jonction de deux vallées étroites, à environ une demi-lieue du fleuve : on traverse ce village pour arriver au pont. De l'autre côté du pont, le chemin tourne brusquement à gauche sur une rive étroite qu'il occupe souvent tout entière : il monte et descend enfin avec roideur entre l'eau et des rochers à pic très élevés et couverts d'arbres qui l'ombragent. Ce chemin continue ainsi sur la rive, et quelques-unes de ses parties basses se trouvent fréquemment cachées par la moindre crue : alors on n'est garanti des dangers des abîmes voisins, que par quelques faibles pilotis qui supportent un fascinage couvert de pierres, sur lequel il faut que le voyageur ose s'abandonner. Plusieurs digues transversales retiennent les eaux pour des moulins bâtis sur la rive droite, et soutiennent des nappes larges et profondes. On s'enfonce dans ce chemin pittoresque sans voir souvent à plus de cinquante pas devant soi, et presque toujours à l'ombre, jusqu'au point, où, après avoir cheminé dans l'eau, on tourne encore brusquement à droite, et l'on passe entre des rochers qui semblent avoir été ouverts exprès pour conduire à Sacedon, bourgade distante d'une forte portée de fusil, et, comme je l'ai dit, célèbre par ses eaux minérales.

Par la suite je n'ai rien négligé pour me rendre seul maître de cet important passage, par la construction d'une grosse tour carrée, à deux étages et voûtée, sur la rive droite et appuyée au pont même, ainsi que par l'établissement d'un garde fou, crénelé de huit pieds de haut, couvert d'un blindage contre les feux de la montagne, et s'étendant jusqu'à l'arche centrale.

La rupture des ponts de Trillo et de Pareja, la perte considérable essuyée à Val de Saz par don Juan Martin, mirent ce général hors d'état de rien entreprendre pendant plus d'un mois avec le reste de ses forces ; il employa ce temps à les recruter dans toutes les provinces de son commandement, pendant que la junte cachée dans les cavernes, réclamait, à grands cris, l'appui des juntes provinciales voisines.

Ses appels ne furent pas sans effet, et je ne tardai point à recevoir de toutes parts l'avis que des forces plus considérables que celles que j'avais combattues jusqu'alors, allaient m'attaquer avant peu. J'en prévins M. le comte Béliard, qui, de son côté, recevant de pareils renseignemens, ordonna toutes les mesures propres à me soutenir : Il me demanda par écrit quel serait mon plan de défense si l'orage tombait effectivement sur moi ; et je le lui envoyai à peu près conçu de la manière suivante :

« 1° J'avais résolu de n'évacuer aucun de mes postes, de les laisser tous à la garde des dépôts des 3ᶜˢ bataillons et des compagnies franches d'infanterie ; de ne point attendre que l'ennemi vînt les enlever successivement à ma barbe, ou me forcer à combattre dans des positions défavorables ; conséquemment de marcher à lui. Pour mon plan, plusieurs champs de bataille se présentaient avantageusement sur le chemin qu'il devait tenir.

« 2° Je composais ma colonne des quatre bataillons de guerre de Royal-Étranger et de Royal-Irlandais, d'un fort détachement du 64°, d'un bataillon du 96° et d'un autre du 51°, que l'on m'avait envoyés de Madrid pour renfort, des deux détachemens d'infanterie légère, des trois escadrons westphaliens et des hussards hollandais. Je composais mon parc de six pièces de quatre, d'une de huit, d'un obusier de six pouces et de leurs caissons approvisionnés. Des mulets en bon nombre devaient me suivre chargés de cartouches et de caisses remplies de munitions pour l'artillerie; j'avais pour artilleurs des Français et des Espagnols. »

Les bruits de l'approche des forces réunies de Villacampa et de l'Empecinado, montant ensemble à dix mille hommes d'infanterie et dix-huit cents chevaux, me firent sentir la nécessité de me porter au plus tôt à leur rencontre, de prendre une position qui rendît nos fronts égaux et me permît de disputer valeureusement le terrain. Mes forces réunies le jour de la revue que j'en passai à Grajanejos, en me portant au-devant de l'ennemi, s'élevaient à trois cent soixante sabres, trois mille baïonnettes et quatre-vingts artilleurs et soldats du train.

L'extrémité d'un plateau en arrière d'Alcolea del Pinar, me parut le meilleur emplacement pour les forces que je conduisais; mes flancs s'y trouvaient à la fois appuyés et couverts par un escarpement inattaquable; on ne pouvait arriver à mon front que par la grande route, et mon canon la découvrait dans toute sa portée; mes derrières étaient libres et je pouvais, au besoin, favoriser la retraite de mes pièces et de ma cavalerie, en faisant marcher mon infanterie sur la lisière des bois qui se trouvent à gauche de la route; dans ce cas je me rapprochais des 28e et 75e de ligne, que M. le général comte Béliard avait placés en réserve et par échelons, tant à Alcala qu'à Guadalaxara, aux ordres des colonels Toussaint et Lamorandière, et à ma disposition.

Mon champ de bataille me permit la formation suivante, dont bientôt je vais donner les motifs.

Première ligne : trois bataillons dans l'ordre mince (*), ayant entre eux l'intervalle ordinaire, et dans chaque intervalle, ainsi qu'à chaque extrémité de cette ligne, une pièce de canon; seconde ligne, quatre bataillons en co-

---

(*) Savoir : deux de Royal-Étranger, commandés par mon frère, et celui du 96e de ligne.

lonne d'attaque vis-à-vis les intervalles et derrière les ailes (*); une pièce de canon à chaque extrémité de cette ligne; et à cinquante toises en arrière, les trois escadrons westphaliens en bataille sur trois rangs, c'est-à-dire un escadron vis-à-vis chaque intervalle des colonnes d'attaque.

Réserve. — Les hussards hollandais seulement, faute de pouvoir en mettre davantage, mais au reste considérés, en cas d'événement, comme devant couvrir le ralliement de la première ligne.

Mon infanterie légère et deux compagnies de voltigeurs en avant de mon front et sur les flancs de la route, partie jetée dans les broussailles, partie appuyant les deux bouches à feu dirigées sur cette communication.

L'ennemi ne pouvait tourner cette position qu'en prenant le chemin de Mirabueno, village dont je n'étais pas très éloigné, et dont je faisais garder le défilé ainsi que celui d'Algora, par des détachemens peu nombreux, mais assez forts par leur position. Il pouvait également prendre le chemin qui, de Villa Seca, con-

---

(*) Savoir : deux de Royal-Irlandais, un du 51ᵉ de ligne, et le détachement du 64ᵉ, compté aussi pour un bataillon.

duit à Jadraque, et ce débouché était observé par le poste de Mirabueno. Or, dans les deux cas, je pouvais, en arrivant à temps, défendre avec succès la longue côte escarpée qui touche ces deux points.

Déjà les troupes et l'artillerie étaient passées depuis quelque temps, lorsque nous vîmes paraître des éclaireurs à cheval. Comme ils s'arrêtèrent à m'observer, je détachai sur eux une reconnaissance bien montée et qu'ils attendirent, aussitôt qu'à l'uniforme et aux casques, ils eurent pensé que nous étions des troupes alliées de la France. Ces éclaireurs appartenaient effectivement à l'armée d'Aragon, qui faisait suivre Villacampa d'un côté par le général Abbé, et d'un autre par le général polonais Sklopiski.

J'appris par quelques habitans, et après avoir écrit à ces généraux, que l'ennemi, croyant notre mouvement d'accord, venait de se jeter, une partie vers Cobeta, et l'autre au-delà du Tage. La neige qui tomba pendant toute la nuit dans cette contrée, et plus encore dans les montagnes élevées, qui séparaient ma position des quartiers de ces généraux, ayant effacé tous les chemins, rompit complétement nos communications, et leurs colonnes n'attendirent pas que l'hiver devînt plus rude pour se retirer.

J'en fis autant de mon côté, mais plus lentement, car je ne fus prendre position qu'à Algora, où je séjournai, observant à la fois le débouché de Siguenza et la grande route de Saragosse. J'en fis autant à Grajanejos, où j'acquis la certitude que l'Empecinado était retourné de l'autre côté du Haut-Tage, dans la province de Cuenca.

Je dois ici consigner quelques observations.

On voit, m'a-t-on objecté quelquefois, dans votre petit ordre de bataille des dispositions inusitées.

Pourquoi, m'a-t-on dit, cette ligne dans l'ordre mince, sans autre appui aux extrémités que deux bouches à feu?

Pourquoi la formation de la seconde ligne, non seulement en colonne d'attaque, mais avec des escadrons à cinquante toises en arrière et vis-à-vis les intervalles, plutôt que sur le même alignement qu'elles?

Pourquoi enfin cette cavalerie, toujours en bataille sur trois rangs, plutôt qu'en masse?

Je conviens que presque tous les ordres de bataille des anciens et des modernes nous présentent les lignes appuyées par des masses de cavalerie; mais je dirai que cette disposition générale, si elle est passable pour un pays couvert, ne me le paraît que là, et que partout ailleurs, excepté dans une position escarpée, comme celle que j'occupais, et qui d'elle-même fortifie les ailes, des masses d'infanterie me semblent des appuis plus solides. Celles-ci me paraîtraient même préférables, si, dans les grandes manœuvres et les petites guerres, on habituait le fantassin à se voir chargé dans tous les ordres, mince et serré, en marche et de pied ferme, de flanc et de front : on y perdrait sans doute quelque chevaux ; mais ce léger désavantage serait bien récompensé.

Ma première ligne était en bataille dans l'ordre mince, et assez en arrière sur le plateau, ne pouvant la masquer, pour n'être pas en butte à tous les coups tirés d'en bas, c'est-à-dire affaiblie avant d'entrer en action : elle était dans cet ordre, ne pouvant prendre l'offensive, et afin de n'en avoir point à changer si l'ennemi arrivait de front sur le plateau : elle n'avait aux extrémités qu'une bouche à feu pour appui, parce que la nature escarpée du terrain la rendait inattaquable de flanc.

J'avais également formé ma seconde ligne de manière à pouvoir soutenir le choc de tout ce qui aurait culbuté la première. Le passage de lignes, d'après l'ordonnance française, est une manœuvre très jolie à voir exécuter pendant la paix ; mais elle est excessivement dangereuse à opérer devant un ennemi victorieux; et je lui aurais, en cas de nécessité, préféré la manière espagnole, par demi-masses, si mes bataillons français l'eussent connue.

Or, je suppose que ma première ligne, après avoir convenablement soutenu le feu, se fût trouvée si vigoureusement assaillie qu'on l'eût mise en désordre; ce désordre n'était-il pas de nature à entraîner toutes les petites masses qu'une seconde ligne dans l'ordre mince eût dû former par le doublement de ses sections? Et le désordre étant arrivé à ce point, eût-ce été, avec ma faible réserve que j'aurais pu y porter un remède efficace? je ne l'ai pas pensé.

Je me suis dit, en réfléchissant aux conséquences que pouvait avoir la perte de cette petite bataille, conséquences dont la moindre était de me rejeter sur Madrid : Disposons de manière à profiter du désordre qui accompagne toujours le succès de l'ennemi, offrons-lui une seconde ligne que rien ne puisse entraîner; il est difficile que l'infanterie communique son désordre à des masses bien établies; établissons donc des colonnes d'attaque par masses; il est de plus impossible que l'infanterie en désordre entraîne une bonne cavalerie (et la mienne avait cette précieuse qualité); mettons donc des escadrons entre et vis-à-vis les intervalles, mais à cinquante toises en arrière, pour laisser libres ces intervalles

Or donc, on sait que si le corps qui charge ne se débande pas beaucoup pour poursuivre, après avoir enfoncé ce qu'il avait en tête, il ne peut tirer un grand parti de son succès.

Dans le cas où il se fût débandé, mes trois escadrons étaient là pour tomber sur lui et l'écharper avant qu'il eût pu se remettre en ordre ; et s'il ne se fût pas débandé, mes quatre colonnes d'attaque marchaient à lui ou s'opposaient, par un prompt déployement et un feu nourri, aux premiers progrès qu'il avait pu faire.

Pendant ce combat de la seconde ligne, la première se fût reformée sous la protection des hussards hollandais dans l'ordre prescrit à la seconde; et cette formation achevée, les hussards se divisaient en quatre pelotons, et se plaçaient à cinquante toises en arrière de ses intervalles.

Malgré la distance qui déjà séparait ma première ligne de la seconde, j'avais prescrit au colonel de Stein de placer les escadrons à ses ordres à cinquante toises en arrière de celles-ci, afin de les dérober davantage aux coups destructeurs de l'infanterie.

Enfin, pour répondre à la troisième question,

je dirai d'abord, qu'ayant peu de cavalerie, elle occupait peu de terrain, et qu'il m'était facile de la mouvoir : en second lieu, que dans les charges de cette arme ou sur cette arme, le premier rang agissant presque toujours exclusivement, les 2º et 3º ne servent qu'à y remplacer les vides, et qu'un quatrième devant être attendu pour entrer en action, me paraît presque inutile; qu'alors il en est de même pour tous les autres formés en sus par le déployement en masse.

Je ne sais si l'on se contentera de ces raisons; ce sont du moins les seules qui m'ont déterminé, eu égard aux forces respectives ainsi qu'à la position choisie ; et l'événement n'a voulu ni justifier mes dispositions, ni leur être contraire.

M. le comte Béliard ayant besoin des hussards hollandais, du bataillon du 51º, et des autres troupes qu'il avait envoyées à Guadalaxara, les fit rentrer à Madrid, mais il me les remplaça par deux bataillons, un du 55º et un du 56º.

Les trois semaines qui suivirent le mouvement sur Alcolea del Pinar ne furent point fertiles en événemens; l'ennemi fit néanmoins quelques légères apparitions, mais il se promena plutôt vers Sepulveda, dans la province de Ségovie, ainsi que vers Atienza et Maranchon, qu'il ne se rapprocha de mes postes. Le moindre mouvement menaçant de ma part suffisait pour le faire retirer fort loin ; et dans la saison toutes les marches étaient si ruineuses pour les soldats, dont la chaussure se détruisait en quelques heures dans les terres fortes, que je n'en voulais point faire d'inutiles. En vain, pour subvenir à l'entretien des souliers, j'accordais depuis long-temps aux chefs les peaux du bétail qu'on abattait pour leurs corps; en vain le gouvernement lui-même était venu à leur secours par plusieurs gratifications de chaussures, nos mouvemens avaient été si multipliés, que le soldat n'avait plus rien à sa masse, et faisait la guerre à ses dépens.

Sous ce rapport, l'ennemi avait d'autres ressources que nous; car ses soldats se chaussaient eux-mêmes, soit avec l'alpargate, composé de ficelle de Sparto, soit avec l'abarca, morceau de cuir vert, attaché au pied et au bas de la jambe par des lanières : ces sortes de chaussures sont connues par tous les habitans de l'Espagne (*). J'ai vainement tenté d'en introduire l'usage dans ma division, les soldats ne parurent pas pouvoir s'y habituer. Cependant l'une et l'autre

---

(*) *Voyez* plus haut, page 39 et 40.

espèces ne sont point à dédaigner, je ne dis pas, en garnison, où l'on veut briller, mais à la guerre, où il faut des choses convenables. L'alpargate est très léger, d'un bas prix, et d'un usage excellent pendant la sécheresse, dans toutes sortes de terrains; l'abarca, peu dispendieux, excellent pour des chemins gras et boueux, ainsi que pour traverser des torrens, attendu que l'eau n'y peut séjourner, le mouvement du pied la faisant écouler de suite, ou par la pointe, ou par le talon; en second lieu, parce qu'attaché sur des pièces d'étoffe, au moyen de fortes lanières, que rien ne ronge comme les sous-pieds de nos guêtres, on ne risque jamais de se voir déchaussé dans les terrains fangeux.

CHAPITRE XVII.

Coup de main sur Guadalaxara. — Marche sur le Tage. — Contre-marche. — L'Empecinado près de Guadalaxara. — Pillage de la Junquera. — Exemple terrible devant l'ennemi.

Quelques avis pressans m'ayant décidé à me porter sur le Tage, je fus surpris de les trouver totalement inexacts, et je soupçonnai que la personne qui me les avait donnés, de bonne foi, avait été, à dessein, induite en une erreur aussi grave; non qu'en effet l'ennemi ne s'y fût pas présenté, mais parce qu'il n'y avait fait paraître qu'un détachement. Or, comme chacune de mes expéditions, sur ce fleuve, avait été d'une durée de huit jours au moins : une aussi longue absence de ma part mettait à découvert Guadalaxara, et pouvait déterminer don Juan Martin à me donner le change et à tomber ensuite sur cette ville, dont il eût fait prisonniers, s'il ne les eût pas fait fusiller, tous les chefs de l'administration et leurs employés.

Une entreprise sur cette ville, pendant que M. de Clermont-Tonnerre y exerçait un commandement supérieur, en mon absence, mon quartier-général étant alors à Brihuega, n'avait manqué que par l'extrême vigilance de cet habile officier.

Voici comment : le *Manco* (*), un des plus braves et des plus actifs lieutenans de l'Empecinado, prévenu, par ses espions, de la faiblesse numérique de la garnison de Guadalaxara, composée de troupes partie espagnoles et partie françaises, résolut de tenter un coup de main sur cette ville. Il rassembla deux cents hommes d'élite, tous bien armés et supérieurement montés, partit, à la fin du jour, de Cogolludo où il se trouvait, marcha toute la nuit et arriva, vers deux heures du matin, sur la rive droite de l'Henarès, au pont de Guadalaxara. Le pont était gardé par une sentinelle espagnole, placée en dehors. Elle voulut entrer en pourparlers et fut sabrée : une sentinelle française placée de l'autre côté du pont allait éprouver le même sort, lorsqu'elle se replia sur le poste établi sur la chaussée qui conduit de la rivière à la porte de Guadalaxara, et à moitié chemin de la ville. En se retirant, le soldat français fut vivement

---

(*) Le Manchot. On a vu plus haut que ce surnom lui avait été donné à cause d'une blessure qui lui avait fait perdre le poignet et l'avant-bras (page 174).

poursuivi ; mais il fit bonne contenance, et tua, d'un coup de fusil, le cheval du plus avancé de ceux qui le chargeaient. Averti par le bruit du coup, le poste prit les armes, et se retira vers la ville, en faisant feu sur les assaillans.

M. de Clermont-Tonnerre, dont l'activité était telle que l'exigeait sa position, entendit les premiers coups de fusil. En peu de minutes il accourt avec les hommes qui étaient de garde à son logement; en arrivant à la porte, il trouve le poste qui rentrait : ses paroles et son exemple encouragent les soldats, la barrière est fermée, la fusillade redouble, et l'ennemi, étonné de cette vive résistance, s'arrête. Bientôt arrive le capitaine Roh avec une compagnie de la garde qui était logée dans une caserne voisine. Le jour commençait à poindre; le Manco, voyant le renfort survenu aux défenseurs de la porte, recule jusque vers le pont.

La clarté du jour devenait, de plus en plus, vive. M. de Clermont-Tonnerre, non content d'avoir repoussé ce chef audacieux, voulut encore lui ôter toute envie de revenir. Après avoir fait reconnaître les assaillans par le colonel Miot, il se mit, lui-même, à la tête de trois compagnies d'infanterie et d'une cinquantaine de cavaliers Hollandais et Espagnols, et passa le pont en s'avançant vers l'ennemi. Les soldats du Manco paraissaient vouloir attendre les français ; M. de Clermont-Tonnerre donna, à sa cavalerie, l'ordre de charger, en défendant de faire aucun prisonnier, tant que l'ennemi ne serait pas en fuite. Cette charge eut un plein succès : les chasseurs espagnols rivalisèrent de courage avec les hussards hollandais (*). Les cavaliers insurgés furent culbutés et rejetés, avec perte de quelques hommes, sur Marchamalo (**), où ils s'embusquèrent.

M. de Clermont-Tonnerre connaissait trop la tactique des guerillas, pour donner dans un piège pareil, et sut, au contraire, lui-même, y faire tomber l'ennemi. Un pli du terrain pouvait cacher son détachement : il s'y plaça en embuscade, et, pour attirer le Manco, envoya dans Marchamalo le major Durivoir suivi de

---

(*) Un exemple de subordination militaire, donné dans cette affaire, mérite d'être cité.

Après la première charge, un hussard hollandais voyant un blessé qui cherchait à se sauver, l'atteignit ; mais comme la troupe était en fuite, il ne le frappa point, il l'obligea seulement à marcher devant lui, et l'amena à M. de Clermont-Tonnerre ; là, portant la main à son schako, il demanda gravement : « Dois-je le tuer ? » On devine aisément quelles furent et la réponse du colonel et la joie du pauvre blessé.

(**) Petit village à trois quarts de lieue de Guadalaxara.

quelques cavaliers, avec ordre de tourner bride aussitôt qu'il serait chargé. Cet officier, intrépide et intelligent, accueilli par des coups de fusil en entrant dans le village, tourna bride, et feignit de prendre la fuite, ainsi qu'il était convenu. L'ennemi tout entier s'élança à sa poursuite, et vint donner sur le lieu où les Français étaient embusqués. Quand M. de Clermont-Tonnerre le vit à portée, il le fit charger en flanc et à l'improviste par sa cavalerie, tandis que l'infanterie le recevait de front avec une fusillade bien nourrie. Cette seconde attaque déconcerta tellement le Manco, qu'il dispersa ses soldats et s'échappa à travers les montagnes, laissant une trentaine d'hommes tués ou prisonniers. On le poursuivit inutilement pendant une lieue; la nature du terrain favorisait sa fuite et il rentra, le soir même, en toute hâte, dans Cogolludo (*).

(*) La célérité du Manco, dans son attaque et dans sa retraite, peut donner une idée de l'activité que montraient les *guerillas*: sept grandes lieues d'Espagne (environ dix lieues françaises) en ligne directe, séparent Cogolludo de Guadalaxara : la cavalerie du Manco fit les vingt lieues, de l'aller et du retour, sans s'arrêter autrement que pour combattre, et à travers un pays coupé de montagnes et de vallées, par des chemins de traverse.

M. de Clermont-Tonnerre revint dans la ville que son détachement avait presque entièrement dégarnie, et que son retour délivra de vives inquiétudes causées par l'insuffisance de la garnison.

L'intrépidité et la vigilance de M. de Clermont-Tonnerre sauvèrent Guadalaxara; mais, outre que les exemples d'une pareille activité sont rares, on pouvait n'être pas toujours aussi heureux, et un coup de main bien exécuté eût considérablement nui aux intérêts du roi, dans la province, s'il eût réussi.

Je m'étais donc porté sur Auñon en une seule marche, et, le lendemain, après avoir vu ce qui se passait sur le Tage, par une contre-marche dès le point du jour, sur Horche, où je fis distribuer des vivres et faire le logement, comme si j'avais eu le dessein d'y passer la nuit. Mais au moment où chacun s'y attendait le moins, je fis battre les trois coups, qui étaient la générale de ma division, et je partis à neuf heures du soir pour Guadalaxara, où je rentrai sans bruit à onze heures et demie.

Chacun s'était livré à l'espoir d'un peu de repos, lorsqu'au jour on entendit, de nouveau, battre les coups. Ce n'était pas sans motif : de la fenêtre de mon cabinet de travail, et, à l'aide de ma lunette et du plus beau temps, quoiqu'en décembre (1810), je venais de découvrir une colonne ennemie composée de huit cents chevaux, et d'une infanterie considérable.

La colonne que j'avais portée la veille, sur le Tage, n'était que de quatre bataillons, et d'un régiment de cavalerie légère, car je n'avais rien tiré de Brihuega; je la jugeai assez forte pour marcher à l'ennemi qui, déjà, sortait de la Junquera et suivait, pour arriver à Guadalaxara, le plateau qui longe les plaines de Marchamalo.

Ma colonne étant formée sur la place de la manufacture, je la mis en mouvement, et débouchai de la ville par le pont d'Henarès vers la grande et belle plaine qui s'étend depuis Alcala, jusqu'au bois d'Humanès. Cette plaine est bornée au sud par l'Henarès, dont la rive gauche est remarquable par son escarpement; au nord, par un plateau bas, offrant des plaines magnifiques et qui s'élèvent insensiblement jusqu'au voisinage du Xarama.

Avant de paraître sur la plaine basse, je fis serrer en masse sous les grands arbres de la promenade, et continuai ma marche dans cet ordre. L'ennemi, en voyant sortir si peu d'infanterie, pensa, tout de suite, que j'étais encore sur le Tage; mais il chercha vainement à pénétrer les motifs qui m'avaient déterminé à n'y pas conduire ma cavalerie; il s'arrêta et prit position sur la rive du plateau, présentant environ cinq mille fantassins sur une seule ligne.

A mi-chemin de la Junquera, il faut traverser un fort ruisseau dans un bas-fond, où la vue de l'ennemi ne pouvait plonger. Ma cavalerie qui marchait toujours en tête, dans les plaines et dans les pays découverts, ayant promptement passé, couvrit l'infanterie pendant qu'elle arrangeait sa chaussure, et toute la colonne se remit en marche par section, à distance entière, afin de n'être plus arrêtée, aussi long-temps, au passage des autres ruisseaux. Cette manœuvre, qui nous fit occuper une étendue de terrain beaucoup plus considérable, frappa les troupes de l'Empecinado, encore très peu au fait des évolutions militaires; elles nous avaient vu descendre en si petit nombre dans le bas-fond, et nous en voyaient sortir tant de monde, qu'elles s'imaginèrent que le diable, raison ordinaire des effets dont les espagnols superstitieux ne recherchent point la cause, était d'accord avec nous, et elles manifestèrent si hautement cette sotte opinion, que don Juan Martin crut devoir, dès ce moment, se retirer par le chemin d'Humanès.

Particulièrement occupé des motifs qui pouvaient déterminer l'ennemi à se retirer si promptement devant nous, j'avais traversé la Junquera, remplie de tous ses habitans ; je venais de passer, une seconde fois, le ruisseau dans un de ses méandres ; mes tirailleurs entamaient l'action avec l'ennemi arrêté sur le plateau boisé d'Humanès, et ma colonne formait sa ligne de bataille à mesure qu'elle arrivait. Mais quelle fut ma surprise en voyant quantité de soldats en arrière, et en apprenant que des traîneurs s'étaient mis à piller le village. J'y fis porter, aussitôt, un demi-escadron Westphalien pour les en chasser, en même temps que je ferais arrêter et dépouiller, au passage du ruisseau, tous les individus qui porteraient quelque objet volé.

Cette conduite en marchant à l'ennemi ; cette conduite atroce, envers un endroit plein de bons habitans qui, chaque jour, venaient alimenter le marché de Guadalaxara ; cette conduite, toujours intolérable, me causa la plus vive indignation, et je me déterminai à la punir par un exemple terrible, dans les champs même de Junquera.

Une centaine de ces pillards étant arrêtés, je fis retirer mes tirailleurs en arrière du ruisseau, et vins former le quarré auprès de ce village. Là, devant tous les habitans, qui, le curé à leur tête, imploraient généreusement la grâce des coupables; de ces hommes qui, connaissant mon inflexible sévérité contre le pillage, s'attendaient à toute la rigueur des lois; là, dis-je, je nommai devant eux une commission militaire, et je la prévins que j'allais lui livrer la dixième partie, désignée par le sort, des individus, au service d'Espagne, qui se trouvaient arrêtés (*). Faisant alors apporter une caisse de tambour, je la fis couvrir d'un voile de soie noire, et fis tirer, avec plusieurs dez, au plus haut point. Le sort désigna les dix hommes à punir. Mais voulant plutôt produire un grand effet moral, que décimer, moi-même tant d'hommes utiles, et, paraissant céder aux nouvelles et pressantes influences du curé et de la *justice*, je fis recommencer la fatale opération entre les dix atteints par le sort, et le plus haut point échut à l'homme signalé comme le plus mauvais sujet de la division espagnole.

Le tribunal s'en étant emparé, le condamna unanimement, à la peine capitale, et j'ordonnai que le jugement fût immédiatement exécuté par les hommes mêmes qui venaient de par-

---

(*) Aucun soldat français ne se trouvait parmi les pillards arrêtés.

tager les craintes du sort, afin de compléter en eux l'impression profonde qu'un pareil événement devait leur causer. La chose fut ainsi faite, avec recommandation au curé de faire enterrer le cadavre. J'envoyai aussitôt après, l'ordre aux tirailleurs de passer une troisième fois le ruisseau et de recommencer l'attaque : en marchant à leur appui, la colonne défila au pas de charge le long du mort.

Pendant la durée de cette lugubre cérémonie, les troupes de l'Empecinado, en bataille en avant d'Humanès, ne firent aucun mouvement pour la troubler. Quelques coups de fusils seulement se faisaient entendre parmi les tirailleurs; mais dès que l'ennemi vit diriger la colonne contre lui, il ne s'arrêta point au village et repassa précipitamment la Sorbe sur deux points : c'est-à-dire, partie au gué près du confluent de cette rivière dans l'Henarès, et partie au pont de Razbona, située à un quart de lieue plus haut. Sa cavalerie étant restée en deçà de la Sorbe pour protéger la retraite, reçut quelques obus; mais, selon son habitude avec nous, quand elle était si audacieuse avec d'autres, elle ne voulut point croiser le sabre avec la mienne qui s'avança pour la charger.

Présumant bien que si l'ennemi s'était retiré des plateaux de Marchamalo et d'Humanès, c'est parce qu'il nous craignait dans des positions trop accessibles, et qu'il espérait nous attirer dans d'autres plus difficiles; je m'attendis à combattre à Cogolludo, et, des rapports annonçant que le marquis de Zayas y était arrivé avec une forte brigade, j'envoyai au colonel Balestrier l'ordre de venir me joindre à Humanès avec un de ses bataillons en passant devant Hita pour traverser l'Henarès au gué. Le bataillon du 96ᵉ reçut un ordre pareil.

CHAPITRE XVIII.

Deuxième affaire de Cogolludo. — Poursuite de l'ennemi. — Affaire d'Atienza. — Contremarche de l'Empecinado. — Affaire de Jadraque.

Ces bataillons étant arrivés le 11 décembre 1810 au soir, nous partîmes d'Humanès le 12 sur deux colonnes, afin de passer plus promptement la Sorbe. Une brume mêlée d'épais brouillards, avait commencé pendant la nuit et ne discontinuait pas. Les deux colonnes s'étant rejointes, s'avancèrent sur Cogolludo ; les villages que nous traversâmes, pour y arriver, étaient déserts, ce qui me fit penser que l'ennemi ne s'était pas retiré. Un affidé que j'y avais envoyé la veille pour sonder l'Empeeinado, y avait trouvé ce général, et m'en avait rapporté une réponse pleine de jactance, d'après laquelle je vis bien qu'il accepterait le combat.

Arrivés à demi-lieue de la ville, nous aperçûmes à travers les brouillards, que par fois le vent éclaircissait un peu, une reconnaissance à cheval qui, sans doute, vit ou entendit la tête de la colonne, mais qui n'en put juger la profondeur.

En débouchant des rochers, qui se trouvent à demi-portée de canon, les éclaireurs de l'avant-garde firent feu, et presqu'aussitôt l'avant-garde entière en fit autant. Comme le brouillard continuait, l'ennemi, ne nous voyant pas bien, dirigea vers nous un feu très nourri auquel je ne fis répondre que par les voltigeurs de Royal-Étranger pendant que la colonne arrivait et se formait sur deux lignes un peu en avant des rochers.

Je donnai à M. Vivien, commandant du bataillon du 55e, l'ordre de se porter sur la chapelle et de se masser derrière, afin de se couvrir contre l'infanterie qui tiraillait par les fenêtres et de derrière les murailles du couvent. Ce bataillon, en exécutant ce mouvement, vit formée, à peu de distance, sur le chemin d'Espinosa, toute la cavalerie de l'Empecinado, laquelle croyant sans doute avoir sur le corps la colonne entière, exécuta aussitôt un changement de position. Lorsque ce bataillon fut placé, j'envoyai les Westphaliens s'établir en colonne derrière lui, également à couvert par le même bâtiment et les arbres qui l'environnent.

Les voltigeurs n'étant point en force s'étaient repliés; je les fis soutenir par le bataillon de

M. Moutard, mais cet officier, malgré les plus vaillans efforts, fut également repoussé. Cette résistance de l'ennemi à l'entrée de la ville, dut me faire présumer que le couvent duquel partait un feu si nourri, appuyait le centre de la ligne de l'Empecinado, et dans cette opinion, je me décidai à brusquer l'attaque de cette maison religieuse pour tâcher de prendre tout ce qui la défendait. En conséquence ayant fait rapprocher ma seconde ligne composée de Royal-Irlandais et d'un bataillon du 96°, pour soutenir cette attaque, j'ordonnai au colonel Maurin de marcher avec le reste de son régiment à l'appui de M. Moutard et de fixer l'attention des troupes ennemies renfermées dans le couvent, que le bataillon du 55° eût ordre d'attaquer du côté de la ville.

L'impossibilité de juger la position prise par l'Empecinado, m'obligeant à porter mes efforts sur le seul point apparent qui se présentait, m'empêchait de manœuvrer sur les autres et d'arriver à un résultat tel que je le pouvais enfin espérer de six bataillons et de trois escadrons pleins d'ardeur. A en juger par la vivacité du feu qui partait du couvent; c'était là que l'ennemi devait être le plus en forces, et cette position touchait aux seules entrées de Cogolludo de mon côté. L'attaque vigoureuse de trois bataillons pouvait me rendre maître de toute l'infanterie qui s'y trouvait renfermée, et pour ajouter à l'embarras de sa défense, je fis profiter d'un moment où le temps nous permit d'apercevoir quelques croisées d'où partaient des coups de fusils, pour y jeter avec succès quelques obus.

Cependant lorsque d'un côté, le 1er bataillon de Royal-Étranger, aux ordres du commandant Moutard, et que de l'autre le 55°, ayant à sa tête le capitaine Vivien, s'avançaient au pas de charge vers les deux principales portes du couvent, le colonel Maurin appuyant beaucoup trop à gauche avec son 2° bataillon, ne remplissait pas mes vues, puisqu'alors il n'attaquait rien ; je lui envoyai plusieurs fois des officiers pour le rappeller à sa véritable direction, mais lorsqu'il y revint, il était trop tard, le 55° et M. Moutard avaient pénétré dans la ville et fait des prisonniers ; mais l'ennemi plus nombreux les avait forcés et se repliait devant eux vers la partie basse.

Je m'y précipitai avec les chevau-légers par le chemin qui longe la ville, en même temps que, par l'intérieur de celle-ci, le 1er bataillon de Royal-Étranger avec le 55° de ligne suivaient l'ennemi ; et toutefois, après avoir fait dire au colonel Balestrier de s'avancer pour occuper

Cogolludo, y garder les blessés et les prisonniers, ainsi que pour nous y faire préparer des subsistances. Le 96ᵉ, aux ordres de M. Charrier, et le 1ᵉʳ bataillon d'Irlande, commandé par M. Delès, eurent ordre de marcher par la route que la cavalerie avait prise.

D'autres bataillons ennemis postés derrière le ruisseau et sur les mamelons qui le plongent, bataillons qui pouvaient être les troupes de M. de Zayas, ayant protégé le ralliement de ceux culbutés dans la ville, opposèrent une vive résistance au débouché vers Atalaya et Robredarcas; le brouillard toujours épais les masquait à nos yeux, et nous, placés en bataille sous le feu, nous ne savions ni sur quels points diriger le nôtre, ni par quels chemins arriver à l'ennemi.

Les coups de canon qui avaient secondé l'attaque du couvent ayant un peu éclairci le brouillard, nous commençâmes à voir devant nous ; j'ordonnai aussitôt à M. Moutard de se jeter à gauche pour tourner l'ennemi, et je fis marcher le 96ᵉ pour appuyer M. Moutard. Le bataillon du 55ᵉ eut ordre d'agir à droite dans le même dessein, et M. Delès marcha pour le soutenir ; mais l'Empecinado voyant cette manœuvre, se replia beaucoup plus en arrière et commença son mouvement de retraite, à couvert d'une nuée de tirailleurs et à travers les vignes. Je fis suivre sa cavalerie par le chemin qu'elle avait pris, mais il était si gras, si boueux, que les Westphaliens, eurent, malgré la vigueur de leurs chevaux, beaucoup de peine à s'en tirer et à se frayer quelques sentiers sur les bords plantés de vignes.

Nous poursuivîmes pendant plus d'une lieue l'ennemi dans cette seule direction, que le brouillard venait nous dérober de temps à autre, sans cesse tourmentés par la crainte de quelque douloureuse méprise, et de tirer les uns sur les autres. Enfin, la pluie ayant cessé vers trois heures après midi, le brouillard s'éleva, mais l'ennemi avait disparu, et nous nous trouvâmes, cavalerie et infanterie, tous à peu près à la même hauteur; mais notre artillerie et nos caissons étaient restés entre Cogolludo et nous, embourbés de manière à ne pouvoir se dégager.

Ayant ordonné aux troupes de prendre position dans les vignes, pour couvrir notre artillerie, j'envoyai le 96ᵉ à son secours, et je dois dire que sans le dévouement et les efforts de ce brave bataillon, jamais les chevaux n'eussent pu la tirer des chemins où ils l'avaient conduite. Quand nous vîmes qu'elle pourrait arriver sans difficultés à Cogolludo, nous vînmes bivouaquer, partie sur cette ville, partie sur ses places. Toutes les maisons étaient abandonnées, et le colonel Balestrier n'avait pu y réunir aucune espèce de subsistances.

Je demandai au colonel Maurin pourquoi il n'avait pas suivi ponctuellement l'ordre que je lui avais moi-même donné, et que je lui avais fait renouveler, d'appuyer son premier bataillon; il me répondit qu'il s'était trouvé vis-à-vis d'une colonne ennemie qui se retirait par le côté vers lequel il se dirigeait. La chose était sans doute vraie, mais il aurait dû m'en faire prévenir sur le champ; j'étais en mesure de rendre le succès de la journée plus complet.

J'eus dans cette affaire beaucoup de braves hors de combat, mais ma colonne s'en vengea bien par les pertes qu'elle fit éprouver à l'ennemi, tant en hommes tués qui couvraient les rues, que par une centaine de prisonniers. L'Empecinado était dans le couvent lorsque je donnai l'ordre de brusquer l'attaque de cet édifice.

Le 13 (décembre) vers dix heures du matin, n'ayant aucun renseignement, et personne qui pût m'en donner, je marchai sur Jadraque pour tâcher d'en avoir; et l'on m'y apprit que l'Empecinado devait être à Atienza. Ayant fait aussitôt déposer mes blessés dans le couvent que le Royal-Étranger y avait retranché, j'y laissai le bataillon du 96e, avec recommandation particulière à son commandant de s'y renfermer ainsi que sa troupe et les prisonniers : ensuite je quittai cette ville.

Nous trouvâmes près de Negredo des vedettes ennemies qui se replièrent à notre approche, et dont le nombre s'accrut jusqu'au point où le chemin tourne brusquement à gauche vers Atienza. Là, favorisés par la forêt qui couronne les collines, de nombreux tirailleurs s'engagèrent avec mes flanqueurs que, pour ne point suspendre ma marche, je fis soutenir par les compagnies de voltigeurs. Comme l'ennemi paraissait vouloir les arrêter plus avant dans la montagne, et que la nuit commençait à tomber, je leur fis dire de rester en vue de ma colonne. La plaine s'élargissant et le chemin s'éloignant des collines où ils combattaient, je m'arrêtai pour les rallier sur moi. Dans ce moment la cavalerie de l'Empecinado s'avança pour les suivre dans leur mouvement, mais le feu de mes obusiers et une charge des Westphaliens la firent replier à l'entrée des gorges, sous la protection de son infanterie, qui commençait à s'y ranger en bataille.

Je jugeai alors convenable de former ma colonne face en arrière, non dans l'intention d'engager un combat de nuit dans les bois, ou dans un terrain montueux trop familier à l'Empecinado, mais pour recevoir ce général, s'il lui prenait fantaisie de déboucher sur le terrain découvert où ma ligne s'établissait. Ce mouvement de ma part était d'autant plus opportun que chacun dans ma colonne croyait apercevoir beaucoup de monde dans la ville d'Atienza.

Pendant que les coups de canon et de fusil répondaient à l'ennemi, je faisais pousser une reconnaissance sur Atienza ; et son rapport m'apprit qu'il n'y avait que les habitans. Le feu ayant cessé, j'entrai vers huit heures dans cette ville, où je pris position sous la protection de mes bivouacs (*).

Cependant quelques traîneurs s'étant fait ramasser par les coureurs de l'Empecinado, l'un d'eux qui était Espagnol, apprit à ce général

---

(*) J'ai trop souvent remarqué, à la guerre, que bivouaquer en totalité pendant l'hiver, c'était faire détruire de fond en comble les villages voisins, soit par l'enlèvement de la charpente dans les pays où le bois est rare, soit par l'enlèvement des portes, fenêtres et planches pour des abris pendant l'hiver. Aussi, quand je l'ai pu, je me suis, dans cette saison, établi dans les villages mêmes, sous la protection de gardes et piquets suffisans pour me garantir d'une surprise. Dans toute autre saison, et dans les temps secs, j'ai préféré le bivouac.

que j'avais laissé un bataillon à Jadraque pour la garde des prisonniers et des blessés. Don Juan Martin s'imaginant que, ne le voyant plus, au jour, ni dans sa position de la veille, ni dans aucune autre du voisinage, je séjournerais à Atienza, ou me porterais sur Siguenza pour l'y chercher, jugea qu'il aurait le temps d'attaquer et d'enlever Jadraque et se mit, dès neuf heures du soir, en marche sur cette ville; mais mon dessein étant de le suivre le lendemain, je fis battre les trois coups dès trois heures du matin. Les troupes furent promptement rassemblées et je serais parti tout de suite, s'il n'eût manqué dans Royal-Irlandais quelques hommes qu'on m'assura n'avoir pas déserté. M. le chef de bataillon, Chamborant, retourna dans la ville pour en faire la recherche, et l'aurore commençait à paraître lorsqu'il me les ramena.

J'ordonnai à l'avant-garde de reprendre la route de Jadraque, et, comme la veille la terre était humide, et qu'il avait gelé pendant la nuit, d'observer au-delà du point où l'on avait combattu, vers quelle direction les fers des chevaux étaient tournés, et de m'en rendre compte; on me prévint bientôt qu'ils l'étaient du côté d'où nous étions venus et j'en fis suivre la trace tant qu'on put la reconnaître.

Effectivement, tant que nous fûmes dans un

terrain, ordinairement mou en hiver, les fers de cheval nous guidèrent parfaitement, mais à la hauteur de Negredo, la trace en disparut, parce que les environs sont sablonneux. Alors nous fîmes halte pour la première fois, vers neuf heures : le temps était magnifique.

Environ quatre-vingts chevaux ayant paru sur notre gauche, dans la direction de Huermeles, mais à plus d'une demi-lieue, nous allions marcher à eux, croyant par là rejoindre don Juan Martin, lorsque j'aperçus de nombreuses petites bouffées de fumée sur le côté du vieux château de Jadraque. Je le fis remarquer aux colonels et aux officiers supérieurs qui déjeûnaient avec moi, et tous, nous tombâmes d'accord qu'elles étaient produites par des coups de fusil. Le colonel Maurin proposa de s'y porter de suite avec la cavalerie ; mais, outre que la cavalerie avait son colonel, et M. Maurin son régiment, je jugeai que ce mouvement ne serait bon qu'un peu plus tard, c'est-à-dire, lorsque nous ne serions qu'à une lieue de l'endroit, parce qu'alors mon infanterie, continuant à marcher pendant que les Westphaliens avanceraient, serait en mesure de les soutenir, si les efforts de l'Empecinado se portaient tout à fait contre eux dans un pays difficile pour leur arme.

Ayant fait cette lieue, je donnai au colonel

de Stein l'ordre de se porter au trot sur Jadraque, et de montrer les casques westphaliens à la garnison du couvent. Je pressai la marche de l'infanterie pour les suivre.

L'Empecinado, dont l'attaque avait commencé avec le jour, avait fait les plus grands efforts pour se rendre maître de la ville; il y avait pénétré de toutes parts et en avait été chassé plusieurs fois; après avoir réussi cependant à reprendre ses prisonniers que le commandant avait négligé de renfermer dans le couvent et qu'imprudemment il avait laissés dans la maison d'arrêt sur la place. Peu s'en fallut que cet officier ne fût pris lui-même avec ses chevaux, dont l'ennemi s'empara.

Tout ce qui se trouvait dans la ville fit des prodiges de valeur. Les colonnes ennemies avaient été repoussées toutes avec perte, et les rues étaient jonchées de leurs morts. Lorsque l'Empecinado, qui se disposait à un assaut général, découvrit dans le lointain le retour de ma division, il fit sur le champ concentrer ses troupes et rallier ses tirailleurs; au grand étonnement de la garnison, qui n'en put deviner la cause qu'en voyant reluire les casques westphaliens; la joie la plus vive se manifesta parmi les braves défenseurs de Jadraque : ce n'étaient point les efforts audacieux de don Juan Martin qu'ils avaient redouté, mais seulement de se trouver bloqués, sans vivres et sans munitions, dans le couvent, pendant qu'ignorant leur détresse, j'aurais cherché l'ennemi sur un autre point.

Déjà l'ennemi, qui ne comptait pas M. Zayas pour auxiliaire, parce qu'il n'était pas venu à Cogolludo, s'était enfoncé dans la gorge qui conduit à Villa-Nueva de Argecilla, lorsque les Westphaliens se formèrent en bataille près des aires de la ville (*). Mon infanterie, qui courait plutôt qu'elle ne marchait, arriva presqu'aussitôt qu'eux. J'en tirai sur le champ un détachement de bonne volonté, j'y joignis le 96º, et nous marchâmes avec les chevau-légers sur la direction que l'Empecinado avait prise; mais ce fut inutilement, nous ne rencontrâmes personne, et ne pûmes nous procurer aucuns renseignemens. Il nous fallut donc retourner à Jadraque, où nous rentrâmes à la nuit : quelques jours après seulement, j'appris que, les soldats de la junte ne voulant plus combattre, don Juan Martin avait remonté vers elle par la vallée qui conduit à Almadrones et Mirabueno.

(*) On trouve à Jadraque, comme dans quelques autres villes d'Espagne, des aires situées aux portes de la ville, sur le côté de la route. Ces aires, qui sont publiques, servent aux habitans et aux paysans des environs, pour battre les grains, moyennant un droit.

CHAPITRE XIX.

Le cantonnement de Jadraque rétabli. — Réflexions additionnelles sur la difficulté de pacifier mon gouvernement. — Opinion sur les guerillas.

L'ÉVÉNEMENT de Jadraque justifia l'opinion que toujours j'avais eue de l'impossibilité d'un dépôt sûr pour les blessés et les prisonniers après une affaire. Le couvent de cette ville était fortifié de manière à tenir long-temps contre des coups de fusil; mais il n'avait pas encore de vivres, et la garnison, eût-elle eu le temps d'en ramasser à la hâte, pour quelques jours, avant l'arrivée de l'ennemi, pouvait succomber, si, poussant mes recherches loin d'elle, je ne revenais pas assez tôt pour la tirer d'embarras. Qu'on ajoute à cela l'insouciance de certains officiers qui, trop occupés d'eux-mêmes, préfèrent une bonne maison en ville à la nécessité indispensable de s'établir au milieu de leur troupe, dans un lieu fermé, où souvent l'on manque de paille; qui s'en trouvent coupés lors d'une surprise, et dont alors le seul parti est de rendre honteusement leur épée, pendant que leurs braves subordonnés se font tuer glorieusement. Ici je ne prétends faire aucune application, les événemens de Villa-Castin et d'Arevalo pouvaient se renouveler, et donnent lieu à cette réflexion.

Le nombre de blessés qui était résulté de cette attaque, où les retranchemens avaient été assaillis vivement et à plusieurs reprises, joint à celui déjà existant, m'imposa l'obligation de mettre ce couvent en état de résister mieux encore. J'y fis emmagasiner des vivres, des médicamens et des munitions; j'y laissai des officiers de santé et une garnison de huit cents hommes, après quoi je vins me fixer à Brihuega, pour me trouver à portée de soutenir cet hopital, forcément établi aux avant-postes, et attendre ce que l'ennemi allait entreprendre, à la suite de tant de chocs infructueux. Il se borna pendant quelque temps à des démonstrations, plutôt dans l'intention de contenter la junte et de me fatiguer, que dans celle de me combattre. Aussi me bornai-je à de petits mouvemens, tantôt sur Guadalaxara ou Torija, tantôt sur Jadraque : aussitôt il regagnait les montagnes.

On ne se fait point une idée de toutes les difficultés que présentait toujours la pacification de mon gouvernement : elle ne tenait cependant qu'à la destruction de l'Empecinado, laquelle eût infailliblement entraîné la dissolution de la junte ; mais cette destruction n'était pas une opération aisée : on a vu que, par l'étonnante activité du chef ennemi, par la renaissance et l'accroissement de ses forces, par les secours imposans qu'on lui prêtait de toutes parts, j'étais obligé à des mouvemens continuels. Mais, pourrait-on m'objecter, vous ne poursuiviez peut-être pas assez le cours de vos succès! Cela est vrai, et c'est en cela que la destruction était impossible, par beaucoup de raisons dont quelques-unes ont déjà été déduites, telles que la dispersion des vaincus et l'indispensable nécessité de mettre les blessés, ainsi que les prisonniers, en sûreté après chaque affaire. Ajoutons-y l'importance de ne pas trop m'éloigner de mes établissemens, dans la crainte de les exposer aux contremarches et aux coups de main de l'ennemi.

Une colonne, dont l'unique objet eût été de poursuivre continuellement l'Empecinado, se fût souvent trouvée en défaut, comme moi, à la suite de ses combats, par le manque de renseignemens et d'individus pour en donner : on a dû croire que je n'avais pas toujours et des uns et des autres, quoique je parlasse le langage du pays ; que j'eusse, en beaucoup d'endroits, des personnes auxquelles je rendais des services ; que des affidés, sûrs et bien payés, courussent les villages ; que des intelligences très coûteuses me fussent ouvertes, et près de don Juan Martin et dans les bureaux de la junte. Malgré tout cela, je ne savais souvent rien, je n'étais pas toujours prévenu à temps, je ne recevais pas tous les avis, toutes les notes qu'on m'adressait.

Cette colonne eût-elle, après ses combats, abandonné ses blessés pour suivre plus facilement l'ennemi ? non sans doute ! et, ne pouvant dès lors traîner à sa suite des malheureux souvent intransportables, elle fût revenue sur les dépôts voisins et sûrs ; la poursuite eût conséquemment été interrompue. Mais je suppose, contre toute vraisemblance, que cette colonne eût passé par dessus ces difficultés, et, qu'en outre, elle eût porté avec elle une réserve de subsistances, et de munitions : si elle passait le Tage et s'avançait beaucoup au-delà, elle devenait trop faible, parce que l'Empecinado s'unissait à la division de Cuença, ou se trouvait dans l'armée de Blacke ; si elle poursuivait en Aragon, il fallait qu'elle fût en état de se mesurer avec don Juan Martin, renforcé par Villacampa. Don Juan se serait bien gardé, ayant à ses trousses une pareille colonne, de se jeter dans la province de Madrid, où l'on eût concentré contre lui tous les moyens offensifs; mais il se serait dispersé selon sa tactique, et aurait rendu inutiles le zèle, la valeur et l'intelligence de l'officier-général chargé de le poursuivre.

Le mouvement combiné de plusieurs colonnes paraissait donc le seul parti à employer. Sans doute! mais à moins d'une surprise, aucune d'elles n'eût trouvé les troupes de la junte. Une dispersion ou une retraite, sous la protection d'une armée espagnole, les eût sauvées de leur destruction. Il n'en pouvait être autrement des autres guerillas, de ces partis formés sans ordres, souvent battus, se relevant toujours, sans cesse en mouvement, mal à propos méprisés parce qu'ils étaient vêtus sans cette uniformité brillante, qui ne devrait être propre qu'aux corps réguliers; de ces partis, la plus redoutable espèce de troupes, non pour figurer en ligne, mais pour empêcher l'opinion de prendre l'essor vers une dynastie étrangère, pour isoler des armées et les affamer au sein de l'abondance, pour troubler leurs communications, inquiéter leurs postes et obliger les généraux en chef à détacher des divisions entières, et celles-ci à s'affaiblir par leur dissémination.

Les armées espagnoles tenaient la campagne

et défendaient les forteresses : leurs efforts furent constamment malheureux. Alors les guerillas remédiaient à leurs revers, en ce qu'occupant le royaume, elles obligeaient les jeunes gens, les *dispersos*, les déserteurs, à rejoindre des corps; elles forçaient les Français à se retrancher partout et à ne se présenter en force nulle part; elles suivaient et enlevaient les convois venant de France, avec l'inexpérience du genre de guerre que leurs escortes allaient faire; elles s'attachaient aux convois de prisonniers, ou pour recueillir ce qui pouvait s'en échapper, ou pour attaquer les escortes, quand elles trouvaient une occasion ou un défilé favorable. Les guerillas étaient donc la seule partie redoutable de la nation, pour tout ce qui n'était point masse ou corps de résistance : dans l'état exalté de l'opinion, on pouvait, on devait peut-être dans beaucoup de provinces, les considérer comme la nation armée.

Les généraux de la junte suprême firent toujours une grande faute quand ils appelèrent à eux ces espèces de corps; car, outre que cet appel mécontentait les guerillas, et les affaiblissait en y causant de la désertion, il nous rendait un service important. Le défaut d'instruction de ces troupes, et leur tenue volontaire, les rendaient, sur un champ de bataille, peu dangereuses pour les vieux régimens qui leur étaient opposés ; mais leur réunion à l'armée active délivrait les provinces de l'ennemi local, et le seul craint par le genre de guerre qu'il y faisait, autant aux Français qu'à leurs partisans. En l'absence ou par l'éloignement des guerillas, tout changeait avantageusement de face : les communications se rouvraient ; les autorités et le peuple obéissaient aux autorités royales, les impositions s'acquittaient, et l'abondance renaissait partout.

La seule époque où les guerillas purent être réunies avec fruit aux armées insurgées, fut celle de la concentration des forces françaises : employée alors selon le genre de son institution, cette espèce d'ennemis devenait la meilleure troupe légère ; l'armée qui se concentrait était comme bloquée par eux, personne ne pouvait s'en écarter sans être tué ou pris ; ils la devançaient pour paralyser les réquisitions de transport et de subsistances ; ils la flanquaient pour qu'elle n'en pût obtenir l'exécution qu'à l'aide de forts détachemens ; ils la suivaient pour ramasser les traînards et les paresseux, ou pour dépouiller les pillards. On les trouvait enfin partout quand on craignait de les rencontrer, on ne les trouvait nulle part quand on les recherchait en force.

Il eût donc fallu détruire les guerillas pour parvenir à l'entière conquête de la Péninsule, afin que leur disparition permît de s'occuper uniquement des forces régulières. Mais cette destruction présentait l'image de l'hydre fabuleuse, parce que le gouvernement insurrectionnel avait reconnu quel appui lui prêtait cette espèce de troupe, et ne négligeait rien pour en multiplier et pour en compléter les cadres.

FIN DU TEXTE DES MÉMOIRES DU SECOND VOLUME.

PIÈCES

OFFICIELLES ET JUSTIFICATIVES

CITÉES DANS CE VOLUME

PIÈCES

OFFICIELLES ET JUSTIFICATIVES.

N° I^{er.}(*).

TRAITÉ *entre S. M. l'Empereur des Français et S. M. le roi Charles IV.*

NAPOLÉON, empereur des Français, roi d'Italie, protecteur de la confédération du Rhin ;

Et Charles IV, roi des Espagnes et des Indes, animés d'un égal desir de mettre promptement un terme à l'anarchie à laquelle est en proie l'Espagne, de sauver cette brave nation des agitations des factions, voulant lui éviter toutes les convulsions de la guerre civile et étrangère, et la placer sans secousses dans la seule position qui, dans la circonstance extraordinaire où

(*) Cette pièce et la pièce suivante ont été désignées à tort comme devant être placées à la fin de l'ouvrage, l'Éditeur a pensé qu'il convenait mieux de les classer dans le volume auquel elles se rattachent.

elle se trouve, puisse maintenir son intégrité, lui garantir ses colonies, et la mettre en état de réunir tous ses moyens à ceux de la France, pour arriver à une paix maritime, ont résolu de réunir tous leurs efforts, et de régler, dans une convention particulière, de si chers intérêts. A cet effet ils ont nommé, savoir :

S. M. l'empereur des Français, roi d'Italie, protecteur de la confédération du Rhin,

M. le général de division Duroc, grand maréchal du palais ;

Et S. M. le roi des Espagnes et des Indes,

S. A. S. don Manuel Godoy, prince de la Paix, comte de Evora-Monte ;

Lesquels, après avoir échangé leurs pleins pouvoirs, sont convenus de ce qui suit.

ARTICLE PREMIER.

S. M. Charles IV n'ayant eu en vue toute sa vie que le bonheur de ses sujets, et constant dans le principe que tous les actes d'un souverain ne doivent être faits que pour arriver à ce but ; les circonstances actuelles ne pouvant être qu'une source de dissensions d'autant plus funestes, que les factions ont divisé sa propre famille, a résolu de céder, comme il cède par le présent, à S. M. l'empereur Napoléon tous les droits sur le trône des Espagnes et des Indes, comme le seul qui, au point où en sont arrivées les choses, peut rétablir l'ordre ; entendant que ladite cession n'ait lieu qu'afin de faire jouir ses sujets des deux conditions suivantes :

ARTICLE II.

1° L'intégrité du royaume sera maintenue ; le prince que S. M. l'empereur Napoléon jugera devoir placer sur le trône d'Espagne sera indépendant, et les limites d'Espagne ne souffriront aucune altération.

2° La religion catholique, apostolique et romaine sera la seule en Espagne ; il ne pourra y être toléré aucune religion réformée et encore moins infidèle, suivant l'usage établi aujourd'hui.

ARTICLE III.

Tous actes faits contre ceux de nos fidèles sujets, depuis la révolution d'Aranjuez, sont nuls et de nulle valeur, et leurs propriétés leur seront rendues.

ARTICLE IV.

S. M. le roi Charles, ayant ainsi assuré la prospérité, l'intégrité et l'indépendance de ses sujets, S. M. l'empereur s'engage à donner refuge dans ses états au roi Charles, à la reine, à sa famille, au prince de la Paix, ainsi qu'à ceux de leurs serviteurs qui voudront les suivre, lesquels jouiront, en France, d'un rang équivalant à celui qu'ils possédaient en Espagne.

ARTICLE V.

Le palais impérial de Compiègne, les parcs et forêts qui en dépendent, seront à la disposition du roi Charles, sa vie durant.

ARTICLE VI.

S. M. l'empereur donne et garantit à S. M. le roi

Charles une liste civile de trente millions de réaux que S. M. l'empereur lui fera payer directement tous les mois par le trésor de la couronne.

A la mort du roi Charles, deux millions de revenus formeront le douaire de la reine.

ARTICLE VII.

S. M. l'empereur Napoléon s'engage à accorder à tous les infans d'Espagne une rente annuelle de 400,000 francs, pour en jouir à perpétuité eux et leurs descendans, sauf la réversibilité de ladite rente d'une branche à l'autre, en cas de l'extinction de l'une d'elles, et en suivant les lois civiles. En cas d'extinction de toutes les branches, lesdites rentes seront réversibles à la couronne de France.

ARTICLE VIII.

S. M. l'empereur Napoléon fera tel arrangement qu'il jugera convenable avec le futur roi d'Espagne, pour le paiement de la liste civile et des rentes comprises dans l'article précédent; mais S. M. le roi Charles IV n'entend avoir de relation pour cet objet qu'avec le trésor de France.

ARTICLE IX.

S. M. l'empereur Napoléon donne en échange à S. M. le roi Charles le château de Chambord, avec les parcs, forêts et fermes qui en dépendent, pour en jouir en toute propriété et en disposer comme bon lui semblera.

ARTICLE X.

En conséquence, S. M. le roi Charles renonce, en faveur de S. M. l'empereur Napoléon, à toutes les propriétés allodiales et particulières non appartenantes à la couronne d'Espagne, mais qu'il possède en propre.

Les infans d'Espagne continueront à jouir du revenu des commanderies qu'ils possèdent en Espagne.

ARTICLE XI.

La présente convention sera ratifiée, et les ratifications en seront échangées dans huit jours, ou le plus tôt qu'il sera possible.

Fait à Bayonne, le 5 mai 1808.

Le Prince de la Paix.   Duroc.

N°. II.

Traité *Entre le Prince des Asturies et l'Empereur des Français.*

S. M. l'empereur des Français, roi d'Italie, protecteur de la confédération du Rhin, et S. A. R. le Prince des Asturies, ayant des différens à régler, ont nommé pour leurs plénipotentiaires, savoir :

S. M. l'empereur des Français, roi d'Italie, M. le général de division Duroc, grand maréchal du palais;

Et S. A. R. le Prince des Asturies, don Juan de Escoïquiz, conseiller-d'état de S. M. C. chevalier grand-croix de l'ordre de Charles III.

Lesquels, après avoir échangé leurs pleins pouvoirs, sont convenus des articles suivans :

ARTICLE PREMIER.

S. A. R. le Prince des Asturies adhère à la cession faite par le roi Charles de ses droits au trône d'Espagne et des Indes, en faveur de S. M. l'empereur des Français, roi d'Italie; et renonce, autant que de besoin, aux droits qui lui sont acquis, comme Prince des Asturies, à la couronne des Espagnes et des Indes.

ARTICLE II.

S. M. l'empereur des Français, roi d'Italie, accorde en France, à S. A. R. le prince des Asturies, le titre d'altesse royale, avec tous les honneurs et prérogatives dont jouissent les princes de son sang.

Les descendans de S. A. R. le prince des Asturies conserveront le titre de prince, celui d'altesse sérénissime, et auront toujours le même rang, en France, que les princes dignitaires de l'empire.

ARTICLE III.

S. M. l'empereur des Français, roi d'Italie, cède et donne, par les présentes, en toute propriété, à S. A. R. le prince des Asturies et à ses descendans, les palais, parcs, fermes de Navarre, et les bois qui en dépendent, jusqu'à la concurrence de 50,000 arpens, le tout dégrevé d'hypothèques, et pour en jouir, en toute propriété, à dater de la signature du présent traité.

ARTICLE IV.

Ladite propriété passera aux enfans et héritiers de S. A. R. le prince des Asturies; à leur défaut, aux enfans et héritiers de l'infant D. Carlos; à défaut de ceux-ci, aux enfans et héritiers de l'infant D. Francisco; et enfin, à leur défaut, aux enfans et héritiers de l'Infant D. Antonio. Il sera expédié des lettres patentes et particulières du prince à celui de ces héritiers auquel reviendra ladite propriété.

ARTICLE V.

S. M. l'empereur des Français, roi d'Italie, accorde à S. A. R. le prince des Asturies 400,000 fr. de rente apanagère sur le trésor de France, et payable par douzième chaque mois, pour en jouir, lui et ses descendans; et venant à manquer la descendance directe de S. A. R. le prince des Asturies, cette rente apanagère passera à l'infant D. Carlos, à ses enfans et héritiers; et, à leur défaut, à l'infant D. Francisco, à ses descendans et héritiers.

ARTICLE VI.

Indépendamment de ce qui est stipulé dans les articles précédens, S. M. l'empereur des Français, roi d'Italie, accorde à S. A. R. une rente de 600,000 fr. également sur le trésor de France, pour en jouir sa vie durant. La moitié de ladite rente sera réversible sur la tête de la princesse son épouse, si elle lui survit.

ARTICLE VII.

S. M. l'empereur des Français, roi d'Italie, accorde et garantit aux infans D. Antonio, oncle de S. A. R. le prince des Asturies, D. Carlos et D. Francisco, frères dudit prince :

1° Le titre d'altesse royale, avec tous les honneurs et prérogatives dont jouissent les princes de son sang; les descendans de LL. AA. RR. conserveront le titre de prince, celui d'altesse sérénissime, et auront toujours en France le même rang que les princes dignitaires de l'empire;

2° La jouissance du revenu de toutes leurs commanderies en Espagne, leur vie durant;

3° Une rente apanagère de 400,000 fr. pour en jouir eux et leurs héritiers à perpétuité, entendant S. M. I. que les infans D. Antonio, D. Carlos et D. Francisco venant à mourir sans laisser d'héritiers, ou leur postérité venant à s'éteindre, lesdites rentes apanagères appartiendront à S. A. R. le prince des Asturies, ou à ses descendans et héritiers; le tout aux conditions que LL. AA. RR. D. Carlos, D. Antonio et D. Francisco adhèrent au présent traité.

ARTICLE VIII.

Le présent traité sera ratifié, et les ratifications en seront échangées dans huit jours, ou plutôt si faire se peut.

Bayonne, le 10 mai 1808,

DUROC. JUAN DE ESCOÏQUIZ.

N° III.

INSTRUCTION *de la Junte suprême de Séville, pour résister à l'Invasion des Français.*

Palais royal de l'Alcasar de Séville, 8 juin 1808.

Nous ne pouvons douter un moment des efforts que les Espagnols réunis, de toutes les provinces, feront pour arrêter et déjouer les mauvais desseins des Français, et qu'ils ne sacrifient même leur vie dans cette occasion, la plus importante, et même sans exemple dans l'histoire, tant pour la chose en elle-même que pour les moyens horribles que l'ingratitude et la perfidie des Français ont employés pour entreprendre et poursuivre notre asservissement, qui est encore aujourd'hui le but de leurs efforts.

1° Avant tout, évitons tous combats généraux, et soyons convaincus que, sans nous procurer aucun avantage, sans même pouvoir nous en faire espérer, nous y serions exposés aux plus grands hasards. Les motifs de cette résolution sont nombreux, et tels, qu'il suffira, pour les découvrir, d'avoir l'usage de son intelligence.

2° Une guerre de partisans est le système qui nous convient ; il faut embarrasser et ravager les armées ennemies par le manque de vivres, détruire des ponts, former des retranchemens dans des situations avantageuses, et prendre d'autres moyens semblables. La situation de l'Espagne, ses montagnes nombreuses, et les défilés qu'elle présente, ses rivières et ses torrens, et même la distribution de ses provinces, tout nous invite à chercher nos succès dans ce genre de guerre.

3° Il est indispensable que chaque province ait son général, de talens connus, aussi expérimenté que le permet notre situation ; il faut que sa loyauté héroïque inspire une entière confiance, et que chaque général ait sous ses ordres des officiers de mérite, surtout d'artillerie et du génie.

4° Comme l'union combinée des plans est l'âme de toute entreprise bien concertée, et ce qui, seul, peut promettre et faciliter le succès, il paraît indispensable qu'il y ait trois généralissimes, qui agissent l'un avec l'autre ; l'un commandera dans les quatre royaumes de l'Andalousie, de Murcie, et de la basse Estramadure ; l'autre, à Valence, dans l'Aragon et la Catalogne ; une personne du plus grand crédit étant envoyée dans la Navarre, dans les provinces de la Biscaye, Montañas, les Asturies, Rioja et le nord de la vieille Castille, pour le projet dont il sera parlé ci-après.

5° Chacun de ces généraux et généralissimes formera une armée de vétérans, de soldats et de paysans réunis, et se placera de manière à faire des entreprises, à secourir les points les plus exposés, en conservant toujours des communications fréquentes avec les autres généralissimes, pour que tout soit fait d'un commun accord, et qu'ils puissent se donner des secours mutuels.

6° Madrid et la Manche exigent un général particulier, pour se concerter et exécuter les entreprises que demande la situation locale. — Son seul objet doit être d'inquiéter les armées ennemies, de leur enlever ou couper les vivres, de les attaquer par le flanc ou par derrière, de ne leur laisser aucun instant de repos. Le courage des habitans est bien connu, et ils s'empresseront d'embrasser un pareil projet, s'il est conduit comme il doit l'être. Dans la guerre de la succession, l'ennemi entra deux fois dans l'intérieur du royaume, et même jusque dans la capitale, et ce fut la cause de sa défaite, de sa ruine entière et de son défaut total de succès.

7° Les généralissimes du Nord et de l'Est bloqueront les entrées des provinces placées sous leurs ordres, et viendront au secours de tous ceux qui seront attaqués par l'ennemi, pour empêcher autant que possible tout pillage, et préserver les habitans des ravages de la guerre; les montagnes et les défilés en grand nombre qui sont sur la frontière de ces provinces, favorisent de tels projets.

8° La destination du général de la Navarre, de la Biscaye, et du reste de ce département, est la plus importante de toutes; il sera assisté par les généraux du Nord et de l'Est, avec les troupes et autres secours dont il aura besoin. Son unique emploi sera de fermer l'entrée de l'Espagne aux troupes françaises fraîches, et de harasser et détruire celles qui retournent d'Espagne en France par ce point. Les rochers qui hérissent ces provinces seront d'un extrême avantage pour un semblable dessein ; et ces entreprises, si elles sont bien concertées et exécutées, ne manqueront pas de réussir. Il en sera de même des différens points par lesquels les troupes françaises qui sont en Portugal pourraient entrer en Espagne, ou par lesquels les troupes françaises pourraient entrer par le Roussillon dans la Catalogne; car il y a peu à craindre pour l'Aragon, et même on ne pense pas qu'ils s'échappent du Portugal, à cause des proclamations qu'on a répandues dans ce royaume, et parce que la haine qu'on y portait aux Français, s'est augmentée sans bornes, par suite des maux innombrables qu'on a eu à y souffrir d'eux, et de la cruelle oppression qu'on y a subie.

9° En même temps, il serait très bon que les généralissimes fissent publier et répandre de fréquentes proclamations parmi le peuple, et enflammassent son courage et sa loyauté, en lui montrant qu'il a tout à craindre de l'horrible perfidie que les Français ont employée contre l'Espagne, et même contre le roi Ferdinand VII ; et que s'ils régnaient sur nous, tout serait perdu, souverain, monarchie, propriété, liberté, indépendance et religion ; et qu'ainsi il est nécessaire de sacrifier notre vie et nos biens à la défense du roi et de la patrie; et quand même notre sort nous condamnerait (ce qui, nous l'espérons, n'arrivera pas) à devenir esclaves, devenons-le en combattant et en mourant comme des braves, et ne nous soumettons pas lâchement au joug, comme des agneaux, ainsi que le dernier gouvernement aurait eu l'infamie de le faire, et que l'esclavage ne couvre pas l'Espagne d'une infamie et d'un deuil éternels. Les Français n'ont jamais dominé sur nous, ni posé le pied sur notre territoire. Nous avons souvent régné sur eux, non par la ruse, mais par la force des armes ; nous avons tenu leurs rois prisonniers, et fait trembler leur nation. — Les Espagnols sont toujours les mêmes, et la France, l'Europe et le monde entier verront que nous ne sommes pas moins forts ni moins braves que nos plus illustres ancêtres.

10° Toutes les personnes bien élevées des provinces, devront exciter la composition, l'impression et la publication fréquente de discours succincts, pour soutenir l'opinion publique et l'ardeur de la nation, et réfuter en même temps les infâmes journaux de Madrid, que la bassesse du dernier gouvernement a permis et permet encore de publier dans Madrid même, et a fait circuler au dehors ; ces personnes en découvriront les faussetés et les contradictions continuelles ; il faut qu'elles couvrent de mépris les misérables auteurs de ces journaux, et qu'elles étendent quelquefois leurs remarques à ces charlatans, gazetiers français, et même au Moniteur. Qu'elles déploient et publient à la face de l'Espagne et de toute l'Europe, l'horreur de leurs mensonges et la vénalité de leurs louanges ; car ils offrent une ample matière à un pareil travail. Que tous ces esprits pervers tremblent devant l'Espagne ; que la France sache que les Espagnols ont pénétré à fond ses desseins, et que c'est pour cela qu'ils la détestent et la couvrent d'exécration, et qu'ils mourraient plutôt que de se soumettre à un joug inique et barbare.

11° On aura soin d'expliquer à la nation et de la convaincre que, lorsque nous serons délivrés, comme nous comptons l'être, de cette guerre civile à laquelle les Français nous ont forcés, et que, placé dans un état de tranquillité, notre roi et seigneur Ferdinand VII aura repris le trône, les Cortès seront assemblées sous lui et par lui, les abus seront réformés, et que l'on fera des lois telles que les circonstances et l'expérince les dicteront pour le bien et le bonheur publics. Les Espagnols savent faire tout cela, et nous les avons faites aussi bien que d'autres nations, sans qu'il soit nécessaire que de vils Français viennent nous instruire, et que, suivant leur usage, sous le masque de l'amitié et de souhaits pour notre bonheur, ils cherchent, car c'est là le seul but de leurs complots, à violer nos femmes, à nous assassiner, à nous priver de notre liberté, de nos lois, de notre roi, à étouffer et détruire notre sainte religion, comme ils l'ont fait jusqu'à présent, et comme ils le feront toujours, tant que durera cet esprit de perfidie et d'ambition qui les domine et les tyrannise.

Par ordre de la Junte suprême,

JUAN BAUTISTA PARDO,
Secrétaire.

N°. IV.

Constitution (1) *donnée par le roi Joseph, à la Nation espagnole.*

Bayonne, 6 juillet 1808.

Au nom du Dieu tout-puissant, Don Joseph Napoléon, par la grâce de Dieu, roi des Espagnes et des Indes;

Après avoir entendu la junte nationale, réunie à Bayonne par les ordres de notre très cher et bien aimé frère Napoléon, empereur des Français, roi d'Italie, protecteur de la confédération du Rhin, etc., etc.

Nous avons Décrété et décrétons le présent statut constitutionnel, pour être exécuté comme loi fondamentale de nos états, et comme base du pacte qui lie nos peuples à nous et nous à nos peuples.

TITRE PREMIER.

De la Religion.

Art. 1.er La religion catholique, apostolique et romaine est en Espagne, et dans toutes les possessions

---

(*) Cet acte est souscrit de vingt-cinq noms.

espagnoles, la religion du roi et de la nation; aucune autre n'est permise.

TITRE II.
De la Succession à la Couronne.

2. La couronne d'Espagne et des Indes est héréditaire dans notre descendance directe, naturelle et légitime, de mâle en mâle, par ordre de primogéniture.

A défaut de notre descendance masculine, naturelle et légitime, la couronne d'Espagne et des Indes sera dévolue à l'Empereur Napoléon, empereur des Français, roi d'Italie, protecteur de la confédération du Rhin, et à ses héritiers et descendans mâles naturels, légitimes ou adoptifs.

A défaut de descendance masculine, naturelle, légitime ou adoptive de l'empereur Napoléon, aux descendans mâles, naturels et légitimes du prince Louis Napoléon, roi de Hollande.

A défaut de descendance masculine, naturelle et légitime du prince Louis Napoléon, aux descendans mâles, naturels et légitimes du prince Jérôme Napoléon, roi de Westphalie.

A défaut de ceux-ci, au fils aîné, né, à l'époque du décès du dernier roi, de la plus âgée de ses filles, ayant des enfans mâles, et à sa descendance masculine, naturelle et légitime.

Et dans le cas où le dernier roi n'aurait pas laissé

de fille ayant des enfans mâles, à celui qu'il aura désigné par son testament, soit parmi ses parens les plus proches, soit parmi ceux qu'il jugera les plus dignes de gouverner les Espagnes.

La désignation du roi sera présentée à l'approbation des cortès.

3. La couronne des Espagnes et des Indes ne pourra jamais être réunie à une autre couronne sur la même tête.

4. Dans tous les édits, lois et réglemens, les titres du roi des Espagnes seront :

Don..... par la grâce de Dieu et la constitution de l'état, roi des Espagnes et des Indes.

5. Le roi, à son avénement ou à sa majorité, prête serment au peuple espagnol sur l'Évangile, et en présence du sénat, du conseil d'état, des cortès et du conseil de Castille. Le ministre secrétaire d'état dresse procès-verbal de la prestation du serment.

6. Le serment est ainsi conçu :

« Je jure, par les saints Évangiles, de respecter et
« faire respecter notre sainte religion, d'observer et
« de faire observer la constitution, de maintenir l'in-
« tégrité et l'indépendance de l'Espagne et de ses pos-
« sessions, de respecter et de faire respecter la li-
« berté individuelle et la propriété, et de gouverner
« dans la seule vue de l'intérêt, du bonheur et de la
« gloire de la nation espagnole. »

7. Les peuples des Espagnes et des Indes prêtent serment en ces termes :

« Je jure fidélité et obéissance au roi, à la cons-
« titution et aux lois. »

TITRE III.
De la régence.

8. Le roi est mineur jusqu'à l'âge de dix-huit ans accomplis : pendant sa minorité il y a un régent du royaume.

9. Le régent doit être âgé au moins de vingt-cinq ans accomplis.

10. Le roi désigne le régent parmi les infans ayant l'âge exigé par l'article précédent.

11. A défaut de désignation de la part du roi, la régence est déférée au prince le plus éloigné du trône, dans l'ordre de l'hérédité, ayant vingt-cinq ans accomplis.

12. Si, à raison de la minorité d'âge du prince le plus éloigné du trône, dans l'ordre de l'hérédité, elle a été déférée à un parent dans un degré plus rapproché, le régent entré en exercice continue ses fonctions jusqu'à la majorité du roi.

13. Le régent n'est pas personnellement responsable des actes de son administration.

14. Tous les actes de la régence sont au nom du roi mineur.

15. Le quart du revenu de la dotation de la couronne sera affecté au traitement du régent.

16. Le roi n'ayant pas désigné le régent, et aucun des princes n'étant âgé de vingt-cinq ans accomplis, la régence est exercée par un conseil de régence, composé de sept membres les plus anciens du sénat.

17. Toutes les affaires de l'État sont dirigées, par le conseil de régence, à la majorité des voix. Le ministre secrétaire d'État tient le registre des délibérations.

18. La régence ne confère aucun droit sur la personne du roi mineur.

19. La garde du roi mineur est confiée au prince désigné à cet effet par le dernier roi, et, à défaut de désignation, à la mère du roi mineur.

20. Un conseil de tutelle, composé de cinq sénateurs nommés par le dernier roi, sera spécialement chargé de veiller à l'éducation du roi mineur; il sera consulté sur toutes les affaires importantes relatives à la personne du roi et à sa maison. Si le conseil de tutelle n'a pas été nommé par le dernier roi, il sera composé de cinq membres les plus anciens du sénat. Dans le cas où il y aurait un conseil de régence, seront membres du conseil de tutelle les cinq sénateurs qui suivront ceux du conseil de régence dans l'ordre de l'ancienneté.

TITRE IV.

De la Dotation de la couronne.

21. Les palais de Madrid, de l'Escurial, de Saint-Ildefonse, d'Aranjuez, du Prado et tous autres ayant

fait jusqu'à ce jour partie du domaine de la couronne, y compris les parcs, forêts, métairies et propriétés de quelque nature que ce soit, en dépendant, constituent le domaine de la couronne.

Les revenus desdits biens sont versés dans le trésor de la couronne : dans le cas où ils ne s'élèveraient pas à la somme annuelle d'un million de piastres fortes, il y sera pourvu par une augmentation en domaines.

22. Une somme annuelle de deux millions de piastres fortes est versée dans le trésor de la couronne par le trésor public, et par douzième de mois en mois.

23. Les infans d'Espagne, aussitôt qu'ils auront atteint l'âge de douze ans, jouissent par apanage d'une somme annuelle; savoir :

Le prince héréditaire, de 200,000 piastres fortes.
Les infans, de 100,000
Les infantes, de 50,000

Ces sommes seront versées entre les mains du trésorier général de la couronne, par le trésor public.

24. Le douaire de la reine est fixé à 400,000 piastres fortes, et sera payé par le trésor de la couronne.

TITRE V.

Des Officiers de la couronne.

25. Les grands officiers de la couronne sont au nombre de six, savoir : un grand aumônier, un grand majordome, un grand chambellan, un grand écuyer, un grand veneur et un grand maître des cérémonies.

26. Les aumôniers et chapelains d'honneur, les chambellans, maîtres des cérémonies, écuyers et majordomes, sont officiers de la couronne.

TITRE VI.
Du Ministère.

27. Il y aura neuf ministres, savoir : un ministre de la justice, des affaires ecclésiastiques, des affaires étrangères, de l'intérieur, des finances, de la guerre, de la marine, des Indes, et de la police générale.

28. Un secrétaire d'état ayant rang de ministre, contresignera tous les actes.

29. Lorsque le roi le jugera convenable, le ministère des affaires ecclésiastiques pourra être réuni à celui de la justice, et le ministre de la police générale à celui de l'intérieur.

30. Les ministres prendront rang entre eux, suivant l'ordre de leur nomination.

31. Les ministres seront responsables, chacun pour sa partie, de l'exécution des lois et des ordres du roi.

TITRE VII.
Du Sénat.

32. Le sénat se compose : 1° des infans d'Espagne ayant atteint leur dix-huitième année ; 2° de vingt-quatre membres nommés par le roi, parmi les ministres, les capitaines généraux de l'armée de terre et de mer, les ambassadeurs, les conseillers d'État, et les membres du conseil de Castille.

33. Nul ne peut être nommé sénateur, s'il n'est âgé de quarante ans accomplis.

34. Les sénateurs sont nommés à vie. Ils ne peuvent être privés de l'exercice de leurs fonctions qu'en conséquence d'un jugement rendu par les tribunaux compétens et dans les formes authentiques.

35. Les conseillers d'État actuels sont membres du sénat. Il n'y aura lieu à de nouvelles nominations, que lorsqu'ils auront été réduits au-dessous du nombre de vingt-quatre, déterminé par l'art. 32 ci-dessus.

36. Le président du sénat est nommé par le roi, et choisi parmi les sénateurs. Ses fonctions durent un an.

37. Il convoque le sénat sur un ordre du roi; et sur la demande ou des commissions dont il sera parlé ci-après, art. 40 et 45, ou d'un officier du sénat pour les affaires intérieures du corps.

38. Dans le cas de révolte à main armée, ou troubles qui menacent la sûreté de l'État, le sénat, sur la proposition du roi, peut suspendre l'empire du statut constitutionnel, dans des lieux et pour un temps déterminés.

Le sénat peut également, dans le cas d'urgence et sur la proposition du roi, prendre toutes les autres mesures extraordinaires qu'exigerait le maintien de la sûreté publique.

39. Il appartient au sénat de veiller au maintien de la liberté individuelle, et de la liberté de la presse,

lorsqu'elle aura été établie par les lois, conformément à ce qui est prescrit ci-après, tit. 13, art. 145. Le sénat exerce ses attributions de la manière réglée par les articles qui suivent.

40. Une commission de cinq membres nommés par le sénat et choisis dans son sein, prend connaissance, sur la communication qui lui en est donnée par les ministres, des arrestations effectuées conformément à l'art. 134 du titre 13 ci-après, lorsque les personnes arrêtées n'ont pas été traduites devant les tribunaux dans le mois de leur arrestation. Cette commission s'appelle *commission sénatoriale de la liberté individuelle*.

41. Toutes les personnes arrêtées et non mises en jugement après le mois de leur arrestation, peuvent recourir directement par elles, leurs parens ou leurs représentans, et par voie de pétition à la commission sénatoriale de la liberté individuelle.

42. Lorsque la commission estime que la détention prolongée, au-delà du mois de l'arrestation, n'est pas justifiée par l'intérêt de l'État, elle invite le ministre, qui a ordonné l'arrestation, à faire mettre en liberté la personne détenue, ou à la mettre à la disposition du tribunal compétent.

43. Si après trois invitations consécutives, renouvelées dans l'espace d'un mois, la personne détenue n'est pas mise en liberté ou renvoyée devant les tribunaux ordinaires, la commission demande une as-

semblée du sénat, qui est convoqué par le président, lequel, s'il y a lieu, fait la déclaration suivante :

« Il y a de fortes présomptions que N. est détenu arbitrairement. »

Le président porte au roi la délibération motivée du sénat.

44. Ladite délibération est examinée, d'après les ordres du roi, par une commission composée des présidens de section du conseil d'État, et de cinq membres du conseil de Castille.

45. Une commission de cinq membres, nommée par le sénat et choisie dans son sein, est chargée de veiller à la liberté de la presse. Ne sont point compris dans ses attributions les ouvrages qui s'impriment, se distribuent par abonnement et à des époques périodiques. Cette commission est appelée, *commission sénatoriale de la liberté de la presse.*

46. Les auteurs, imprimeurs ou libraires qui se croient fondés à se plaindre d'empêchement mis à l'impression ou à la circulation d'un ouvrage, peuvent recourir directement et par voie de pétition, à la commission sénatoriale de la liberté de la presse.

47. Lorsque la commission estime que les empêchemens ne sont pas justifiés par l'intérêt de l'État, elle invite le ministre qui a donné l'ordre, à le révoquer.

48. Si après trois convocations consécutives, renouvelées dans l'espace d'un mois, les empêchemens

subsistent, la commission demande une assemblée du sénat qui est convoquée par le président et qui fait, s'il y a lieu, la déclaration suivante :

« Il y a de fortes présomptions que le libre exercice de la liberté de la presse a été violé. »

Le président porte au roi la délibération motivée du sénat.

49. Ladite délibération est examinée, d'après les ordres du roi, par une commission composée, comme il est dit ci-dessus, art. 44.

50. Les membres des commissions sénatoriales sont renouvelés, par cinquième, de six en six mois.

51. Les opérations, soit des assemblées d'élection pour la nomination des provinces, soit des corps municipaux, pour la nomination des députés des villes, ne peuvent être annulées, pour cause d'inconstitutionalité, que par le sénat, délibérant sur la proposition du roi.

TITRE VIII.
Du Conseil d'État.

52. Il y aura un conseil d'état présidé par le roi.

Il sera composé de trente membres au moins et de soixante au plus ; il sera divisé en six sections, savoir :

Section de la justice et des affaires ecclésiastiques ; de l'intérieur et de la police générale; des finances; de la guerre; de la marine et des Indes.

53. Le prince héréditaire pourra assister aux séan-

ces du conseil d'état lorsqu'il aura atteint l'âge de quinze ans.

54. Sont de droit membres du conseil d'état, les ministres et le président du conseil de Castille; ils assistent à ses séances, ne font partie d'aucune section, et ne comptent point dans le nombre fixé par l'article ci-dessus.

55. Six députés des Indes sont adjoints à la section des Indes, avec voix consultative, et conformément à ce qui est établi ci-après, art. 95, tit. 10.

56. Il y aura, près du conseil d'État, des maîtres des requêtes, des auditeurs et des avocats au conseil.

57. Les projets de lois civiles et criminelles, et les réglemens généraux d'administration publique, seront rédigés et discutés par le conseil d'État.

58. Il connaîtra des conseils de juridiction entre les corps administratifs et les corps judiciaires, du contentieux de l'administration, et de la mise en jugement des agens de l'administration publique.

59. Le conseil d'état, dans ses attributions, n'a que voix consultative.

60. Lorsque des actes du roi compris dans les attributions des cortès, ont été discutés au conseil d'état, ils ont force de loi jusqu'à la première assemblée des cortès.

TITRE IX.

Des Cortès.

61. Il y aura des cortès ou assemblées de la nation,

composées de cent soixante-douze membres divisés en trois bancs, savoir :

Le banc du clergé, le banc de la noblesse, le banc du peuple; le banc du clergé sera établi à la droite du trône; le banc de la noblesse à la gauche, et le banc du peuple en face.

62. Le banc du clergé sera composé de vingt-cinq archevêques ou évêques.

63. Le banc de la noblesse sera composé de vingt-cinq nobles, qualifiés *grands des cortès*.

64. Le banc du peuple sera composé, 1° de soixante-deux députés des provinces, tant d'Espagne que des Indes; 2° de trente députés des principales villes; 3° de quinze négocians ou commerçans; 4° de quinze députés des universités, savans ou hommes distingués par leur mérite personnel, soit dans les sciences, soit dans les arts.

65. Les archevêques ou évêques composant le banc du clergé, sont élevés au rang des membres des cortès par une lettre patente scellée du grand sceau de l'État. — Ils ne peuvent être privés de l'exercice de leurs fonctions, qu'en conséquence d'un jugement rendu par les tribunaux compétens, et dans les formes authentiques.

66. Les nobles, pour être élevés au rang de *grands des cortès*, doivent jouir d'un revenu de vingt mille piastres au moins, ou avoir rendu de longs et importans services dans la carrière civile ou militaire. — Ils sont

élevés au rang de *grands des cortès*, par une lettre-patente scellée du grand sceau de l'État. —Ils ne peuvent être privés de l'exercice de leurs fonctions, qu'en conséquence d'un jugement rendu par les tribunaux compétens, et dans les formes authentiques.

67. Les députés des provinces des Espagnes et des îles adjacentes seront nommés par les provinces, à raison d'un par 300,000 habitans ou environ. Les provinces seront, pour cet effet, divisées en arrondissemens d'élection, composant la population nécessaire pour avoir droit à l'élection d'un député.

78. L'assemblée qui procédera à l'élection du député de l'arrondissement, sera organisée par une loi des cortès, et jusqu'à cette époque elle sera composée, 1° du doyen des résidens de toute commune ayant au moins cent habitans ; et si dans l'arrondissement il n'y a pas vingt communes ayant ladite population, les populations inférieures seront réunies pour fournir un électeur à raison de cent habitans, lequel sera tiré au sort parmi les plus anciens résidens de chacune desdites communes ; 2° du doyen des curés des principales communes de l'arrondissement, lesquelles communes seront désignées de manière à ce que le nombre des électeurs ecclésiastiques n'excède pas le tiers du nombre total des membres de l'assemblée d'élection.

69. Les assemblées d'élection ne peuvent se réunir que sur une lettre de convocation du roi, énonçant le lieu et l'objet de la réunion, et l'époque de l'ou-

verture et de la clôture de l'assemblée. — Le président est nommé par le roi.

70. Il sera procédé à l'élection des députés des provinces des Indes, conformément à ce qui est prescrit ci-après, art. 93, tit. 10.

71. Les députés des trente principales villes seront nommés par le corps municipal de chacune de ces villes.

72. Les députés des provinces et des villes ne peuvent être choisis que parmi les propriétaires de biensfonds.

73. Les quinze négocians ou commerçans seront choisis parmi les membres des chambres de commerce, et les négocians les plus riches et les plus considérés du royaume; ils seront nommés par le roi, sur une liste de présentation de quinze individus, faite par chacun des tribunaux et chambres de commerce. — Le tribunal et la chambre de commerce se réuniront, dans chaque ville, pour faire en commun leur liste de présentation.

74. Les députés des universités, savans et hommes distingués par leur mérite personnel, soit dans les sciences, soit dans les arts, sont nommés par le roi sur une liste : 1° de quinze candidats présentés par le conseil de Castille ; 2° de sept candidats présentés par chacune des universités du royaume.

75. Le banc du peuple est renouvelé à chaque session. — Un membre de la session du peuple peut être

réélu pour la session suivante; mais, après avoir assisté à deux sessions consécutives, il ne peut être nommé de nouveau qu'après un intervalle de trois ans.

76. Les cortès s'assemblent sur une convocation ordonnée par le roi. — Elles ne peuvent être ajournées, provoquées et dissoutes que par lui. — Elles seront assemblées au moins une fois tous les trois ans.

77. Le président des cortès sera nommé par le roi, sur une présentation de trois candidats, faite par les cortès au scrutin et à la majorité absolue des suffrages.

78. A l'ouverture de chaque session, les cortès nommeront, 1° trois candidats à la présidence; 2° deux vice-présidens et deux secrétaires; 3° quatre commissions composées de cinq membres chacune, savoir: commissions de la justice, de l'intérieur, des finances et des Indes. — Jusqu'à ce que le président ait été nommé, l'assemblée sera présidée par le plus âgé des membres présens.

79. Les vice-présidens remplaceront le président en cas d'absence et d'empêchement, et dans l'ordre de leur nomination.

80. Les séances des cortès ne seront pas publiques, et leurs délibérations seront prises à la majorité absolue des suffrages, recueillis individuellement, soit par appel nominal, soit au scrutin secret.

81. Les opinions et les délibérations ne doivent être ni divulguées, ni imprimées. — Toute publication par voie d'impression ou d'affiche, faite par l'assem-

blée des cortès ou par l'un de ses membres, sera considérée comme un acte de rébellion.

82. La loi fixera, de trois ans en trois ans, le montant des recettes et des dépenses annuelles de l'État ; cette loi sera portée à la délibération et à l'approbation des cortès par des orateurs du conseil d'état. — Les changemens à faire, soit au code civil, soit au code pénal, soit au système des impositions, soit au système monétaire, seront portés de la même manière à la délibération et à l'approbation des cortès.

83. Les projets de loi seront préalablement donnés en communication, par les sections du conseil d'état, aux commissions respectives des cortès, nommées à l'ouverture de la session.

84. Les comptes des finances, réglés en recettes et en dépenses par exercices, et rendus publics chaque année par la voie de l'impression, seront remis, par le ministre des finances, aux cortès, qui pourront faire, sur les abus qui se seraient introduits dans l'administration, telles représentations qu'ils jugeront convenables.

85. Dans le cas ou les cortès auraient à énoncer des plaintes graves et motivées sur la conduite d'un ministre, l'adresse qui contiendra ces plaintes, et l'exposé de leurs motifs, ayant été délibérés, seront portés devant le trône par une députation. Ladite adresse sera examinée, d'après les ordres du roi, par une commission composée de sept conseillers d'état et de six membres du conseil de Castille.

86. Les actes du roi portés à la délibération et à l'approbation des cortès seront promulgués avec cette formule ; *Les cortès entendues.*

TITRE X.

Des royaumes et provinces espagnoles d'Amérique et d'Asie.

87. Les royaumes et provinces espagnols d'Amérique et d'Asie, jouiront du même droit que la métropole.

88. Toutes espèces de culture et d'industrie seront libres dans lesdits royaumes et provinces.

89. Le commerce réciproque d'un royaume ou d'une province avec l'autre, et lesdits royaumes et provinces avec la métropole, est permis.

90. Il ne pourra exister aucun privilége particulier d'exportation ou d'importation dans lesdits royaumes et provinces.

91. Les royaumes et provinces auront constamment, auprès du gouvernement, des députés chargés de stipuler leurs intérêts, et de les représenter dans l'assemblée des cortès.

92. Ces députés seront au nombre de vingt-deux, savoir : deux de la Nouvelle-Espagne, deux du Pérou, deux du nouveau royaume de Grenade, deux de Buénos-Ayres, deux des Philippines, un de l'île de Cuba, un de Porto-Ricco, un de la province de Vénézuela, un de Caracas, un de Quito, un du Chili, un

de Cusco, un de Guatimala, un de Yucatan, un de Guadalaxara, un des provinces occidentales de la Nouvelle-Espagne, un des provinces orientales.

93. Ces députés seront nommés par les municipalités des communes, désignées à cet effet par les vicerois et les capitaines généraux dans leurs territoires respectifs. — Ils ne peuvent être choisis que parmi les propriétaires de biens-fonds, nés dans les provinces respectives. — Chaque municipalalité élira un individu à la pluralité des voix; l'acte de nomination sera transmis au vice-roi ou au capitaine général. — Celui des individus qui réunira les suffrages du plus grand nombre des communes, sera nommé député; en cas d'égalité de suffrages, le sort en décidera.

94. Les députés exerceront leurs fonctions pendant huit ans; si, à l'expiration de ce terme, ils n'ont point été remplacés, ils continueront l'exercice de leurs fonctions jusqu'à l'arrivée de leurs successeurs.

95. Six députés nommés par le roi, parmi les membres des royaumes et provinces espagnoles d'Amérique et d'Asie, sont adjoints au conseil d'état, section des Indes; ils auront voix consultative sur toutes les affaires qui concerneront les royaumes et provinces espagnoles, soit d'Amérique, soit d'Asie.

TITRE XI.

De l'ordre judiciaire

96. Les Espagnes et les Indes seront régies par un seul code de lois civiles.

97. L'ordre judiciaire est indépendant.

98. La justice se rend au nom du roi, par des cours et des tribunaux institués par lui ; en conséquence, tous tribunaux ayant des attributions spéciales et toutes justices seigneuriales et particulières, sont supprimés.

99. Les juges sont nommés par le roi.

100. Il ne pourra y avoir lieu à la destitution d'un juge, qu'en conséquence d'une dénonciation faite par le président ou le procureur-général du conseil de Castille, et d'une délibération motivée dudit conseil, soumise à l'approbation du roi.

101. Il y aura des juges de paix formant un tribunal de conciliation, des tribunaux de première instance, des cours d'appel, une cour de cassation pour tout le royaume, et une haute cour royale.

102. Tout jugement rendu en dernier ressort recevra sa pleine et entière exécution ; il ne pourra être déféré à un autre tribunal, que dans le cas où il aurait été annulé par la cour de cassation.

103. Le nombre des tribunaux de première instance sera déterminé selon les besoins des localités ; le nombre des cours d'appel, réparties sur toute la surface du territoire de l'Espagne, sera de neuf au moins, et de quinze au plus.

104. Le conseil de Castille fera les fonctions de cour de cassation, il connaîtra les appels comme

d'abus en matière ecclésiastique ; il aura un président et deux vice-présidens ; le président est de droit membre du conseil d'état.

105. Il y aura, auprès du conseil de Castille, un procureur général du roi, et le nombre de substituts nécessaires pour l'expédition des affaires.

106. La procédure criminelle sera publique ; l'établissement de la procédure par jurés, sera porté à la délibération et à l'approbation de la première assemblée des cortès.

107. Il pourra y avoir un recours en cassation contre tous les jugemens criminels ; ce recours sera porté au conseil de Castille ; pour l'Espagne et les îles adjacentes ; et à la section civile des audiences prétoriales, pour les Indes ; à cet effet, l'audience sera constituée en audience prétoriale.

108. Une haute cour royale connaîtra spécialement des délits personnels commis par des membres de la famille royale, par des ministres, des sénateurs et des conseillers d'état.

109. Ses arrêts ne seront soumis à aucun recours ; ils ne peuvent être exécutés que lorsqu'ils ont été signés par le roi.

110. La haute cour sera composée de huit sénateurs les plus anciens, des six présidens des sections du conseil d'état, du président et des deux vice-présidens du conseil de Castille.

111. Une loi portée par ordre du roi à la délibéra-

tion et à l'approbation des cortès, déterminera le surplus des attributions et de l'organisation de la haute cour royale, et réglera son action.

112. Le droit de faire grâce n'appartient qu'au roi : il l'exerce après avoir entendu le rapport du ministre de la justice dans un conseil privé, composé de deux ministres, deux sénateurs, deux conseillers d'état, et deux membres du conseil de Castille.

113. Il y aura un seul code de commerce pour l'Espagne et pour les Indes.

114. Il y aura, dans chaque grande ville de commerce, un tribunal et une chambre de commerce.

TITRE XII.

De l'administration des finances.

115. Les valès, les juros et les emprunts de toute nature, qui ont été solennellement reconnus, sont définitivement constitués dettes nationales.

116. Les barrières intérieures de contrée à contrée, et de province à province, sont supprimées dans les Espagnes et dans les Indes ; elles seront transportées aux frontières de terre et de mer.

114. Le système d'imposition sera égal dans tout le royaume.

118. Tous les priviléges existans en faveur de particuliers ou de corporations sont supprimés. La suppression desdits priviléges, autres que ceux de juri-

diction, aura lieu avec indemnité, s'ils ont été acquis à titre onéreux.

Ladite indemnité sera réglée dans le délai d'un an, par un acte émané du roi.

119. Le trésor public est distinct et séparé du trésor de la couronne.

120. Il y aura un directeur-général du trésor public. Il rend chaque année des comptes en recettes et dépenses, avec distinction d'exercice.

121. Le directeur-général du trésor public est nommé par le roi. Il prête entre ses mains le serment de ne souffrir aucune distraction des deniers publics, et de n'autoriser aucun paiement que conformément aux divers crédits ouverts pour les dépenses de l'État.

122. Une cour de comptabilité générale vérifie et arrête définitivement les comptes de tous les comptables. Cette cour est composée de membres nommés par le roi.

123. La nomination à tous les emplois appartient au roi ou aux autorités auxquelles elle est confiée par les lois et réglemens.

TITRE XIII.

Dispositions générales.

124. Il y aura une ligue offensive et défensive à perpétuité, tant sur terre que sur mer, entre la France

et l'Espagne. Un traité spécial déterminera le contingent à fournir par les deux puissances, en cas de guerre de terre ou de mer.

125. Les étrangers qui rendront ou qui auraient rendu des services importans à l'État, qui apporteront dans son sein des talens, des inventions ou une industrie utiles, qui formeront de grands établissemens, ou qui auront acquis une propriété foncière, portée au rôle des contributions annuelles pour une somme de soixante piastres fortes, pourront être admis à jouir du droit de cité. Ce droit leur sera conféré par un acte du roi, rendu sur le rapport du ministre de l'intérieur, le conseil d'état entendu.

126. La maison de toute personne habitant le territoire des Espagnes et des Indes est un asile inviolable ; on ne peut y entrer que pendant le jour, et pour un objet spécial déterminé par une loi, ou par un ordre émané de l'autorité publique.

127. Aucune personne habitant le territoire des Espagnes et des Indes ne peut être arrêtée, si ce n'est en cas de flagrant délit, qu'en vertu d'un ordre légal et par écrit.

128. Pour que l'acte qui ordonne l'arrestation puisse être exécuté, il faut 1° qu'il exprime formellement le motif de l'arrestation, et la loi en vertu de laquelle elle est ordonnée; 2° qu'il émane d'un fonctionnaire à qui la loi ait formellement donné ce pouvoir; 3° qu'il soit notifié à la personne arrêtée, et qu'il lui en soit laissé copie.

129. Un gardien ou geôlier ne peut recevoir ou détenir aucune personne, qu'après avoir transcrit sur son registre l'acte qui ordonne l'arrestation ; cet acte doit être un mandat donné dans les formes prescrites par l'article précédent, ou une ordonnance de prise de corps, ou un décret d'accusation, ou un jugement.

130. Tout gardien et geôlier est tenu, sans qu'aucun ordre puisse l'en dispenser, de représenter la personne détenue à l'officier civil ayant la police de la maison de détention, toutes les fois qu'il en sera requis par cet officier.

131. La représentation de la personne détenue ne pourra être refusée à ses parens et amis, porteurs de l'ordre de l'officier civil, lequel sera toujours tenu de l'accorder, à moins que le gardien ou geôlier ne représente une ordonnance du juge pour tenir la personne au secret.

132. Tous ceux qui, n'ayant point reçu de la loi le pouvoir de faire arrêter, donneront, signeront, exécuteront l'arrestation d'une personne quelconque ; tous ceux qui, même dans le cas de l'arrestation autorisée, recevront ou retiendront la personne arrêtée dans un lieu de détention non publiquement et légalement désigné comme tel ; et tous les gardiens et geôliers qui contreviendront aux dispositions des trois articles précédens, seront coupables du crime de détention arbitraire.

133. La torture est supprimée. Toutes les rigueurs employées dans les arrestations, détentions ou exécutions, autres que celles autorisées par les lois, sont des crimes.

134. Si le gouvernement est informé qu'il se trame quelque conspiration contre l'État, le ministre de la police peut décerner des mandats d'amener et des mandats d'arrêt contre les personnes qui en sont présumées les auteurs ou les complices.

135. Tout fidéicommis, majorat ou substitution actuellement existant, qui ne produira pas un revenu annuel de 5,000 piastres fortes, soit par lui-même, soit par la réunion de plusieurs fidéicommis, majorats ou substitutions sur la même tête, est aboli. Le possesseur actuel continuera à jouir des biens desdits fidéicommis, majorats ou substitutions, lesquels biens rentrent dans la classe des biens libres.

136. Tout possesseur de biens provenant d'un fidéicommis, majorat ou substitution actuellement existant, et produisant un revenu annuel de plus de 5,000 piastres fortes, pourra demander, s'il le juge convenable, que lesdits biens rentrent dans la classe des biens libres. L'autorisation nécessaire à cet effet lui sera accordée par un acte émané du roi.

137. Tout fidéicommis, majorat ou substitution actuellement existant, qui produira, soit par lui-même, soit par la réunion de plusieurs fidéicommis, majorats ou substitutions sur la même tête, un re-

venu annuel de 20,000 piastres fortes, sera réduit à un capital produisant net ladite somme. Les biens excédant ledit capital rentreront dans la classe des biens libres, et continueront à être possédés par le possesseur actuel.

138. Il sera statué dans le délai d'un an, par un édit ou réglement du roi, sur le mode d'exécution des dispositions des trois articles ci-dessus.

139. A l'avenir aucun fidéicommis, majorat ou substitution, ne pourra être institué qu'en vertu de lettres-patentes accordées par le roi, pour services rendus, et dans la vue de perpétuer en dignité des familles ayant bien mérité de l'État. Le revenu desdits fidéicommis, majorats et substitutions, ne pourra, dans aucun cas, excéder 20,000 piastres fortes, ni être moindre de 5,000.

140. Les différens grades et classes de noblesse actuellement existans sont maintenus avec leurs distinctions respectives, sans aucune exemption aux charges et obligations publiques, et sans que désormais aucune condition de noblesse puisse être exigée, soit pour les emplois civils et ecclésiastiques, soit pour les grades militaires de terre et de mer : tout avancement sera déterminé par les services et les talens.

141. Nul ne pourra occuper des emplois publics, civils et ecclésiastiques, s'il n'est né sur le territoire espagnol, ou naturalisé.

142. La dotation des différens ordres de chevalerie ne peut être employée, conformément à la distinction primitive, qu'à récompenser les services rendus à l'État. Plusieurs commanderies ne seront jamais réunies sur la même tête.

143. Le présent statut constitutionnel sera successivement et graduellement exécuté par des actes ou édits du roi, de manière que la totalité de ses dispositions soit mise à exécution avant le 1er janvier 1813.

144. Les constitutions particulières des provinces de Navarre, de Biscaye, de Guipuscoa et d'Alava seront soumises à la première assemblée des Cortès, pour statuer conformément à ce qui sera jugé le plus convenable à l'intérêt desdites provinces et à celui de la nation.

145. Deux ans après que le présent statut constitutionnel aura été mis à exécution, la liberté de la presse sera établie ; elle sera organisée par une loi délibérée par les cortès.

146. Lors de la première assemblée qui suivra l'année 1820, les additions, modifications et améliorations dont le présent statut constitutionnel sera jugé susceptible, seront portées par ordre du roi à la délibération des cortès.

Le présent statut constitutionnel sera transmis en expédition certifiée par notre ministre secrétaire d'État au conseil de Castille, aux autres conseils et aux tribunaux, et sera proclamé et publié dans les formes accoutumées.

Signé, Joseph.

Par le roi,

Le Ministre Secrétaire d'État,

Signé, Marie-Louis Urquijo.

FIN DES PIÈCES OFFICIELLES ET JUSTIFICATIVES.

TABLE DES MATIÈRES

DU SECOND VOLUME.

Pages.

PRÉCIS HISTORIQUE des Événemens qui ont conduit Joseph Napoléon sur le trône d'Espagne — Proclamation du Prince de la Paix. Ses suites. — Traité de Fontainebleau. Invasion du Portugal. — Affaire de l'Escurial. — Premier mouvement d'Aranjuez. Chûte du favori. — Deuxième mouvement d'Aranjuez. Abdication de Charles IV. — Commencement du règne de Ferdinand VII. — Evénemens de Bayonne. Cession du trône d'Espagne. — Joseph proclamé Roi. Son entrée en Espagne. — Conduite de Joseph sur le trône. Son Caractère....... v

GUERRE D'ESPAGNE. — DÉTAILS PRÉLIMINAIRES.

CHAPITRE PREMIER. — Plan général d'une Histoire des Campagnes de 1809 à 1813 en Espagne............ 1

CHAP. II. — Changement de Dynastie en Espagne. — État de ce royaume et de celui de Naples. — Burgos. — Retraite de l'armée française sur l'Èbre............ 7

CHAP. III. — Arrivée de la grande armée en Espagne. — Marche sur Madrid. — Pillage de Burgos. — Orge. — Son effet sur les chevaux. — Remède sûr............ 14

CHAP. IV. — Somosierra. — Prise de Madrid. — Création de Royal-Étranger. — L'Escurial. — Assassinats. — Exemples............ 21

GOUVERNEMENT D'AVILA.

CHAP. V. — Marche sur Avila. — Faux avis. — Retraite de l'ennemi............ 29

Pages.

Chap. VI. — Avila mis à l'abri d'un coup de main. — Description topographique de cette ville. — Observations sur le costume des campagnards............... 36

Chap. VII. — Expédition de Cuellar. — Affaire de Santiago. — Prise de Saragosse..................... 41

Chap. VIII. — Désertion. — Mesures pour y mettre un frein. — Rayon occupé. — Affaire de Tornavacas. — Exemple sur des déserteurs. — Postes perdus. — Bataille de Medellin. — Esprit public................ 46

Chap. IX. — Partis. — Succès. — Suisses. — Leur composition. — Royal-Étranger................... 53

Chap. X. — État de Royal-Étranger. — Expédition du général Godinot. — Embauchage. — Moine exécuté. — Ses aveux............................ 60

Chap. XI. — Esprit public. — Affaire de Mengamuñoz. — Circonstances critiques. — Dispositions secrètes... 66

Chap. XII. — Position d'Avila. — Poudre. — Heureuse découverte. — Grades honoraires. — Leurs effets. — Approche de l'armée anglo-portugaise.............. 73

Chap. XIII. — Retranchemens magiques. — Bataille de Talaveyra de la Reina. — Importance d'Avila. — Destruction complète d'une guerilla de bandits.......... 80

Chap. XIV. — Moine Concha. — Son caractère. — Sa mission. — Sa présence d'esprit. — Il est conduit à la junte de Séville................................ 87

Chap. XV. — Un honnête homme trompé et les armées communiquent. — Surcroît de moyens. — Arrestation du chirurgien Lozada. — Ses dangers. — Sa délivrance.. 93

Chap. XVI. — Singulière déroute. — Convoi pris et repris. — Récompenses........................... 99

Chap. XVII. — Premier régiment de chasseurs espagnols. — Ligne de postes réoccupée, fortifiée et approvisionnée. — Affaire de Belayos. — Cotons. — Moralès..... 105

Chap. XVIII. — Batailles d'Uclès, d'Almonacid, d'Ocaña et de Medina del Campo. — Second isolement d'Avila.. 111

Chap. XIX. — Conduite des habitans de la province envers les soldats. — Cruauté des guerillas. — Représailles. — Leur bon effet........................... 118

Chap. XX. — Coup de main manqué sur Avila. — Vie des prisonniers respectée........................ 125

Chap. XXI. — Conquête de l'Andalousie. — Tentatives sur le Barco et le Puente del Congosto. — Tranquillité de la province d'Avila. Parallèle entre les moines et les curés.. 129

Chap. XXII. — Retour du moine Concha. — Sa mission. — Son départ pour Paris. — Sa récompense........ 135

GRAND GOUVERNEMENT.

Chap. XXIII. — Ségovie. — Chevau-légers Westphaliens. — Premier régiment d'infanterie de la brigade irlandaise. — Communications rétablies. — Guerilla détruite. — Garde nationale. — Dispositions de sûreté. — Autre guerilla détruite. — Impositions extraordinaires. — Opposition. — La province d'Avila distraite de mon gouvernement............................ 141

Chap. XXIV. — Ressources. — Cloches. — Ennemis secrets. — Rétablissement de la Société des Amis du Pays. — Voyage à Madrid. — Défaite de la guerilla d'Avril.. 148

Chap. XXV. — Bonne réception par le Roi. — Intrigues de Cour. — San-Pedro de Las Dueñas. — Départ de Ségovie... 155

PREMIÈRE CAMPAGNE CONTRE L'EMPECINADO.

Chapitre premier. — Gouvernement de Guadalaxara. — Siguenza et Molina d'Aragon. — Détails statistiques. — Manufactures royales. — Salines.................. 161

Chap. II. — Plan d'opération. — Réflexions. — Forces respectives. — Mouvement sur Pastrana............ 170

Chap. III. — Affaire de Sotoca. — Défaite de l'Empecinado. — Sa dispersion............................ 177

Chap. IV. — Retour à Trillo. — Lettre à la Junte provinciale. — Détails géologiques. — Brihuega. — Fête religieuse. — Dispositions...................... 187

Chap. V. — Retour à Guadalaxara. — Valdenoches. — Entrée à Siguenza. — Occupation du château. — Détails topographiques. — Mauvaise foi des habitans. — Sommation de l'Empecinado.................... 195

Chap. VI. — Nouvelle attaque de l'Empecinado. — Il est battu. — Apparition successive de Mina, ainsi que des curés Tapia et Merino. — Leur retraite............ 201

Chap. VII. — Détresse de la junte. — Marche sur le Buen-Desvio, lieu de ses séances. — Mouvement de Palafox. — Prise du père Gil. — Destruction du Buen-Desvio............................... 212

Chap. VIII. — Source du Xalon. — Entrée à Medina-Celi. — Retour à Siguenza. — Marche rapide sur Guadalaxara. — Départ des chevau-légers westphaliens. — 10ᵉ de chasseurs à cheval. — Double gouvernement, la junte et le roi Joseph. — Attaque de Siguenza. — Secours...................................... 219

Chap. IX. — Poursuite de l'ennemi. — Escarmouche de Gargoles. — Affaire de Trillo. — Nouvelle dispersion des troupes de la junte....................... 226

Chap. X. — Affaire de Cifuentes. — Dispositions de l'Empecinado. — Sa défaite......................... 232

Chap. XI. — Découragement de l'ennemi. — Situation militaire de mon gouvernement. — Affaire de Mirabueno. — Difficultés de notre genre de guerre....... 244

Chap. XII. — Prise d'un riche convoi. — Le roi vient à Guadalaxara. — Récompenses. — Distribution solennelle. — Régiment d'Irlande proclamé Royal-Irlandais. — Affaire de Hita. — Entrée à Cogolludo. — Dévouement des Espagnols. — Jadraque............ 252

Chap. XIII. — Enlèvement du trésor de Siguenza. — Dispositions inutiles de l'Empecinado pour le reprendre. — Entrée de ce trésor à Guadalaxara................ 267

Chap. XIV. — L'Empecinado blâmé. — Apostés. — Blocus de Siguenza. — Évacuation de cette ville. — Résultats avantageux de cette évacuation............ 273

Chap. XV. — Projet de l'ennemi sur Brihuega. — Surprise et enlèvement d'un de nos convois. — Surprise immédiate de l'Empecinado. — Affaire brillante de Val de Saz.. 280

Chap. XVI. — Poursuite de l'ennemi. — Destruction de ses moyens de passage. Appel heureux de la junte aux juntes voisines. — Plan de défense. — Colonnes de l'armée d'Aragon. — Dispersion des colonnes ennemies. — Chaussure des Espagnols pour la guerre.......... 287

Chap. XVII. — Coup de main sur Guadalaxara. — Marche sur le Tage. — Contre-marche. — L'Empecinado près de Guadalaxara. — Pillage de la Junquera. — Exemple terrible devant l'ennemi........................ 303

Chap. XVIII. — Deuxième affaire de Cogolludo. — Poursuite de l'ennemi. — Affaire d'Atienza. — Contremarche de l'Empecinado. — Affaire de Jadraque........ 315

Chap. XIX. — Le cantonnement de Jadraque rétabli. — Réflexions additionnelles sur la difficulté de pacifier mon gouvernement. — Opinion sur les guerillas.......... 328

PIÈCES OFFICIELLES ET JUSTIFICATIVES.

N° I. — Traité entre S. M. l'empereur des Français et S. M. le roi Charles IV.......................... 339

N° II. — Traité entre le prince des Asturies et l'empereur des Français................................. 344

N° III. — Instructions de la Junte suprême de Séville, pour résister à l'invasion des Français............... 348

N° IV. — Constitution donnée par le roi Joseph à la Nation Espagnole........................... 354

FIN DE LA TABLE DU SECOND VOLUME.

www.ingramcontent.com/pod-product-compliance
Lightning Source LLC
Chambersburg PA
CBHW060235230426
43664CB00011B/1660